MARKETING
INTERNACIONAL

CB055157

EDMIR KUAZAQUI

MARKETING INTERNACIONAL

DESENVOLVENDO CONHECIMENTOS E COMPETÊNCIAS EM CENÁRIOS GLOBAIS

M. Books do Brasil Editora Ltda.

Rua Jorge Americano, 61 - Alto da Lapa
05083-130 - São Paulo - SP - Telefones: (11) 3645-0409/(11) 3645-0410
Fax: (11) 3832-0335 - e-mail: vendas@mbooks.com.br

Dados de Catalogação na Publicação

Kuazaqui, Edmir
Marketing Internacional – Desenvolvendo Conhecimentos e Competências em Cenários Globais/Edmir Kuazaqui

2007 – São Paulo – M. Books do Brasil Editora Ltda.

1. Marketing Internacional   2. Marketing Global   3. Administração

ISBN: 85-7680-014-4

EDITOR
MILTON MIRA DE ASSUMPÇÃO FILHO

Produção Editorial
Salete Del Guerra

Revisão de Texto
Cláudia Mello Belhassof
Carolina Caires Coelho

Coordenação de Gráfica
Silas Camargo

Editoração e Capa
RevisArt

AGRADECIMENTOS

Agradeço a todos os alunos, profissionais, colegas e amigos que compartilharam deste caminho que se iniciou há vários anos e que, com certeza e prazer, continuará nas próximas décadas. Não poderia deixar de citar os seguintes nomes: Dr. Mitsuru Higuchi Yanaze, Dr. Kleber Markus, Ms. Andreas Belck, Dr. Marcus Amatucci, Dr. Ilan Aurichir, Dra. Manolita Correia Lima, Dr. Roberto Kanaane, Dr. Giancarlo S. R. Pereira, Dra. Terezinha Otaviana Dantas da Costa, Dr. Paulo Roberto Cesso, Gleder Maricato, Dr. Osmar Coronado, Ms. Celso Likio Yamaguti, Ms. Sandra Mônica Szwarc, Ms. Maria Helena Afonso Sarmento, Dr. Shuy Wen Shin, Renato Sadayoshi Nakatsubo, Ms. Yurgen Todt, Dra. Vera Lúcia Saikovitch, Dr. Robson Marinho, Dr. Sidney Storch Dutra, Dra. Terezinha Covas Lisboa, Dr. Josmar Sionti Arrais de Matos, Ms. Valdemir Correia Neri, Dr. João Pinheiro de Barros Neto, Ms. Margareth Bianchini de Assis Moura, Maria da Salete Fontenele, Walter Buiatti, Cláudia Regina de Oliveira Salazar e Dr. Haroldo Leitão Camargo.

Ao corpo discente dos cursos de pós-graduação em marketing internacional e de administração geral da Universidade Paulista (Unip), do curso de graduação em administração com habilitação em gestão internacional de negócios da Escola Superior de Propaganda e Marketing (ESPM) e dos cursos de MBA da ARCO/ECA/USP.

Agradeço também àqueles que acreditaram e ainda acreditam no meu trabalho e ideal de (re)transformar o Brasil em uma potência de negócios com justiça social. À Naná, Lili, Rickinha, Micky e Nenê. Ao meu pai, Iorucika Kuazaqui e à minha irmã, Edna. E em especial, à memória da minha mãe, Yoshie Kameoka Kuazaqui e do meu irmão, Edson Toshiyassu Kuazaqui.

SUMÁRIO

Capítulo 2 Análise e Avaliação do Ambiente por meio dos Sistemas de Informação de Marketing Internacional: Pesquisa de Mercado e Sistemas de Inteligência   **33**

Capítulo 3   Planejamento Estratégico em Marketing Internacional: Construção de Cenários e uma Visão para o Futuro   **75**

Capítulo 4   Estratégias de Entrada e Operação em Mercados Internacionais: Ações Contemporâneas de Sucesso   **113**

Capítulo 5 Relações internacionais: Gerência Multicultural e a Geografia Econômica Internacional   **127**

Capítulo 6 Negociação, Comunicação e Formação de *Traders* 151

Considerações Finais 181

Apêndice 1 Modelo de Questionário 183

Apêndice 2 Projeto de Distribuição em Mercados Internacionais 191

PREFÁCIO

Assim como em nosso cotidiano não percebemos a importância do comércio de nosso bairro, que nos disponibiliza produtos e facilidades vitais, inclusive para as boas relações, não só com nossos vizinhos, mas com todos, o comércio internacional tem sido o grande catalisador das relações humanas, em termos globais. De fato, se a história universal é descrita pelos conflitos e pontilhada pelos fatos heróicos, é lícito afirmar que a não-história, a construção diuturna e pacífica das relações humanas em termos globais é protagonizada por um anônimo exército que se dedica a divulgar as vantagens resultantes do acesso cada vez maior a mercadorias, bens e serviços, oriundos e destinados aos mais diversos recônditos da nave-mãe Terra.

Passos importantes têm sido dados no sentido de incluir, cada vez mais, um maior número de brasileiros nesse contexto e é nessa direção que o autor, Prof. Dr. Edmir Kuazaqui, nos conduz na presente obra. Ao oferecer uma visão panorâmica que parte da evolução do marketing internacional, este incansável pesquisador nos leva a ter contato com os sistemas de informação existentes e passíveis de desenvolvimento específico que nos permitem analisar os ambientes, identificando as fontes de dados secundários que venham a ser interessantes para cada caso e que nos orientam sobre como navegar na miríade de possibilidades que se abrem ao descerrarmos as portas do mundo. Mais do que pretender nos dar uma receita, o autor nos orienta sobre como aprender a transitar pelas diversas culturas, observando os detalhes que, sem dúvida, podem representar a diferença entre o sucesso e o fracasso em iniciativas comerciais internacionais.

Ao discorrer sobre as usuais estratégias de sucesso na entrada e operação de mercados internacionais, esta obra não se restringe aos canais e tipos de operação já tradicionais, mas inclui as possibilidades de acesso disponíveis para as pequenas e médias empresas, como a formação de consórcios tanto para as exportações como para as importações. Da mesma forma, vai além dos usuais destinos compreendidos pelos países componentes do eixo de poder do hemisfério Norte, mas prospecta as possibilidades de comércio com os principais países emergentes, como China e Índia.

Considerando o peso ponderado não só pelo valor econômico, mas também pela cultura comercial desenvolvida, o autor analisa a presença norte-americana no comércio e, conseqüentemente, no marketing internacional, bem como discorre sobre os principais organismos financeiros multilaterais e os principais blocos econômicos, como a ALCA, a União Européia, a APEC, o GCC – Bloco Árabe –, o Mercosul e outros.

De maneira diferenciada, no último capítulo, esta obra contempla as habilidades e competências necessárias para o desenvolvimento no marketing internacional e dá importantes sugestões para a elaboração de documentos como currículos, questionários e modelos de projetos de análise de mercado, distribuição e diagnóstico de empresas.

Sem a pretensão de esgotar o assunto, já que, só no Brasil, apenas a legislação que envolve comércio exterior contabiliza mais de quinze mil diplomas legais, tais como leis, decretos, portarias e outros, esta obra, além de nos dar um panorama sobre as potencialidades, principais práticas e agentes envolvidos no marketing internacional, nos ensina como e onde buscar as orientações aplicáveis em cada caso. A apreciação deste trabalho despertará ainda mais no leitor a sua consciência sobre a importância do tema, ampliando seus horizontes sobre as possibilidades das iniciativas comerciais internacionais.

Dr. Mitsuru Higuchi Yanaze

INTRODUÇÃO

Every morning in Africa a gazelle wakes up. It must run faster than the fastest lion or it will be killed. Every morning a lion wakes up. It knows it must outrun the slowest gazelle or it will starve to death. It doesn't matter whether you are a lion or a gazelle. When the sun comes up, you'd better be running.

Anônimo

No final da década de 1980, graduei-me em Administração de Empresas com habilitação em Comércio Exterior e procurei, então, uma especialização, não encontrando nada no gênero. Anos depois, no início da década de 1990, criei o primeiro curso de pós-graduação *lato sensu* em Marketing Internacional no Brasil, direcionado aos egressos dos cursos de comércio exterior e afins. Ao mesmo tempo em que direcionava meus esforços para a construção de um curso acadêmico, também desenvolvia meu *expertise* profissional na área de serviços de consultoria e assessoria em negócios internacionais. Desta forma, tive a oportunidade de vislumbrar, sob o ponto de vista acadêmico e ao mesmo tempo profissional, um pouco da evolução dos conceitos de marketing internacional no Brasil e no mundo. As experiências foram solidificadas no livro *Marketing internacional – como conquistar negócios em mercados internacionais*, lançado em 1999.

Muitas mudanças e transformações ocorreram desde então no País e no mundo. Do Presidente Fernando Collor de Melo e sua importante e polêmica abertura do mercado brasileiro ao exterior e seu *impeachment*, do Plano Real do Presidente Fernando Henrique Cardoso ao Governo Lula, o Brasil sofreu mudanças e transformações significativas, que, se ainda não estão bem delineadas e estruturadas, preconizam o caminho que o país trilhará no milênio que se inicia. O que se apresenta nesta nova obra, então, são as pesquisas, discussões, trocas e experiências durante o período sobre esta área e fase tão importantes para o recrudescimento das atividades de negócios internacionais no Brasil.

Atualmente, o tema Marketing Internacional é disciplina obrigatória dos cursos de graduação em Comércio Exterior, Gestão Internacional de Negócios, Administração e afins, e seu conhecimento foi devidamente cobrado na Avaliação Nacional de Cursos (o chamado 'Provão'). Além disso, o Brasil é referência em diferentes produtos e serviços, como aeronaves e serviços de engenharia. Mais do que uma necessidade, a clara inserção do país no cenário comercial internacional é uma questão que afeta a soberania interna.

O que diferencia esta obra de outras literaturas estrangeiras é que as restantes tratam da realidade do país onde se originaram. Este livro retrata a ótica brasileira e seu modo de pensar e agir. O conhecimento e o saber aplicar são de fundamental importância para uma sociedade. Desta forma, baseado nas carências e demandas de mercado, estou incluindo capítulos e tópicos sobre Negociação Internacional, Engenharia de Negócios, Relações Internacionais, Gerência Multicultural, Vendas Internacionais, Formação de *Traders* e Estudos de Caso.

E é esta a minha contribuição para a criação e construção de um país melhor.

Dr. Edmir Kuazaqui

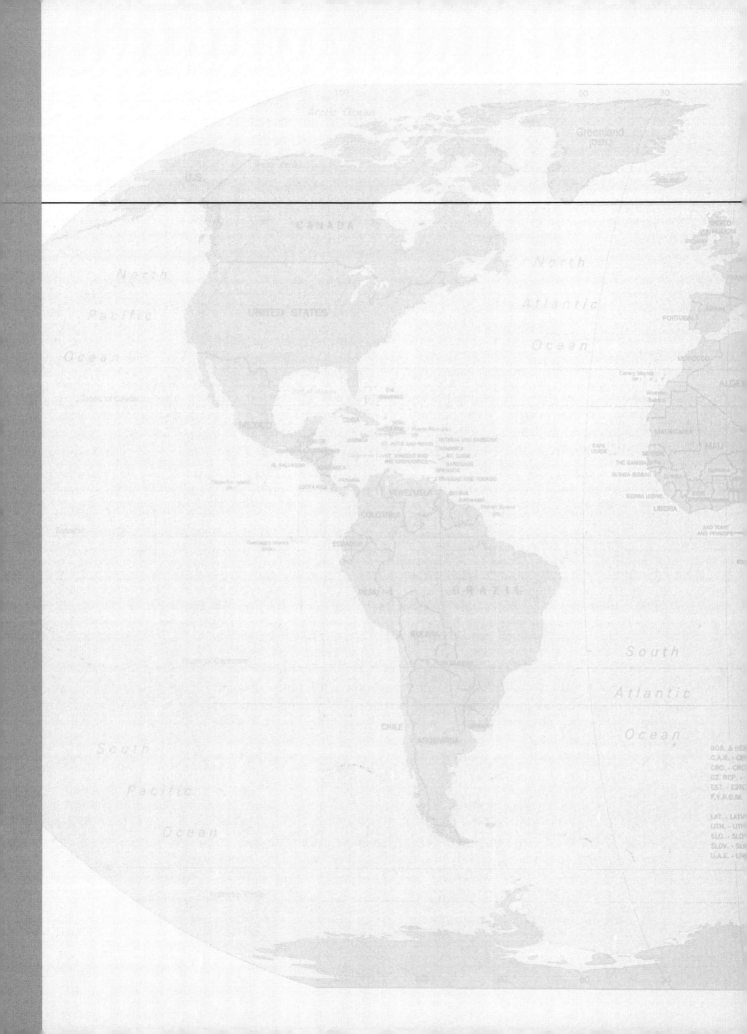

A Evolução Histórica do Marketing Internacional: Sua Relação com o Brasil e o Mundo

À medida que o mundo gira em direção ao próximo milênio, tanto os cidadãos quanto as empresas ficam imaginando o que os espera. O motivo da preocupação não é apenas o fato de haver mudanças, mas sua velocidade acelerada.

Philip Kotler

OBJETIVOS DO CAPÍTULO

- Introduzir o leitor nos conceitos básicos de comércio exterior e marketing internacional.

- Explicar a relevância do marketing internacional no mundo e no Brasil, nos níveis cotidianos pessoal, acadêmico e empresarial.

- Construir e discutir um breve cenário futuro do marketing internacional no mundo pós-mercado aberto, à procura de uma diferenciação regional.

1.1 Introdução

Na década de 1980, o termo marketing internacional não era utilizado no mercado em geral e todas as atividades se voltavam para o comércio exterior e internacional. Com o avanço da abertura de mercado, o acirramento da concorrência e a evolução da tecnologia, as empresas procuraram se diferenciar e, em alguns momentos, obter a vantagem competitiva. Atualmente, é difícil visualizar uma sociedade ou mesmo um segmento de mercado sem a influência das transações internacionais. Quase tudo que é comercializado e consumido no mundo – sejam os mais primários bens de capital ou os mais sofisticados serviços (como os de tecnologia, por exemplo) – é objeto e fruto das relações comerciais entre as nações com diferentes segmentos de mercado e respectivos níveis de produção e economia. As diferentes redes de *fast-food*, a entrada de instituições financeiras, a tecnologia e o ensino corporativo por intermédio de instituições de ensino superior estrangeiras ilustram a atual realidade do mercado aberto. Então, desconhecer o marketing internacional e não aplicá-lo é relegar a segundo plano que todas as instituições e indivíduos são dependentes de outros e excluir-se de uma realidade que pode proporcionar inúmeros diferenciais e vantagens de negócios de longo prazo.

Incorporar sua filosofia se torna uma verdadeira competência de negócios e uma importante ferramenta de avaliação estratégica. Portanto, conhecer e discutir a evolução histórica e suas características e particularidades possibilita a construção de cenários em que a empresa poderá entender o passado e o presente e visualizar o ambiente futuro, providenciando e se adaptando para o sucesso.

1.2   A Transformação de uma Realidade Mecanicista e Tecnicista para uma Sociedade de Serviços e de Mercado Aberto

A história da humanidade tem registrado profundas transformações a partir de diferentes eventos, sejam eles naturais, transformados, eventuais ou periódicos. Dentro dessa ótica, as duas grandes guerras mundiais do século passado influenciaram profundamente a realidade contemporânea internacional. A Primeira Guerra Mundial fez com que os recursos econômicos (os impostos, por exemplo) dos países envolvidos fossem redirecionados para o esforço bélico (constituído pela produção e propaganda militar), em detrimento do investimento social e produtivo. Desta forma, o desenvolvimento e a criação de novos produtos e serviços foram bastante comprometidos e o nível de empregos diminuiu. Com o final da Segunda Guerra Mundial, os recursos financeiros voltaram às suas origens e aplicações. Assim, as empresas começaram a oferecer mais produtos e serviços para atender a demanda reprimida. Por outro lado, foram gerados mais empregos e impostos, aquecendo as economias dos países. Como conseqüência direta, a taxa de natalidade aumentou consideravelmente (conhecida como *baby boom echo*), gerando o fenômeno denominado *baby boom* e, conseqüentemente, os *baby boomers*. Tal fenômeno foi registrado no mercado norte-americano, embora tenha ocorrido em menor escala em outros países. A grande influência norte-americana na cultura ocidental fez com que o fenômeno se refletisse em outros mercados nos segmentos de produtos, serviços e hábitos de consumo como os *fast-foods*, o aumento do número de mulheres no mercado de trabalho e a expansão de grandes corporações.

O fenômeno *baby boom* pode ser definido como o período, que vai de 1946 a 1964, em que houve um aumento da taxa de natalidade no mercado norte-americano, ocasionado por diferentes fatores, como o aumento da demanda e da oferta de produtos e serviços a atuais e a novos consumidores. O fenômeno gerou um crescimento sustentável por meio de demanda, impostos e empregos, o que levou a novos hábitos e costumes, além de possibilitar a expansão de grandes empresas.

Os *baby boomers* são os indivíduos nascidos neste período de mudanças e grandes transformações, que trouxeram em seu modo de ser características psicográficas e formação cultural diferentes das gerações anteriores. No Quadro 1.1 é apresentada a evolução de maneira resumida.

Os *baby boomers* começaram desenvolvendo negócios em Wall Street e outros conquistaram posição de destaque em mercados de trabalho específicos, tornando-se influenciadores de negócios. Como exemplos, destacam-se o cineasta Steven Spielberg (e atualmente M. Night

Shyamalan), Bill Clinton (terceiro mais jovem presidente dos Estados Unidos e típico representante do fenômeno, com gosto pela música e incontestável teor cultural), Bill Gates (do império Microsoft), Stephen King (vendedor de um terror necessário à sobrevivência) e David Letterman.

QUADRO 1.1 Evolução, Perfil e Relação de Consumo dos *Baby Boomers*.			
Período/ Década	**Características**	**Perfil Psicográfico**	**Produtos e Serviços**

1950	Inicialmente houve o aumento dos produtos e serviços ofertados a gestantes e, posteriormente, aos seus filhos (os chamados *baby boomers*).	Constituído pela geração pós-guerra, em que o patriotismo nacional norte-americano se mesclava às fortes e dramáticas experiências, criando dicotomias entre as diferentes culturas e subculturas. O temor oriundo do apocalipse que poderia ser ocasionado pela bomba atômica gerou uma verdadeira enxurrada de filmes, como *Them! O mundo em perigo*.
		
		Por outro lado, a mulher começou a se destacar e a ter grande importância na composição de receitas e despesas do lar, favorecendo o início da revolução sexual.
			• Tecnologia hospitalar e serviços voltados ao pré-natal e às gestantes.
			• Produtos e serviços para gestantes (como roupas e medicamentos).
			• Produtos para as crianças:
			  ⊙ Brinquedos do gênero Toys"R"Us;
			  ⊙ Alimentos infantis Gerber;
			  ⊙ Fraldas biodegradáveis;
			  ⊙ Cereais do tipo sucrilhos e similares.
			• O início do rock como um movimento de contestação.

1960	Aumento e melhoria da infra-estrutura e dos recursos das instituições de ensino básico, a fim de atender às novas demandas.	As profundas transformações ocasionadas pela diminuição de empregos e riquezas, aliada a uma instabilidade política, ocasionou um ambiente de negatividade em relação à vida. Surgia o *way of life*, a procura pelo novo, o movimento *hippie*. O marketing é visto como uma solução, e não como um meio de obtenção de lucro através da satisfação do consumidor.	• Melhoria das estruturas das instituições de ensino médio. • Sopas em lata Campbell como ícone ocidental, imortalizado por Andy Warhol. • O Band-Aid sendo vendido ao mercado consumidor, e não somente hospitalar. • Ralph Nader inicia uma revolução que geraria o Código de Defesa do Consumidor.

Fonte: Quadro elaborado pelo autor com base em extensa pesquisa em empresas e entrevistas pessoais.

Após o final do período do *baby boom*, a estabilização e até a diminuição da taxa de natalidade fez com que as empresas começassem a rever seus planos estratégicos. Estavam até então em uma tendência de crescimento e, em um período bastante reduzido, tiveram de rever seus processos para se adequarem à nova realidade. Começaria, então, a fase de diminuição dos empregos formais e a realidade do desemprego estrutural (veja Quadro 1.2).

Com base no exposto, estudaremos as relações do marketing na comunidade internacional e nacional, concluindo com uma breve discussão sobre o futuro do marketing internacional.

QUADRO 1.2   Evolução, Perfil e Relação de Consumo Pós-*Baby Boom*.

Período/ Década	Características	Perfil Psicográfico	Produtos e Serviços
1970	O crescimento da inserção e da participação da mulher no mercado de trabalho contribuiu para mudanças significativas. Melhoria da estrutura das instituições de ensino superior, inclusive por meio das fundações corporativas.	Em decorrência da diminuição de uma sociedade matriarcal, do movimento de libertação da mulher e do aumento da participação no mercado de trabalho, novos hábitos e costumes foram desenvolvidos no íntimo sentido de se tentar uma continuidade do *way of life*, iniciado na década anterior. No cenário musical internacional, grandes grupos musicais continuam suas carreiras de sucesso, alavancando o fenômeno do rock e também outras tendências.	• Movimento de libertação da mulher (*Woman´s lib*) influenciado sobremaneira pela pílula. • Necessidade de alimentação rápida por meio de *fast-food* (McDonald´s, 7-Eleven, entre outros). • Aumento da demanda habitacional e surgimento das favelas. • A indústria cinematográfica como forma de contestação política.
1980	Início da globalização econômica. Evolução da tecnologia, principalmente aquela voltada à comunicação.	Segmentos de mercado emergem em razão da necessidade das empresas de se diferenciarem e de criarem vantagem competitiva em relação à concorrência: • *Yuppies (Young people in a professional job with a high income)*, como jovens executivos iniciados na *Wall Street*. • *White Collars* (os chamados 'colarinhos brancos' de escritórios). • *Blue Collars* (os 'colarinhos azuis', ou seja, operários de fábricas). • *Singles*, ou seja, solteiros, descasados etc., que moram sozinhos.	• Com o declínio das relações de trabalho, diferentes fórmulas mágicas são criadas para manter os negócios de uma empresa. Uma delas, a reengenharia, é utilizada como solução para todos os problemas, inclusive a própria ineficiência gerencial de algumas empresas. Como todo modismo, não colheu os frutos desejados. • Jeremy Rifkin e sua obra 'O Fim dos Empregos' vêm preconizar um futuro cheio de convulsões econômicas e sociais. • Movimento musical da discoteca como prova absoluta da decadência de valores culturais e da indústria fonográfica ocidental.
1990	Início da sociedade informacional e aprofundamento do fenômeno da globalização econômica. Têm início as grandes flutuações econômicas mundiais, fazendo com que as nações tentem criar e manter mecanismos de defesa no sentido de equilíbrio.	• A abertura de mercados forçou as empresas a reverem seus conceitos e filosofias, para atender as diferentes demandas regionais, seus hábitos e costumes.	• E-business (como negócio e marca registrada da IBM) e e-marketing, sem a fundamentação e a experiência necessárias. • O e-commerce, vendido como solução para a ineficiência e, na verdade, como instrumento alternativo de distribuição. *(continua)...*

QUADRO 1.2   Evolução, Perfil e Relação de Consumo Pós-*Baby Boom*. (continuação)

Período/ Década	Características	Perfil Psicográfico	Produtos e Serviços
		• Tendência a uma vida mais saudável e natural, na qual parte do mercado europeu se constituiu como um dos principais consumidores de produtos de origem natural, com produção controlada e de origem orgânica. Como exemplo, temos o gado orgânico e os vegetais cultivados de maneira politicamente correta.	• Para se adequar aos novos tempos e atender a geração pós-*baby boomers*, o McDonald´s lança o hambúrguer com um certo sabor adulto, batizado de Arch Deluxe. • O filme *Independence Day*, dirigido por Roland Emmerich, confirma toda a neurose norte-americana em relação ao patriotismo.
2000	O milênio promete grandes revoluções, mudanças e transformações de ordem tecnológica e científica, como o homem em Marte (conforme George W. Bush). Por outro lado, os grandes desequilíbrios econômicos preconizados por Rifkin trazem grandes preocupações à humanidade, da mesma forma que a própria natureza também vem ameaçar a ordem mundial ou pelo menos de alguns países.	• O atentado do dia 11 de setembro de 2001 vem contemplar que a abertura de mercados não deve ser vista somente sob o ponto de vista comercial. • Os jovens se tornam menos compromissados com o futuro e mais ligados ao presente e às ações de curto prazo. A internet, os jogos virtuais e o cinema 'pipoca' dominam o mercado ocidental em detrimento dos reflexos do pseudofinal da Guerra do Iraque, em 2004. • As constantes e polêmicas discussões sobre a questão ecológica, inclusive o Tratado de Kyoto, vêm trazer à tona diversos problemas que podem comprometer a qualidade e a continuidade da vida no planeta. • Os tsunamis vêm ressaltar a fragilidade de diferentes nações.	• Os mercados de entretenimento e saúde como um dos mais promissores do milênio que se inicia. • Os transgênicos como realidade contemporânea. • A água como recurso não renovável e a incapacidade das instituições em mantê-la para consumo. • Marketing e desenvolvimento de competências como forma de obter o diferencial e, principalmente, a vantagem competitiva. • *X-Men* 2, filme dirigido por Bryan Singer, evocando a necessidade urgente da união e do relacionamento entre todos os segmentos da sociedade, independentemente de raça, cor ou credo. • *A paixão de Cristo*, dirigido por Mel Gibson, mais polêmico que artístico, reacende a filosofia e as idéias dos valores cristãos.

Fonte: Quadro elaborado pelo autor com base em extensa pesquisa em empresas e entrevistas pessoais.

1.2.1 O Marketing Internacional e as Relações Econômicas das Nações

A estrutura econômica dos países é de fundamental importância, pois influencia quais produtos e serviços serão ofertados e quais competências deverão ser desenvolvidas pelas empresas para atender suas diferentes demandas. Reflete na estrutura industrial – seu parque produtivo – e de serviços, moldando as diferentes exigências de produtos e serviços do mercado consumidor, seu nível de renda e emprego, costumes e hábitos de compra. Pode-se sintetizar:

- **Economias de subsistência:** possuem grande parte de sua população envolvida na produção primária, como a agricultura e a pecuária, consumindo grande parte de sua produção e trocando o restante por outros produtos de baixo valor agregado. Estes países oferecem poucas oportunidades de negócios, necessitando da entrada de investimentos financeiros e de capital no sentido da melhoria das técnicas de produção e passagem para as economias ditas industriais. A China, devido a sua participação econômica e populacional, vem influenciando fortemente as relações dos mercados internacionais, alavancando países que podem ofertar produtos e serviços industriais. Por outro lado, o mercado africano tem trazido à tona a preocupação da comunidade mundial por não ter os recursos necessários – inclusive políticos – para começar a transição.

- **Economias de exportação de matéria-prima:** são países ricos em recursos naturais, porém deficientes em outros setores. Parte de sua balança comercial vem da exportação desses recursos, como o estanho e cobre do Chile, o cobre, cobalto e café do Zaire e o petróleo da Arábia Saudita. Representam a comercialização de equipamentos de grande porte, ferramentas e suprimentos. Geralmente possuem um grande desequilíbrio social, proveniente da concentração em castas que podem adquirir, entre outros produtos, supérfluos, marcas de luxo e similares.

- **Economias semi-industrializadas (ou emergentes ou em desenvolvimento):** são países onde a produção geralmente corresponde entre 10% e 20% da economia da nação, como Egito, Filipinas, Índia e Brasil. Conforme o crescimento do nível de industrialização, o país passa a importar matéria-prima necessária a sua industrialização e crescimento econômico, criando ou aumentando as classes alta e média.

- **Economias industrializadas:** são países exportadores de produtos manufaturados de capital para investimento. As variadas necessidades e atividades industriais, aliadas a uma ampla classe média, fazem desses países mercados para vários tipos de produtos e serviços.

- **Economias de serviços e bens financeiros:** são países que detêm a 'tecnologia da tecnologia' e o capital financeiro, como alguns países europeus, Japão e Estados Unidos. Geralmente, sua população possui um ótimo padrão social e cultural, além de formação acadêmica, habilitando e capacitando a venda de produtos e, principalmente, de serviços de alto valor agregado. Existem, porém, as exceções, como a Índia, um dos maiores exportadores de tecnologia em software devido à interveniência política e comercial do mercado europeu.

1.3 O Comércio Exterior e o Marketing Internacional

A partir do pleno conhecimento dos mercados, é de fundamental importância conhecer as relações entre o comércio doméstico, exterior, internacional e os diferentes tipos de ambiente:

- **Ambiente doméstico:** é o interno ao país (país origem) e todas as questões legais, logísticas e financeiras envolvidas, incorporadas ou não – dependendo da situação[1] – ao custo final do produto.

- **Ambiente externo:** considera-se todos os países (países destino) e suas respectivas particularidades.

- **Comércio doméstico:** constitui as formas de comercialização em nível interno ao país, que podem influenciar as estratégias de marketing das empresas. Cada mercado possui suas características e particularidades distintas, como o informal brasileiro, por exemplo, os camelôs e a prática da venda a prazo com cheques pré-datados (prática que não existe perante a legislação brasileira, mas é comum).

Comércio exterior: as atividades de exportação e importação de um país origem (exportador) para um país destino (importador), gerando os respectivos fluxos de entrada e saída de produtos, serviços e capital. A *exportação* envolve a saída física de produtos e a entrada de divisas para o país, enquanto a *importação* gera um fluxo contrário. Tanto os fluxos de exportação quanto os de importação geram fluxos financeiros que devem ser devidamente consolidados pelo Banco Central, gerando a balança comercial, que pode ser superavitária ou deficitária, dependendo do volume dos fluxos de mercadorias e recursos financeiros e, posteriormente, do balanço de pagamentos.

Comércio internacional: em que ocorrem as transações comerciais e os respectivos relacionamentos entre os diferentes países, e as estratégias de marketing internacional são mais complexas e dinâmicas. A empresa que tiver o macroolhar e conhecimentos suficientes poderá aproveitar todas as oportunidades e particularidades do cenário internacional.

Na Figura 1.1, observa-se a descrição das atividades relacionadas ao comércio exterior, as denominações e os respectivos fluxos de mercadorias e financeiro. Nas Figuras 1.2, 1.3 e 1.4, observam-se exemplos de comércio internacional e do próprio marketing internacional. Dentro dos relacionamentos podem existir barreiras tarifárias e não tarifárias. A *tarifa* é cobrada na importação de certos produtos e pode até, de certa forma, proteger os interesses das empresas ao impedir a saída de capital proveniente de importações desnecessárias, podendo, inclusive, incorrer na criação e fixação de uma *cota*, que é um limite sobre o volume de produtos a serem importados. O *embargo* é uma forma de proibir a importação de determinada categoria de produtos. As barreiras tarifárias podem representar uma decisão política e/ou social.

FIGURA 1.1

Comércio Exterior
e o Marketing
Internacional.

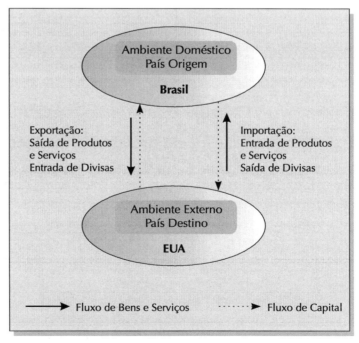

Fonte: Elaborada pelo autor.

FIGURA 1.2

Comércio Internacional e o Marketing Internacional.

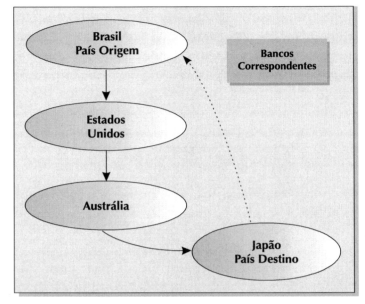

Fonte: Elaborada pelo autor.

FIGURA 1.3

Comércio Internacional e o Marketing Internacional.

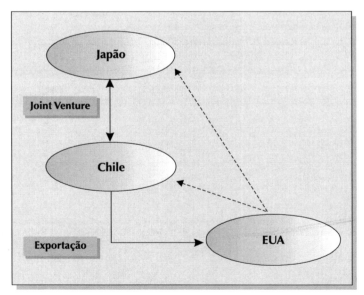

Fonte: Elaborada pelo autor.

FIGURA 1.4

Comércio Internacional e o Marketing Internacional.

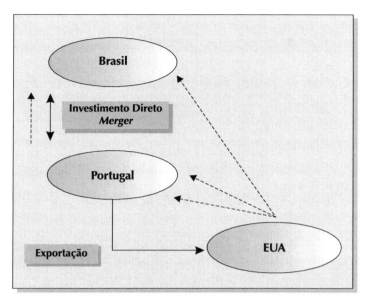

Fonte: Elaborada pelo autor.

No passado, a comunidade internacional solicitava o ingresso do Brasil na legislação de marcas e patentes na área farmacêutica. Como houve certa recusa por parte do mercado nacional, houve a intenção dos Estados Unidos de embargo comercial às importações brasileiras, da mesma maneira como existe do mercado norte-americano em relação ao cubano, por exemplo. As barreiras não tarifárias são os chamados obstáculos invisíveis, formados, muitas vezes, por diferentes grupos de interesse ou práticas que visam interferir ou influenciar no processo de comercialização de produtos e serviços em mercados internacionais. Havendo, por exemplo, a possibilidade de exportação de arroz para o mercado japonês em condições altamente competitivas, provavelmente o negócio não será realizado por questões culturais tradicionalistas, da mesma forma como a exportação de geladeiras brasileiras para o mesmo mercado, por questões físicas e de hábitos e costumes japoneses. De maneira geral, podem ser considerados 'mercados fechados', que visam o aumento das exportações e a redução das importações. A Organização Mundial do Comércio (OMC) é uma organização internacional localizada em Genebra, Suíça, criada com o propósito de estabelecer regras comerciais entre os países que dela participam, auxiliando produtores, exportadores e importadores, estabelecendo fóruns de negociações, monitorando políticas de comercialização, assistência tecnológica e cooperação com outros organismos internacionais. O Sistema Geral de Preferências (SGP) e o Sistema Geral de Preferências Comerciais (SGPC) complementam o cenário internacional.

Portanto, pode-se concluir que o marketing internacional permeia o comércio doméstico, exterior e internacional, por meio da utilização de estratégias que possibilitam a criação de novos negócios em base internacional.

1.3.1 *Incoterms*

Os *Incoterms (International Commercial Terms)* ou Termos ou Condições de Venda significam as condições em que os produtos devem ser exportados, fixando direitos e obrigações entre exportadores e importadores, estabelecendo o preço negociado entre ambas as partes, reduzindo a possibilidade de interpretações múltiplas e controversas. Foram publicados em 1936 pela Câmara de Comércio Internacional (ICC – International Chamber of Commerce), sediada em Paris, e sofreram adições e emendas em 1953, 1967, 1976, 1980, 1990 e 2000, sendo a penúltima revisão feita para adaptar os termos à crescente utilização do intercâmbio eletrônico (*EDI – Electronic Data Interchange*). Os *Incoterms* são agrupados em quatro categorias.

QUADRO 1.3 Categorias de *Incoterms* 2000.

Grupo	Abreviação	Utilização
Grupo 'E' (Partida)	EXW	• *EX Works* – a partir do local de fabricação
Grupo 'F' (Transporte principal não pago)	FCA FAS FOB	• *Free Carrier* – transportador livre (local designado) • *Free Alongside Ship* – livre junto ao costado do navio (porto de embarque designado) • *Free On Board* – livre a bordo (porto de embarque designado)
Grupo 'C' (Transporte principal pago)	CFR CIF CPT CIP	• *Cost and Freight* – custo e frete (porto de destino designado) • *Cost, Insurance and Freight* – custo, seguro e frete (porto de destino designado) • *Carriage Paid to* – transporte pago até (local de destino designado) • *Carriage and Insurance Paid to* – transporte e seguros pagos até (local de destino designado)
Grupo 'D' (Chegada)	DAF DES DEQ DDU DDP	• *Delivered At Frontier* – entregue na fronteira (local designado) • *Delivered Ex Ship* – entregue a partir do navio (porto de destino designado) • *Delivered Ex Quay* – entregue a partir do cais (porto de destino designado) • *Delivered Duty Unpaid* – entregue com direitos não pagos (local de destino designado) • *Delivered Duty Paid* – entregue com direitos pagos (local de destino designado)

Fonte: Quadro desenvolvido a partir da análise da Brochura 400.

Cada uma das categorias influencia as condições comerciais, tornando o negócio mais viável ou não.

1.3.2 Formas de Pagamento e Garantias

Existem o crédito documentário ou carta de crédito, a cobrança documentária e o pagamento antecipado.

🌐 **Carta de crédito:** Em processos de importação e principalmente exportação, é importante a utilização de carta de crédito, que se constitui em um instrumento formal emitido por um banco que garante o pagamento futuro advindo de uma transação comercial. As operações envolvendo transações internacionais são alicerçadas por garantias. Essas garantias constituem-se na certeza de que uma promessa de pagamento futuro será efetuada. Dentro do mercado internacional, envolvendo transações comerciais normais, é de praxe a constituição de garantias como carta de fiança, nota promissória, aval, penhor mercantil, alienação fiduciária, CDB e outros, dependendo do grau de risco exercido pela empresa ou pessoa física[2] solicitante do crédito. Em se tratando de mercado externo, existem garantias similares ou iguais às internas, por exemplo, *letter of guarantee, promissory note* (geralmente utilizada para garantir os desembolsos de empréstimos e financiamentos), *lien of merchandising*, entre outros. Com a criação, em 1919, da Câmara de Comércio Internacional (CCI), foram realizados diversos estudos sobre as práticas comerciais internacionais, como as Brochuras 500 (*letter of credit*), 522 (cobrança), 325 (garantias de contratos), 458 (garantias reclamadas), entre outras. A carta de crédito é um dos principais instrumentos utilizados nas exportações, constituindo-se em uma espécie de carta de fiança, garantindo um pagamento futuro por parte de um importador. Pode ser emitida por um banco e negociada por outro. Pode ser confirmada por um banco (de primeira linha) diferente do emissor, aumentando a garantia de pagamento futuro. A carta de crédito, quando emitida, por se tratar de garantia internacional, é soberana, inclusive, sobre qualquer banco central, daí sua larga utilização nos meios comerciais. A carta de crédito sempre está vinculada aos documentos e a obrigatoriedade dos pagamentos está ligada à 'boa ordem' desses documentos. Caso contrário, havendo discrepâncias, os documentos serão negociados sob reserva. Têm de constar na carta de crédito todos os termos da operação, inclusive a forma de pagamento (instituída pela já citada CCI). *Stand-by letter of credit*, ao Ao contrário da carta de crédito, geralmente não está vinculada a documentos, e sim às próprias operações denominadas mercantis e sua aplicabilidade é bastante extensa e direta, estando caracterizada na Brochura 400 e mantida na atual Brochura 500.

A carta de crédito pode ser *revogável*, ou seja, a qualquer momento pode ser cancelada ou alterada de forma unilateral, exceto nos casos de mercadoria já embarcada; *irrevogável*, em que, ao contrário da anterior, qualquer alteração ou cancelamento é de ordem multilateral; *irrevogável e confirmada*, além de possuir as características do documento irrevogável, é confirmada por banco diferente do emissor, sendo este último co-responsável pelo pagamento; *transferível*, em que o crédito pode ser transferido para outro beneficiário; *divisível*, que pode ser dividida em vários embarques; *revolving* (rotativa), em que o valor e os termos são renováveis sem a necessidade de emenda; *back-to-back credits*, cartas que, no Brasil, requerem prévia autorização da Secex e do Bacen e são conhecidas como operações triangulares; *red clause*, cláusula que estabelece concessão de adiantamento ao exportador por conta do emissor ou do negociador, sob responsabilidade do emissor; condicionada à produção da mercadoria e depósito em uma companhia de armazéns gerais e respectiva apresentação do *warrant*[3]; e *margem não sacada* ou *retenção cambial*, com cláusulas que estabelecem reembolsos após exame das mercadorias por parte do importador, garantindo diferenças físicas. Requer anuência prévia da Secex.[4]

Partes intervenientes: encontram-se as seguintes partes intervenientes quando nos referimos à carta de crédito:

- **Empresa tomadora de crédito:** empresa importadora que instrui um banco a emitir um crédito documentário.
- **Emissor da carta de crédito:** instituição financeira que emite o crédito documentário.
- **Beneficiário:** empresa exportadora ou beneficiário do crédito documentário.
- **Avisador:** instituição financeira que verifica a autenticidade do crédito e presta o serviço de avisar o beneficiário.
- **Negociador:** instituição financeira que, após a devida conferência do crédito documentário, negocia os documentos, efetua o controle e os pagamentos ou aceita os saques oriundos do processo de exportação.
- **Confirmador:** instituição financeira que, a pedido do banco emissor do crédito documentário, se coobriga na responsabilidade de honrar o crédito.

(🌐) **Formas de liquidação do crédito:**

   (🌐) **Por pagamento:** os documentos são conferidos pela instituição financeira que negocia os documentos e efetua o pagamento à empresa exportadora, solicitando o reembolso.

   (🌐) **Por aceite:** os documentos são conferidos pela instituição financeira que negocia os documentos e aceita o *draft* (saque) a prazo e devolve ao exportador.

   (🌐) **Por negociação:** os documentos são conferidos pela instituição financeira que negocia e remete à instituição emitente os documentos, recebendo o crédito a vista ou a prazo, conforme estipulado no crédito documentário.

(🌐) **Vantagens da carta de crédito para as empresas:**

   Além de se constituir como garantia alicerçada pelas instituições emitentes, negociadoras ou confirmadoras e pela própria CCI, o exportador se beneficia, pois não correrá o risco de cancelamento na produção das mercadorias exportadas. Tanto o exportador como a instituição financeira devem cuidar para que todos os termos do crédito documentário estejam de acordo com a documentação do processo de exportação e respectivas condições de pagamento. Havendo qualquer irregularidade, considera-se como 'discrepância'[5] e os documentos são negociados com reserva ou é solicitada uma emenda para o importador.

(🌐) **Cobrança documentária:** neste caso, os documentos são conferidos e enviados para cobrança bancária. Documentos usuais: apólice de seguro internacional, certificado de origem, conhecimento de embarque, fatura comercial (*invoice*), romaneio (*packing list*) e outros certificados.

(🌐) **Pagamento antecipado:** neste caso, a liquidação dos haveres é feita por meio do pagamento em conta de banco devidamente credenciado, eliminando os riscos normais de possível inadimplência.

1.3.3 Concorrências Internacionais

Quando se fala em concorrências internacionais, é publicado um edital (para licitação) e, para garantir o pleno desenvolvimento e conclusão, são necessários:

(🌐) ***Bid bond*:** para que empresas possam participar de licitações internacionais, é necessário que entreguem uma *bid letter of credit*, mais conhecida como *bid bond*. É um pré-requisito para que ela se inscreva na licitação e, caso vença, não poderá desistir. Ocorrendo a desistência, a garantia será acionada, a fim de cobrir os custos referentes à licitação. Essa multa será cobrada pelo banco emissor da garantia, que geralmente cobra um percentual entre 5% a 10% do valor global da operação.

(🌐) ***Performance bond*:** é uma pós-garantia, que garante que a empresa vencedora cumprirá integralmente os termos estipulados no contrato, como cronograma de execução, instalações, qualidade dos materiais e serviços, funcionamento etc. Caso algum termo do contrato seja descumprido, uma multa será cobrada pelo banco emissor da garantia e o percentual é maior que o da *bid bond*, oscilando entre 20% a 100% do valor global da operação.

(🌐) ***Payment bond*:** garantia que visa ao direito de pagamento entre as partes contratadas na licitação internacional.

De maneira geral, é consenso que, quanto maior o nível burocrático da licitação, maior o subdesenvolvimento do país que a oferece. O ponto de partida dessa premissa é que a burocratização é necessária para garantir o controle, pela própria ausência deste no país, além da questão protecionista e da necessidade de empregos.

1.3.4 Procedimentos Burocráticos de Registro de Operações

A empresa deverá obter o Registro de Exportadores e Importadores (REI) junto à Secretaria de Comércio Exterior (Secex) do Ministério da Indústria, Comércio e Turismo (MICT). O Sistema de Comércio Exterior (Siscomex) é uma sistemática administrativa brasileira, que integra as atividades e registra as operações junto à Secex, à Secretaria da Receita Federal (SRF) e ao Banco Central do Brasil (Bacen). Possibilita a contabilização, a visualização e o controle das operações de exportação e importação do país.

1.3.5 Câmbio

É um contrato formalizado entre as partes (exportadores e importadores) e uma instituição financeira no sentido de estipular as condições de compra e venda de divisas, possibilitando a conversão. Como geralmente a operação envolve uma promessa futura de compra e venda, em razão de os pagamentos serem efetuados na ocasião, por exemplo, do recebimento das mercadorias por parte do importador, possibilita algumas modalidades de financiamento ao exportador, como o Adiantamento sobre Contrato de Câmbio (ACC), Adiantamento sobre Contrato de Câmbio Indireto e Adiantamento de Cambiais Entregues (ACE). O exportador recebe antecipadamente recursos que podem financiar sua produção para a posterior exportação.

1.3.6 Rastreabilidade e Controle das Etapas da Vida de um Produto

Na década de 1990, houve a criação e o desenvolvimento de tecnologia que possibilitaram o rastreamento por satélites para controle de cargas transportadas. Posteriormente, difundiu-se para automóveis particulares e até animais (como os *ferrets*, animais de estimação exportados por fazendas norte-americanas) e mercadorias em comércio internacional. Sua importância reside atualmente em uma tentativa do mercado norte-americano combater o terrorismo, porém sua maior aplicabilidade reside no fato de que determinados segmentos econômicos valorizam produtos – como os alimentos – que foram manufaturados sob determinadas condições de qualidade – do fornecedor de matéria-prima ao consumidor final. O controle da carne bovina é feito por meio de *chips*, do fornecedor de rações, nascimento, criação e abate. Embora o conceito de rastreabilidade seja recente, o sistema promete diferentes aplicações que serão utilizadas em grande profundidade no comércio exterior e internacional nos anos vindouros, inclusive em razão da utilização da tecnologia em detrimento de documentos, como certificados de origem, ou em razão dos transgênicos e da reorganização econômica por meio de grupos produtivos. Desta forma, além do conhecimento técnico próprio e inerente à área internacional, o fator tecnologia de ponta será uma necessidade bastante evidente, implicando a necessidade crescente de conhecimento técnico e de informática por parte do profissional, além da formação de um sistema padrão comercial.

1.3.7 Custo Brasil e Competitividade Internacional

Antes de definir o que é custo Brasil, é interessante enfatizar sua importância e aplicação no contexto do marketing internacional. O custo Brasil não implica somente a diminuição de custos e despesas para a empresa, diminuindo o preço do produto no mercado internacional, mas influencia o que será ofertado. Dentro dessa ótica, se bem gerenciado, o custo Brasil não implica necessariamente competir internacionalmente com preços mais baixos, mas, sim, oferecer os melhores produtos e serviços que serão aceitos no mercado internacional a um preço competitivo.

Pensando dessa forma e quebrando o paradigma de que tudo que é competitivo deve ser barato, a empresa estará orientada de 'fora para dentro', trabalhando de acordo com as necessidades e desejos do mercado. Pode-se definir, então, custo Brasil como qualquer ônus que possa recair sobre um produtor doméstico, mas que não incide sobre seus potenciais concorrentes localizados em outros países. Pode-se considerar, também, como o custo adicional de colocar um produto no mercado globalizado a partir do Brasil, em comparação com os países mais competitivos. Reduzir o custo Brasil, portanto, é uma forma de tornar os produtos brasileiros mais competitivos, sem a necessidade de protecionismo por parte do governo.

O termo tem sido utilizado de forma genérica para justificar a falta de competitividade de empresas brasileiras. No entanto, existem muitas empresas no Brasil que possuem competitividade internacional. Desta forma, pode-se entender que o custo Brasil esteja ligado principalmente a uma desorganização oriunda de uma falta de políticas de crescimento econômico do país e à falta de orientação do empresariado brasileiro.

1.3.7.1 Componentes do Custo Brasil

A princípio, o termo foi muito associado diretamente às variáveis ligadas ao comércio externo no sentido de envolver a questão da competitividade das empresas brasileiras. No entanto, nota-se atualmente que o conceito é bem maior e complexo, envolvendo inúmeras variáveis direta e indiretamente ligadas à empresa, ao produto e ao mercado. Pode-se citar, como denominadores básicos para a consolidação de uma nação, a alimentação, a saúde e a educação como importantes formas de ter uma sociedade equilibrada. Comparando-se com outras nações desenvolvidas e com maior participação em comércio internacional, nota-se uma grande influência do nível de vida da população (veja o Quadro 1.4).

Com o advento da nova economia pós-globalização e a própria existência e fiscalização de organismos internacionais – como a OMC – e para eliminar as práticas comerciais desleais, como o *dumping*[6], pode-se entender a definição como qualquer custo adicional e desnecessário de colocar um produto no mercado internacional a partir do Brasil, por empresas nacionais, em comparação com os países considerados mais competitivos.

Desta forma, um dos maiores objetivos da análise do custo Brasil é a constante tentativa de reduzir custos e despesas – sem, contudo, diminuir a qualidade – para que o produto brasileiro (se não houver outros diferenciais) tenha uma certa competitividade em relação ao mercado externo. De modo geral, também houve, historicamente, a transferência de responsabilidades para o setor privado, porém, grande parte dos fatores que interferem diretamente no custo Brasil são de ordem pública (como a tributação).

A análise do custo Brasil leva em consideração principalmente os fatores diretos, como os transportes, matéria-prima, tributos, logística, portos, financiamentos e outros. Porém, percebe-se que vários fatores indiretos interferem e oneram sobremaneira as ações das empresas brasileiras. A experiência de muitos anos de atuação profissional nos faz crer que o governo poderia intervir com incentivos e financiamentos, mas esta não seria a melhor ou mais importante alternativa para que os negócios de uma empresa se desenvolvessem, pois parte do pressuposto de que os valores de incentivo poderiam ser utilizados em outros setores mais prioritários, que poderiam conduzir a melhores resultados de longo prazo. Descartam-se, então, as práticas protecionistas.

QUADRO 1.4   Fatores Diretos e Indiretos Formadores do Custo Brasil.

Fatores Diretos	Fatores Básicos
Transportes: o rodoviário é o mais utilizado, em detrimento de outras modalidades de transporte mais baratas, como o fluvial e o ferroviário (monomodalismo). As precárias condições das estradas interferem muito na relação de custos e logística de uma empresa.	**Alimentação:** uma certa falta de política nas áreas primárias (agricultura e pecuária), aliada às perdas no transporte, no armazenamento e na comercialização em geral, conduz a custos elevados de alimentação.
Portos: são as portas de saída de mercadorias de um país. Embora o marítimo seja um dos meios de transporte mais baratos – em relação ao aéreo, por exemplo –, muito se deve fazer ainda no Brasil para que haja uma redução significativa, principalmente de ordem política. Nos últimos anos, houve uma certa melhoria, porém muito se deve fazer para que se torne um modelo, como o Porto de Sorbonne, por exemplo.	**Educação:** a questão da educação no Brasil constitui uma polêmica. Durante muito tempo, foram priorizadas políticas de curto prazo que visavam construir estatísticas para que o país conseguisse efetivamente recursos externos. Para que um país se torne competitivo em nível internacional, é necessário que a população tenha capacidades e habilidades no sentido de pensar, criar estratégias e se autogerir.
Tributos: a carga tributária brasileira é uma das maiores do mundo, em razão do efeito 'cascata' e da quantidade de impostos – a maioria criada para suprir as deficiências de curto prazo do setor público.	**Saúde:** muitos recursos são aplicados na chamada medicina curativa, e não na preventiva, aliada à falta e à precariedade da estrutura da saúde no país.
Logística: envolve a interna e a externa (frete, burocracia e pirataria terrestre e em alto-mar). Nos últimos anos, diversas empresas investiram pesado no setor, a fim de otimizar e agilizar os processos produtivos e de comercialização, porém, de maneira geral, a tecnologia e o conhecimento são apenas para grandes empresas.	**Corrupção:** pode ocorrer tanto no âmbito empresarial quanto em atividades ligadas ao setor público. Trata-se de um câncer que deve ser extirpado no sentido da aplicação correta de recursos em áreas que são extremamente carentes, como as três citadas anteriormente.
Matéria-prima: em muitos casos, o produtor nacional pode recorrer ao similar estrangeiro em razão de preços menores, por exemplo, e assim onerar nosso balanço de pagamentos. Faltam, também, programas inteligentes de reciclagem, que conduzam a práticas racionais de utilização e economia de recursos.	**Tráfico de animais:** forma de contrabando que tem chamado a atenção de todo o mundo, devido à sua grandiosidade. Daí a entrada da WWF[7] no Brasil na década de 1980.

Fonte: Quadro desenvolvido pelo autor com base nas percepções do cotidiano, leitura e discussão sobre o assunto com vários profissionais.

Country exposure

Denomina-se *country exposure* ou risco país toda e qualquer possibilidade de existir alguma barreira, regulamento ou legislação que venha a impedir a saída de capital, na maioria dos casos em virtude das importações, mesmo havendo necessidade emergencial. Da mesma forma que um banco analisa financeiramente uma empresa antes de conceder um empréstimo, todos aqueles que desejam exportar devem avaliar os riscos inerentes ao país a que se destina sua exportação de bens e/ou serviços. Portanto, ao realizar uma transação internacional, devem-se analisar os seguintes aspectos:

🌐 Risco importador

A empresa exportadora deverá avaliar os riscos (saúde financeira e idoneidade comercial) da empresa que está comprando seus produtos ou serviços. Existem diversas empresas prestadoras de serviços dentro e fora do país que podem auxiliar no processo de análise (veja capítulo sobre fonte de dados secundários).

🌐 Risco país

Por diversos motivos, mesmo que a empresa importadora queira efetuar seus pagamentos, muitas vezes fatores de ordem macro (que envolve mudanças políticas ou nova ordem social do país hóspede) e micro (envolvendo empresas ou grupos) podem interferir na transferência de numerário entre diferentes países. Mesmo que as empresas se antecipem aos problemas e utilizem mecanismos conhecidos, a inadimplência é comum a todas as empresas. A conceituação de *country exposure* refere-se a regras e regulamentações de cada país, que pode resultar na diminuição, atraso ou descontinuidade das operações efetuadas entre empresas situadas em países diferentes. Pode ocorrer a simples inadimplência dos pagamentos via depósito no banco central do país ou mesmo desapropriação e confisco, no caso de investimento direto ou *joint ventures*.

Medidas como seguros internacionais e financiamentos oriundos de entidades financeiras do país hóspede atenuam os possíveis impactos da inadimplência. Embora existam desigualdades entre as diferentes nações que compõem o cenário internacional, facilitando os desníveis sociais e acentuando as diferenças econômicas, o mercado internacional sempre se constitui em uma fonte desafiadora de novos negócios ou novos desastres, dependendo do ponto de vista de quem atua e seus respectivos resultados. O exposto é baseado em algumas experiências vividas pelo autor, em que:

🌐 Muitas empresas, empolgadas por uma certa aura de sofisticação, grandes resultados no curto prazo e na 'onda da globalização', tentaram desenvolver negócios no exterior, chegando ao *fracasso*. Foram mal orientadas ou não possuíam estrutura suficiente em termos de recursos estratégicos (produtivos, financeiros, humanos ou tecnológicos, por exemplo) para atuar nesses mercados.

🌐 Muitas empresas, com *background* e *know-how*, de maneira consciente, racional, emocional, criativa, empreendedora, planejada e voltada ao marketing internacional, galgaram o *sucesso*. Aprenderam – e colocaram em prática – os preceitos de marketing internacional para o desenvolvimento de negócios em mercados externos. Além disso, é necessária a construção de uma filosofia voltada ao mercado internacional, no intuito de absorver e desenvolver negócios em mercados externos.

Portanto, o mercado internacional possui características distintas, porém grande parte dos procedimentos comerciais foi padronizada por instituições internacionais no sentido de incrementar e fomentar as relações entre os diferentes países. A realidade mundial denota as diferenças econômicas e o grau de dependência política entre as diferentes nações onde, a princípio, existe um fator que não pode ser padronizado: *o profissional que atua no mercado*.

1.3.7.2 Conseqüências e Impactos de um Custo Brasil Alto

Os impactos se refletem no nível de vida da população, provocando e acentuando as desigualdades sociais e o aumento da população menos favorecida. O país, então, torna-se um paraíso para empresas estrangeiras que necessitam de mão-de-obra barata, pois o arrocho salarial se torna evidente, entre outros motivos:

a) diminuição das margens de lucratividade por parte de toda a cadeia produtiva;

b) tentativas de redução de mão-de-obra em todos os níveis;

c) necessidade de venda em grandes quantidades, em detrimento de vendas mais selecionadas;

d) diminuição dos investimentos e reinvestimentos no negócio.

De maneira geral, devido ao custo país alto, ocorrem:

- **perda de competitividade internacional**, em detrimento das práticas e estruturas de economias mais favorecidas;
- **perda de competitividade interna**, gerada pelas próprias limitações do mercado interno e pela incapacidade de atuar de maneira mais significativa no mercado internacional; e
- como impacto direto, o **aumento da pobreza em geral**.

Vários estudos foram desenvolvidos no sentido de analisar o custo Brasil. A relação do tráfico de animais e a pirataria tornam a empresa suscetível à chamada 'economia invisível', que pode corroer as empresas durante sua vida.

1.3.7.3 Uma Pequena Análise sobre o Custo Brasil e Sua Relação com o Tráfico de Animais Silvestres

Em termos históricos, o chamado custo Brasil sempre foi diretamente associado à questão da ineficiência dos portos brasileiros. Isso se deve ao fato de que a mentalidade e a filosofia empresarial em geral, durante muito tempo, foram voltadas à questão da comercialização e venda final do produto, e não a todo o processo gerencial de negócios. Por outro lado, questões trabalhistas e políticas conduziram, durante muito tempo, ações protecionistas que interferiram na performance do setor portuário. A esse respeito, pode-se lembrar que, nas décadas de 1970 e 1980, o Porto de Santos foi considerado um dos mais caros do mundo.

Assim, havia sempre uma certa transferência de responsabilidades pelo fato de as empresas nacionais não conseguirem ser competitivas em relação ao mercado externo. Pois bem, principalmente na última década, mudanças e transformações ocorreram no mundo e suas conseqüências são notadas também em terras brasileiras. A abertura do mercado brasileiro evidenciou a fragilidade de alguns setores – o têxtil[8], por exemplo – e obrigou o empresariado a ter uma mentalidade sabática, no sentido de repensar processos e criar ações de profundidade que possibilitassem sua sobrevivência e crescimento em um mercado altamente competitivo. Desta maneira, preliminarmente dois pontos são primordiais para que uma organização nacional tenha sucesso em ambientes globalizados:

- Ter um marketing mix internacional[9] competitivo em relação aos diferentes mercados externos; e
- Possuir capacidade de marketing internacional, seja no âmbito de recursos, seja no âmbito de capacidade criativa, gerencial e de negócios.

Mas vamos focar especificamente o primeiro ponto – um marketing mix competitivo, centrado nas questões relativas aos custos diretos e indiretos, que gera conseqüências e impactos em nível global.

Durante a década de 1980, a participação do Brasil nas transações comerciais internacionais não ultrapassava 0,5% em relação ao mundo. Ocorre, porém, que, segundo a mídia impressa e eletrônica da época, o valor estimado do tráfico de animais rondava a casa de um bilhão de dólares. Atualmente, o país continua com a mesma participação de negócios em comércio exterior, porém os valores estimados do narcotráfico aumentaram muito, rondando a casa dos dez a vinte bilhões de dólares.

Além da própria questão da criminalidade, os valores estimados são direcionados para outras áreas ilícitas, como o narcotráfico mundial e o mercado paralelo de armamentos de guerra, potencializando, em progressão geométrica, os valores e os impactos. Por essa razão, entidades internacionais vêm aportando em nosso território em busca de eliminar definitivamente este mal de grandes proporções estimado em doze milhões de animais capturados ilegalmente no Brasil, o que corresponde a 10% do mercado internacional.

Diante disso, o impacto ambiental é muito grande e, se a análise for feita em relação à possibilidade de pesquisas e receitas oriundas dos nossos próprios recursos e atrativos naturais, nota-se quanto a nação possui e quanto perde anualmente. Vários são os fatores que oneram direta ou indiretamente o chamado custo Brasil, porém o importante é destacar que a perda da competitividade interna conduz a uma perda maior de competitividade internacional. Com isso, cria-se um círculo que conduz a um aumento da pobreza e a uma queda no desenvolvimento geral do país. Destaca-se, assim, a problemática do tráfico de animais – por sua grandiosidade e atualidade – como relevante variável ambiental de marketing internacional, que passa despercebida por grande parte da comunidade nacional, mas não por entidades e organismos internacionais. Deve-se combater, mas ao mesmo tempo identificar e priorizar nossas riquezas e atrativos naturais para a manutenção da estabilidade da soberania nacional e, ao mesmo tempo, do bem-estar geral da população brasileira.

1.4 Um Pouco de História

No final da década de 1980, pouco se falava em marketing internacional. Na verdade, contava-se nos dedos (de uma das mãos) a quantidade de cursos de comércio exterior que ofereciam a disciplina, muitas vezes ministrada de maneira pioneira por profissionais de marketing que não conheciam os trâmites internacionais ou vice-versa.

Mesmo no início da década de 1990, ao criar e formatar o primeiro curso de pós-graduação em Marketing Internacional no Brasil, na Universidade Paulista (Unip), pouco se falava no assunto. O curso foi criado pela insistência, carência e filosofia do autor, por ser graduado em administração e habilitado em comércio exterior:

- O que um habilitado em comércio exterior poderia fazer ao término de seu curso?
- O que poderia ser feito para melhorar o nível técnico, profissional e intelectual dos profissionais da área?
- O que fazer para melhorar as condições econômicas e sociais do país?

Muitas experiências foram trocadas e teorias criadas a partir deste curso e também por meio das próprias carências dos discentes (centenas, durante todos esses anos). A atividade profissional propiciou a complementação e a visão do outro lado da moeda. O assunto marketing internacional começou a ganhar uma forma mais apurada a partir da acentuação da globalização em meados da década de 1990 e novas propostas e desafios surgiram, porém a principal ótica ainda não se consolidou: tal qual *durante muitas décadas o futebol foi uma espécie de filosofia e anseio nacional, o marketing internacional ainda não se fortaleceu como um estado de espírito ou mesmo uma vocação nacional.* Vocação esta que o país também não tem em turismo e, atualmente, nem em futebol, embora tenha conquistado o pentacampeonato.

Atualmente, marketing internacional é uma disciplina obrigatória tanto em cursos voltados para o comércio exterior como também para a administração ou mesmo o marketing e comunicação, mas ainda é necessário fazer muito para melhorar o mercado como um todo. Ações se consolidam a partir do momento em que convergem sinergicamente a um objetivo maior – do país, da empresa ou do profissional, dependendo do nível e do foco.

Preliminarmente, marketing internacional não é simplesmente uma mera adaptação do marketing em relação aos trâmites internacionais, e sim uma *nova e importante disciplina e filosofia autônoma aplicada em mercados internacionais.*

1.4.1 O Aspecto da Estrutura do Mercado de Trabalho – Profissionalização

Com o aprofundamento da globalização – como fenômeno 'recente' da nova economia – e a brusca, mas necessária, abertura de mercado proporcionada pelo governo Collor e políticas posteriores, as empresas sediadas no País foram, de certa maneira, obrigadas a eliminar o câncer da especulação financeira, diminuindo os ganhos não operacionais, e a tentar adaptar sua estrutura a ações estratégicas de mercado. Com isso, *os profissionais da área de comércio exterior e internacional começaram a ser mais requisitados sob o ponto de vista de necessidades de curto prazo do que objetivos e propósitos de longo prazo das empresas.*

Vários setores quebraram durante o período, mas reagiram favoravelmente com o passar dos anos, por exemplo, o das confecções brasileiras. Porém, do ponto de vista humano, as transformações e mudanças estão sendo mais lentas. Ocorre que, inicialmente, o processo abrupto ocasionou uma grande demanda por profissionais da área. Como o mercado profissional estava em um estado de euforia, muitos profissionais sem uma grande e completa qualificação acadêmica, técnica, profissional e pessoal procuraram as oportunidades de mercado de trabalho e se adaptaram à nova realidade imposta. Muitos desses profissionais se tornaram os chamados *tiradores de pedidos,* em vez de atuarem de maneira mais profissional e planejada – com muitos vislumbres de curto prazo, que é o próprio conceito de vendas.

Muitos gurus surgiram e utilizaram um *mentoring* embrionário, mas sem plantar sementes que solidificassem os conhecimentos e filosofias empresariais e de negócios. Muito pelo contrário: as próprias características de alguns profissionais da área – de salto alto – impossibilitaram a formação de *teamworks* e *networkings* duradouros. O conhecimento e a filosofia de negócios em base internacional se tornaram um segredo comercial guardado a sete chaves!

Posteriormente e de maneira complementar, as variadas divergências e diferenças entre os muitos governos que se seguiram não acrescentaram muito à questão da qualidade profissional geral no Brasil em relação ao marketing internacional. O que realmente aconteceu:

- Falta de objetivos e propósitos em relação ao mercado internacional que redundou em políticas e metas desagregadoras;
- Falta de uma política de comércio exterior e internacional;
- Infra-estrutura interna deficitária;
- Burocratas que não conhecem os mecanismos práticos de comércio exterior e internacional em cargos estratégicos de governo;
- Falta de incentivos financeiros e não financeiros.

Idéias do tipo *exportar ou morrer* e alegrias em razão de *superávits* eventuais confirmam que não existe uma coerência política e comercial planejada que conduza as empresas e nações a resultados duradouros. Muito pelo contrário: as ações de curto prazo prejudicam o longo prazo.

Para confirmar o exposto, comparam-se as questões dos consórcios de exportação:

Sobre os consórcios de exportação, muito se falou e se pensou na questão. A bem da verdade, existem casos de sucesso no Brasil, como o da Unef, porém o assunto ainda é desconhecido e polêmico no Brasil. Vários fatores interferem na constituição e desenvolvimento dos consórcios:

- falta de conhecimento sobre o assunto aliado a três graves pontos: falta de tradição, profissionais e literatura;

- falta de profissionais que conduzam o negócio a ser desenvolvido;

- incompatibilidade dos componentes do consórcio a ser constituído;

- falta de padronização nos aspectos relativos a produtos e serviços ou mesmo ligados às políticas e propostas empresariais.

Mas, afinal, o que realmente são os consórcios de exportação?

Como visto anteriormente, o termo se confunde muito em decorrência dos consórcios de carros, eletrodomésticos e até casas, comuns no país. Mais do que a facilitação e o aumento das vendas, os consórcios de exportação se constituem como parcerias de empresas, não necessariamente do mesmo setor, mas com objetivos comuns, em que vários benefícios são auferidos, por exemplo:

- maiores possibilidades de negócios por meio de ganhos de escala e otimização de recursos produtivos e financeiros;

- maiores possibilidades na negociação empresarial e comercial interna e externa;

- possibilidade de competição maior no mercado externo, entre outros fatores.

Diferentemente, na Europa, os consórcios de exportação deram certo. Na Itália, por exemplo, grande parte das exportações são conduzidas por pequenas empresas que se uniram em torno de oportunidades de longo prazo de mercado. A formação e constituição de *distritos industriais,* por exemplo, alavancaram a agregação e o desenvolvimento das empresas com foco no mercado externo. A concentração dos recursos produtivos, centros de pesquisa e logística na mesma localidade possibilitaram um grande diferencial. *Os arranjos produtivos capacitaram a mão-de-obra e, ao mesmo tempo, tornaram competitivos os produtos a serem comercializados externamente, competindo até com o mercado chinês, que possui uma estrutura de custos em torno de 10% em relação ao europeu.*

Conclui-se, então, que o mercado doméstico tende a expandir-se no sentido global cada vez mais e de forma cada vez mais profissional e rápida. Neste sentido, pode ocorrer um descompasso da competitividade nacional. Existem ações isoladas, como as da indústria moveleira, artesanato e serviços de engenharia, porém a idéia é que as ações sejam coordenadas e políticas sejam traçadas de modo agregado no país.

1.4.2 As Condições da Formação Acadêmica

Embora tenha ocorrido uma certa evolução no ensino superior na última década, em decorrência de novas políticas e diretrizes nacionais, inclusive a questão da avaliação de vários cursos, pouco se fez para que os egressos do ensino superior se destacassem no mercado de trabalho, pois:

- Nota-se o declínio das condições de ensino em relação a fatores conjunturais e estruturais que interferem nas IES e no próprio corpo discente;

- Não há um curso superior específico de quatro anos voltado somente para o comércio exterior e o internacional;

- O mercado carece de material didático relativo à área, e ainda mais sobre a realidade atual brasileira, em virtude, inclusive, da falta de tradição dos profissionais de mercado em registrar suas experiências profissionais;

◉ Necessidade de uma quebra e melhoria no fluxo de utilização das informações, hoje muito banalizadas em decorrência da facilidade da coleta de informações por intermédio da internet, por exemplo.

Sobre este último aspecto, o *know-how de como planejar e implementar as estratégias* faz parte do capital intelectual de poucos. Desta forma:

◉ Existe uma transferência de responsabilidades para o governo, em seus diferentes níveis, no sentido de ajustar as empresas brasileiras à realidade externa. Esforços como o do Banco do Brasil em áreas específicas são importantes, porém, às vezes, sem a convergência necessária;

◉ Existe uma certa responsabilidade empresarial que aumenta a competitividade externa individual das empresas; aliás, atitude bastante louvável desses empresários.

Um certo paternalismo se impôs no passado e até hoje vivemos sob esta égide. No mercado norte-americano, diferentemente do exposto, é comum, por exemplo, fundações ligadas a grandes conglomerados doarem e incentivarem a pesquisa científica nas academias no sentido de gerarem novas tecnologias, produtos e serviços no intuito de realmente contribuir para a sociedade e, ao mesmo tempo, reduzir seus investimentos em pesquisa e desenvolvimento. Neste sentido, é notória a contribuição para o sistema total, além da criação de uma imagem institucional.

Como a maioria das IES trabalha de acordo com metas individuais em vez de globais (relacionadas ao todo da comunidade) e com pouco conteúdo específico (uma vez que se gradua um administrador habilitado em comércio exterior), o egresso possui uma série de deficiências. De maneira não estatística, mas vivencial, destaca-se:

◉ Falta de visão empreendedora e de longo prazo, uma vez que a maioria deseja ser o gestor do negócio, mas atua e pensa de maneira operacional;

◉ Falta de capacidade na avaliação integrada de negócios. De outra maneira, o egresso não consegue construir um negócio envolvendo todas as partes, sendo especialista em um ou outro segmento específico.

Exemplificando, poucos são os egressos que constituem um negócio próprio e menos ainda conseguem avaliar um negócio ou mesmo uma operação abrangendo, além da questão técnica envolvida, outras áreas como marketing, finanças, direito, logística e similares. Ou seja, não avaliam um negócio em sua totalidade e características, atuando de maneira passiva. Também não são todos que falam um segundo idioma.

As facilidades e a rapidez da comunicação impressa e eletrônica estão tornando o mundo cada vez menor, onde a informação e a velocidade com que ela é transmitida, enviada e analisada são as principais ferramentas de sucesso de estudantes, profissionais ou empresas.

A informatização, em sinergia com as novas técnicas de trabalho, vem revolucionando o mundo e otimizando e melhorando as empresas. Porém, para uma perfeita alavancagem de negócios, outros fatores são mais importantes, como o próprio espírito empreendedor.

1.5 O Próprio País Inserido no Contexto Global

Na década de 1970, falava-se sobre a relação do Brasil com o mundo no sentido de que o país seria o celeiro do mundo, levando-nos a crer na comercialização de produtos básicos, mas que alimentariam o planeta. Embora hoje se fale muito na questão de 'agregar valor' aos produtos a serem comercializados, existem três fatores básicos para que uma nação tenha crescimento e evolução:

⊕ Alimentação;

⊕ Saúde;

⊕ Educação.

Nota-se a ausência desses três fatores na economia brasileira, porém, é a partir dessa base que evoluem as informações e a respectiva utilização estratégica. *Sem uma base sólida não haverá crescimento sustentável ou, de maneira similar, de nada adiantam investimentos maciços em propaganda e estratégias de vendas se não houver um referencial de qualidade.*

Curiosamente, da década citada até os dias de hoje, mantém-se a mesma participação em comércio exterior em relação a tudo que é transacionado no mundo – menos de 0,5%. O mundo cresceu e evoluiu. A população cresceu. Lembram-se de quantos éramos no Brasil na década de 1970? E hoje passamos de 170 milhões de pessoas. Só não cresceu a nossa fatia comercial no mundo!

1.5.1 Qual a Lógica do Crescimento e Desenvolvimento Sustentável?

De maneira sinérgica, fala-se também que o Brasil poderia ser o pulmão do mundo. Por que não? Por que devemos avançar em campos que não fazem parte da nossa *expertise* natural? Por que não agregar valor de acordo com nossas riquezas naturais ou conhecimentos?

A partir do exposto, podemos perguntar de maneira contundente: Qual o posicionamento brasileiro? Que imagem queremos construir no mercado internacional? Quais são os nossos diferenciais competitivos?

⊕ Se somos o maior país da América Latina e banhado por extensas costas marítimas, qual a nossa participação em atividades pesqueiras ou mesmo na indústria naval?

⊕ Possuímos riquezas e atrativos naturais: como está a *indústria de turismo* ou de serviços?

⊕ Se possuímos extensas áreas verdes, e podemos ser o 'pulmão do mundo', por que estamos desmatando essas áreas?

⊕ Se quase um terço da água potável do mundo está no País, que ações estão sendo feitas no sentido de preservar e utilizar racionalmente este bem mineral?

Então, na verdade, estamos tentando nos adaptar ao que outros países fazem e procuram, mas não efetivamente ao que poderemos ser. *A identidade nacional não se trata de uma simples questão mercadológica ligada à imagem final do país, mas, sim, do somatório de todos os valores e crenças nacionais que impulsionam uma nação. Trata-se de diferentes qualidades que podem se tornar arquétipos.*

Qual o conceito ou que arquétipos queremos associar ao país chamado Brasil? Vamos exemplificar com alguns países no Quadro 1.5.

Como consultor empresarial, professor universitário e de pós-graduação, recorda-se o autor de vários momentos em que o alunado tinha grandes propensões em desenvolver negócios com os Estados Unidos, por exemplo. Por quais razões? Porque todos os países exportavam para os Estados Unidos. Então, atente-se ao fato de que fazemos o que os outros fazem, porém devemos descobrir qual a nossa vocação natural.

Trata-se de *quebrar paradigmas*, frase tão repetida na atualidade, porém verdadeira. Tudo depende do ponto de vista do profissional. Vamos falar um pouco sobre o tamanho do mercado, isto é, potencial de mercado.

QUADRO 1.5   Conceitos de Países e Respectivos Países.

Japão		França		Brasil	
Conceito	**Produtos**	**Conceito**	**Produtos**	**Conceito**	**Produtos**
Tecnologia e Inovação	Produtos de informática	Glamour e Luxo	Alimentos sofisticados e de boa qualidade	?	?
	Produtos eletrônicos		Moda		?
	Carros		Vinhos		?
	Motocicletas		Perfumes		?

Fonte: Revista Comércio Exterior.

QUADRO 1.6   Relação entre Produtos com Grande Expectativa de Concorrência e sem Concorrência (Inovadores): Quebra de Paradigmas.

Alta Concorrência	**Baixa ou sem Concorrência**
Necessidade de um esmerado estudo de potencial de mercado, no sentido de mensuração do tamanho do mercado e *market share*.	Necessidade de um elaborado sistema de informação que possibilite a identificação dos nichos de mercado.
Análise da estrutura de custos e despesas no sentido de ganhar competitividade.	Análise da estrutura de custos e despesas no sentido de introduzir o conceito e, posteriormente, produtos e serviços no mercado. Utilização da estratégia de preços *guarda-chuvas*.
Necessidade de agregar diferenciais competitivos, aumentando a oneração dos tópicos citados anteriormente.	Necessidade da agregação gradual de diferenciais competitivos de acordo com a reação do mercado e da fase do CVP.
Alto monitoramento da concorrência, no sentido de se manter atualizado e não perder *market share*.	Monitoramento da entrada de novos concorrentes, necessitando, então, da criação de barreiras tarifárias e não tarifárias.
Altos custos com menor margem de contribuição e lucratividade.	Altos custos de introdução com maiores margens de contribuição.

Fonte: Quadro desenvolvido com base nas discussões do autor com o mercado empresarial, sem caráter estatístico e metodológico.

Ou seja, transpondo as leis de posicionamento para o marketing internacional, *'É melhor ser o primeiro do que o melhor'* ou *'Se não puder ser o primeiro em uma categoria, estabeleça uma nova categoria em que seja o primeiro'* (RIES & TROUT, 1993). Desta forma, políticas de investimentos por parte das iniciativas privada e pública podem e devem se tornar uma prerrogativa do negócio e mais que isso: *pesquisa e desenvolvimento como um fator normal para se fazer negócios.*

Durante muito tempo, os serviços brasileiros de engenharia foram muito valorizados no mercado internacional. Grandes obras eram sempre associadas à *expertise* técnica brasileira, alavancando negócios por meio da credibilidade conquistada. Muito se fala na construção de uma marca Brasil, mas quais as nossas competências e habilidades?

Pensando desta maneira:

🌐 A França sempre foi conhecida por sua gastronomia sofisticada e era uma das barreiras não tarifárias, mas culturais, mais pesadas que impossibilitavam a entrada do *McDonald's* no País. Contrariando todas as teorias e pesquisas de potencial de mercado direto, a rede instalou com sucesso sua rede no País, considerando o público constituído de turistas provenientes de países onde a rede tem sucesso.

🌐 Dificilmente pensaríamos que o Japão poderia exportar carne para outros países pelas próprias características físicas e culturais do país. Entretanto, existe uma rede norte-americana que comercializa hambúrgueres importados do Japão que são provenientes de uma criação de gado alimentado com cerveja e ração especial, além de massagens diárias para amaciar a carne;

🌐 O próprio autor, em uma de suas viagens ao mercado norte-americano, experimentou excelentes sucos enlatados com marcas japonesas de procedência não japonesa, resultado de *joint ventures* entre o País e o Chile.

Percebe-se, então, a necessidade de uma diferenciação e também de uma certa visão e criatividade nos negócios de uma empresa. Uma audácia dentre padrões racionais e desafios.

1.5.2 Pensamento Estratégico e Filosófico em Marketing Internacional

Não há como deixar de acentuar a importância do marketing internacional para qualquer organização que pretenda evoluir ou desenvolver atividades no mercado internacional. Um dos principais erros é associar o marketing internacional somente com aquelas empresas ou profissionais ligados à área internacional. Muito pelo contrário: *a maioria das empresas não tem ligação direta com o mercado internacional, mas recebe influências e conseqüências do mercado internacional ou daqueles que lá atuam*, por exemplo:

🌐 Empresas, empresários, profissionais, produtos e serviços que concorrem com os similares em nível nacional;

🌐 Formas de financiamento e empréstimo decorrentes de instituições estrangeiras que interferem na composição de custos e despesas, redundando no preço final;

🌐 Possibilidade de *global sourcing*, em que se pode obter a melhor matéria-prima nas melhores condições de venda;

🌐 Monitoramento e acompanhamento do fluxo de informações que moldam as ações das empresas e pessoas. Tais fluxos podem ser exemplificados como os dados e as informações que recebemos no nosso dia-a-dia e que levam um grupo de pessoas a terem determinada opinião. Responda rápido:

   🌐 Qual o melhor autor em marketing que você conhece?

   🌐 Existe algum autor europeu em marketing que você aprecia?

   🌐 Existem mendigos no Japão?

Desta maneira, entende-se que o marketing internacional atualmente nada mais é do que mais um componente que uma pessoa deve conhecer e aplicar no seu dia-a-dia. Vale lembrar que, hoje, um dos mais renomados autores e pesquisadores em marketing no mundo – Philip Kotler – intitula-se professor de Marketing Internacional, e não simplesmente de Marketing.

Finalizando: o *cupuaçu* é considerado uma das frutas tradicionais brasileiras. É plantado e comercializado na Amazônia, porém sua origem não é brasileira, e sim norte-americana. Vários empreendedores começaram a negociar seus derivados internamente – como o óleo e o cupulate (espécie de chocolate que utiliza como matéria-prima principal a fruta). Prospectaram o mercado internacional, identificando negócios na União Européia, porém não podem comercializar externamente ao Brasil a fruta e seus derivados, uma vez que o processo de industrialização e registro de marca pertencem a um grupo japonês e um percentual de todas as vendas deve ser pago a título de *royalties*. O que deve ser analisado, neste caso, não é a questão direta e simplista de a quem pertence o direito de fato, mas como ocorreu, uma vez que a biopirataria (o autor não está afirmando que este caso se enquadre nessa situação) é uma realidade em terras brasileiras. Por outro lado, sabe-se da abertura que o país proporciona aos estrangeiros e da subvalorização do que é nosso. Mais uma vez, questiona-se: que ações e posicionamento queremos ter?

1.5.3 Conclusões Prévias

Na sociedade global contemporânea, a evolução, as mudanças e as transformações são realizadas com muita rapidez e, em alguns casos, de maneira imperceptível. Desta forma, simplesmente *se manter atualizado não é garantia de sucesso – saber aplicar o conhecimento é uma das condicionantes mais importantes para o profissional do novo milênio.*

A rapidez do fluxo de informações torna imperativo que o profissional tenha discernimento no sentido de analisar e selecionar as informações e aplicá-las de forma construtiva. O processo decisório em marketing internacional conduz a um perfil de executivo: aquele *conhecedor do todo sem ser generalista, mas que consiga avaliar o todo, mensurando conseqüências e impactos no negócio da empresa e, ao mesmo tempo, garantindo e solidificando sua empregabilidade por meio de uma outra visão individual de planejamento de carreira. Então, saber criar, avaliar e desenvolver negócios dentro da ótica profissional e pessoal é uma das principais características do novo perfil esperado.*

Atualmente, o profissional deve ter vários diferenciais, de acordo com as exigências de mercado. De maneira complementar, o indivíduo deve entender que, conforme citado anteriormente, faz parte de um grupo ou grupos maiores e que qualquer ação – seja positiva ou negativa – conduz a uma reação, e assim por diante. Desta maneira, a *responsabilidade social se torna, mais que uma variável ambiental, uma forma filosófica estratégica de como criar negócios e evoluir de maneira diferenciada no atual mercado competitivo.*

Deve-se identificar que mercado se pretende atingir e qual posicionamento adotar. O foco pode ser feito sob a ótica do mercado interno, externo ou internacional. A decisão de operar em nível internacional muitas vezes pode ser uma atitude equivocada e precipitada. Essa opção deve fazer parte do plano estratégico de uma empresa, mesmo as de pequeno porte. A partir do momento em que houver competências e habilidades, a empresa poderá se posicionar de maneira adequada no mercado que deseja atuar.

É possível perceber que *se pode agregar mais um P ao já clássico marketing mix internacional – product, price, promotion, place, power e public relations: personality.* Personalidade para identificar, criar e agir em marketing internacional. Personalidade nos negócios e em suas ações estratégicas. *Personalidade que leve uma identidade nacional que impulsione os negócios de um país.* Ações ligadas ao megamarketing e às relações públicas podem auxiliar na construção dessa identidade nacional.

Conclui-se, então, que o marketing internacional – mais que uma disciplina dentro de um curso de graduação, ou mesmo de uma função dentro de uma empresa – é uma necessidade estratégica de uma nação, organização ou mesmo de um profissional que deseja sobreviver, se manter e crescer dentro de cenários que provavelmente não serão tão suaves como os do passado recente. Haja esperança!

1.6 Miopia em Marketing Internacional: Uma Questão de Vocação Nacional?

Conceituar as dimensões e a importância do marketing internacional, apresentando um pouco da realidade internacional e, principalmente, da nacional, diferenciando conceitos e estratégias empresariais e de países. Longe de apresentar soluções prontas, a idéia central é abrir um *fórum* de discussões sobre como os profissionais, as empresas e até o próprio país podem ser míopes em relação ao seu próprio negócio e em relação ao assunto e recomendar formas de expansão de negócios.

No início da década de 1960, *Theodore Levitt* publicou o clássico e importante artigo *Marketing miopia*, que evidenciava a visão curta de pessoas e empresas em relação ao seu próprio negócio. Tal afirmação se confirma até os dias de hoje, prejudicando o desenvolvimento dos negócios contemporâneos. Durante todos esses anos de atuação na área de *marketing aplicado* à área internacional e de comércio exterior em terras brasileiras, tem-se notado que o mercado carece cada vez mais de profissionais competentes e habilitados que atuem de maneira profunda e contundente, no sentido de gerarem novos negócios e oportunidades empresariais. Mais que isso, a construção de uma filosofia voltada para o marketing internacional.

Então, a idéia central do item não é atualizar o artigo citado, mas, aproveitando o conceito inicial da falta de visão de negócios em relação ao mercado internacional, desenvolver um outro caminho e propostas que levem o país a um crescimento sustentável internacional.

Sobre o exposto, colocam-se inicialmente três pontos que o item procurará explorar e que o autor considera de confluência de negócios:

- O aspecto da estrutura do mercado de trabalho no país – profissionalização e capacitação;
- As condições da formação acadêmica, principalmente em nível de graduação e pós-graduação;
- O próprio país inserido no contexto global, levando-se em conta o comércio interno, o exterior e o internacional.

Sobre este último ponto, é importante destacar as grandes dimensões de cada um dos níveis e como interferem sobremaneira nas táticas e estratégias organizacionais. Muitas vezes, *algumas empresas 'pulam' para obter um* upgrade *de negócios, porém percebem que deram um pulo maior que as pernas ou recursos.*

Todos os pontos apresentados fazem com que o país tenha possibilidades e que os profissionais tenham *competências gerenciais e de negócios* e, ao mesmo tempo, de disseminar uma *filosofia de negócios em base internacional*. O texto apresenta algumas afirmações que não pretendem ser, de maneira alguma, definitivas, e sim iniciar uma série de discussões sobre *o que fomos, o que somos, o que seremos, o que pretendemos ser e realmente poderemos realizar as questões que envolvem a comercialização de produtos e serviços de empresas brasileiras em um contexto de final de processo da globalização.* A partir da exposição dos três pontos, se procurará a *análise, as reflexões e as conclusões sobre o tema – Miopia em marketing internacional: uma questão de vocação nacional?*

1.7 O Futuro do Marketing Internacional

Entende-se que hoje a empresa deve compreender que o marketing internacional é uma realidade e dificilmente o profissional, a empresa ou mesmo o país pode sobreviver e evoluir sem a influência do mercado internacional. Desta maneira:

- **O marketing internacional é uma filosofia, e não um simples departamento da empresa:** a organização deve entender que todas as suas ações devem levar em conta, também, todas as alternativas que envolvem o mercado internacional. Desta forma, todo o pensamento estratégico organizacional deve levar em conta as alternativas da cadeia de produção e comercialização global.

- **Estratégias globais e clientes locais:** embora a globalização seja uma realidade, é de suma importância o pensamento sistêmico internacional e a adaptação regional, em que *a estratégia deve ser global e as ações, regionais.*

- **A realidade do desemprego estrutural:** preconiza-se um aumento do desemprego estrutural e o aumento do trabalho. Dentro dessa realidade, a empresa deverá se adaptar às novas formas e visões da ciência da administração e, ao mesmo tempo, trabalhar de acordo com as carências e necessidades sociais da comunidade.

- **Acirramento da concorrência:** se tornará cada vez mais forte, impactando no aprofundamento e na complexidade das ações e estratégias. Neste sentido, o monitoramento da concorrência e do mercado são práticas determinantes de sucesso.

- **Virtualidade dos processos:** a crescente evolução tecnológica tem alavancado os processos de comunicação e impulsionado as relações comerciais internacionais, trazendo outras realidades e necessidades, moldando o perfil do profissional.

- **Marketing eletrônico:** criado originalmente apenas para reduzir os custos da implantação de uma loja de varejo e otimizar processos logísticos internos, o *e-commerce* foi introduzido nas empresas sem grande planejamento e sem as informações necessárias para sua implantação e gerenciamento. Desta forma, tornou-se público nos Estados Unidos na década passada, quando milhares de consumidores adquiriram produtos via internet na época do Natal e, em alguns casos mais extremos, receberam seus pedidos após o mês de abril do ano seguinte. *Menos uma solução que uma alternativa de distribuição*, a comercialização via internet é, hoje, uma realidade marcante que deve ser incorporada ao plano estratégico da empresa que quer vender seus produtos e serviços em nível doméstico e global.

Desta forma, conclui-se que o futuro nos reserva um ambiente altamente complexo e de rápidas mudanças e transformações, onde a empresa deverá ter a percepção e flexibilidade suficientes para sobreviver e crescer internacionalmente.

1.7.1 Marketing Doméstico, Comércio Exterior, Internacional ou Global?

A intenção deste capítulo foi evidenciar as diferenças entre o mercado doméstico e o internacional. Hoje, especula-se muito a relação do marketing global em nossas vidas. Sob o prisma empresarial, o enfoque global deve ser procurado como meta estratégica, mas não como fim. Grande parte das empresas no mundo são de pequeno e médio porte, portanto, uma meta mais realista é a negociação internacional. Grandes grupos empresariais podem ter como meta o mercado global, por terem capacidade de produção e comercialização de produtos e serviços. Desta forma, comportamentos e atitudes serão diferentes e mais compatíveis com a realidade de cada um.

Conclusão

O comércio exterior e internacional envolve determinadas particularidades técnicas que devem ser conhecidas pelo profissional e pela empresa. As ações de marketing internacional devem ser criadas e compatibilizadas de acordo com essas características no sentido de melhor negociar com as diferentes culturas e modelos organizacionais. Agregando-se a este cenário, a evolução tecnológica tem-se tornado, nos últimos anos, uma importante variável que pode definir o rumo e os diferenciais comerciais internacionais.

Resumo

O cenário global mudou significativamente após o término das duas grandes guerras mundiais. De um lado, houve a necessidade de uma reorganização econômica que possibilitasse parâmetros, normatizações e controles que permitissem uma estabilização dos procedimentos comerciais internacionais e que os países tivessem instrumentos que os protegessem contra as possíveis e grandes variações econômicas mundiais. Desta forma, os *incoterms* e o FMI são exemplos de como as transações internacionais se solidificaram no pós-guerra. Por outro lado, o retorno dos investimentos no pós-guerra possibilitou um exagerado crescimento populacional, em especial nos Estados Unidos (chamado de *baby boom*) e em parte da Europa. Tal crescimento populacional trouxe conseqüências em nível de comportamentos e atitudes comerciais e de empregos. Tal fenômeno declinou a partir de 1964, criando, entre outros impactos, a diminuição das estruturas das empresas e o fortalecimento do desemprego estrutural. E é com essa realidade que o profissional de marketing internacional deverá balizar suas análises e ações estratégicas.

O Brasil, por suas dimensões continentais, ainda não percebeu seu potencial de negócios. Vários fatores conduzem a essa realidade, como uma falta de mentalidade exportadora advinda da ausência de fatores básicos necessários para uma nação evoluir, como a alimentação, a saúde e a educação. Esses fatores, aliados a outros, produzem o efeito de um custo Brasil para produtos e serviços não condizentes com a realidade internacional. Desta forma, parte do empresariado brasileiro sofre de uma certa 'miopia em marketing internacional' que pode atrasar a evolução natural para uma nação mais rica e justa.

Estudo de caso

Band-Aid[10]

O produto pode ser considerado o carro-chefe da Johnson & Johnson. Segundo a empresa, o produto foi criado a partir de um de seus funcionários casado com uma mulher que constantemente se machucava e ele era obrigado a fazer os curativos passando um remédio e sobrepondo-o com um pedaço de gaze e esparadrapo. Criado no início do século passado, sua utilização era restrita a hospitais. Com o crescimento populacional, a empresa resolveu ampliar o mercado também para pessoas físicas, aumentando significativamente suas receitas. Tudo isso é devido a um conceito relativamente simples, que faz com que o produto tenha um grande diferencial competitivo. As características físicas do produto fazem com que os ferimentos cicatrizem mais rápido e de maneira mais saudável e tal fato é comprovado por diversas entidades internacionais ligadas ao setor de saúde. Um conceito relativamente simples e muito bem aproveitado. A partir do exposto:

a) Pesquise o tema *níveis de produto* no livro. Qual é o conceito (nível básico) do Band-Aid?

(continua)

Estudo de caso

b) Que oportunidades foram detectadas no ambiente que fizeram com que a empresa alavancasse seus negócios com o produto?

c) É possível a exportação do produto para outros países ou sua fabricação deve ser realizada regionalmente? Justifique sua resposta.

d) Que outros atrativos podem ser evidenciados no produto? Ele tem concorrentes no mercado?

Questões e exercícios para reflexão

1. A partir do exposto no capítulo, como se pode definir o marketing doméstico, o marketing internacional e o marketing global? Qual o enfoque do marketing internacional no Brasil nos próximos dez anos? Embase sua resposta coletando informações econômicas e políticas internacionais e projetando as tendências de mercado no setor em que você atua.

2. De que maneira os diferentes planos econômicos afetam as relações e transações comerciais entre Brasil e mercado internacional? Como a possível evolução do cenário político nacional influenciará o panorama de comércio exterior no Brasil? Como a transferência de renda para as camadas menos favorecidas afeta as transações internas e internacionais?

3. Como você analisa a questão da assistência técnica para produtos brasileiros a serem exportados?

4. A violência tem sido amplamente discutida por todos os segmentos da sociedade. Discuta, em grupo, de que modo a violência pode ser atenuada ou eliminada, identificando suas principais causas. Como esse fenômeno pode beneficiar ou interferir nas relações comerciais (verifique junto aos órgãos competentes informações sobre tratados e convenções e substancie sua resposta).

5. Explique o que é uma filosofia de resultados e como isso afeta o planejamento estratégico internacional de uma empresa.

6. Conforme o 'Diagnóstico Empresarial', desenvolvido no Apêndice 4, analise o risco importador e o risco país. Selecione as garantias necessárias e as respectivas modalidades de pagamento. Monte os respectivos fluxos, sob o ponto de vista da empresa e da instituição financeira. Monte duas tabelas de formação de preços: uma interna e outra internacional.

7. Como os fatores ecológicos podem beneficiar ou interferir em uma transação comercial internacional? Selecione um país e desenvolva.

Atividades complementares

Solicite aos alunos que assistam ao filme *Invasion of the Body Snatchers* (Invasores de corpos), de Don Siegel, da década de 1950. Discuta o conteúdo do filme e relacione-o com a evolução dos *baby boomers*.

Bibliografia recomendada

KEEDI, Samir. *ABC do comércio exterior – abrindo as primeiras páginas*. São Paulo: Aduaneiras, 2002.

KOTLER, Philip. *Marketing para o século XXI – como criar, conquistar e dominar mercados*. São Paulo: Futura, 1999.

(continua)

Bibliografia recomendada

KOTLER, Philip & ARMSTRONG, Gary. *Princípios de marketing.* 8ª ed. Rio de Janeiro: Prentice-Hall, 1998.

KUAZAQUI, Edmir. *Marketing internacional – como conquistar negócios em mercados internacionais.* São Paulo: Makron Books, 1999.

_____. *Marketing turístico e de hospitalidade – fonte de empregabilidade e desenvolvimento para o Brasil.* São Paulo: Makron Books, 2000.

_____. (organizador). *Academia de talentos – a excelência em serviços.* São Paulo: PC Editorial, 2002.

_____. 'Cadastro: uma necessidade para a concessão de créditos'. *Revista Tibiriçá.* São Paulo: Faculdade de Administração e Ciências Contábeis Tibiriçá, 1985, p. 92 a 95.

LEVITT, Theodore. *Marketing myopia.* Nova York: Harvard Business Review, 1960.

MANTEGA, Guido & VANUCHI, Paulo. *Custo Brasil – mitos e realidade.* 2. ed. Rio de Janeiro: Vozes, 1997.

NEVES, Marcos Fava & SCARE, Roberto Fava. *Marketing & exportação.* São Paulo: Atlas, 2001.

RIES, Al & TROUT, Jack. *As 22 consagradas leis do marketing.* São Paulo: Makron Books, 1993.

RIFKIN, Jeremy. *O fim dos empregos.* 1. ed. São Paulo: Makron Books, 1996.

SEMENIK, Richard J. & BAMOSSY, Gary J. *Princípios de marketing – uma perspectiva global.* 1. ed. São Paulo: Makron Books, 1996.

SPINOLA, Noenio. *Como exportar e dialogar melhor com o sistema financeiro na alvorada do e-trade.* 2. ed. São Paulo: Futura, 1998.

Publicações

Galileu – Vivendo e aprendendo. Ano 11, n. 127, Editora Globo.

Horizonte Geográfico – A emoção de descobrir o mundo. Ano 15, n. 2, Audiochromo Editora Ltda.

Revista Comércio Exterior – Informe BB.

Endereços eletrônicos

http://www.currentanalysis.com/commercereports.cfm, http://www.wto.org, http://receita.fazenda.gov.br, http://www.desenvolvimento.gov.br, http://www.jnjbrasil.com.br,

http://www.census.org, http://www.ibama.gov.br, http://www.wwf.org.br, http://www.greenpeace.org.br

Notas

1. Complementar com o assunto *dumping*, tema analisado em item posterior.

2. Pessoal ou fidejussória.

3. Espécie de certificado negociável de armazenagem de mercadoria.

4. Secretaria de Comércio Exterior.

5. Qualquer irregularidade no texto da carta de crédito em relação à documentação, às mercadorias e à comercialização.

(continua)

Notas

6. Considera-se a definição tradicional e contemporânea de 'fazer *dumping*'. Na definição tradicional, *dumping* significa vender produtos a preços abaixo dos custos e despesas, no sentido de abrir mercado e eliminar a concorrência. Na definição mais contemporânea, acrescenta-se a incorporação dos incentivos e subsídios governamentais.

7. World Wildlife Fund.

8. Setor muito afetado pela concorrência agressiva do similar chinês, está se recuperando após muito tempo em virtude de altos investimentos privados e do desenvolvimento de novas tecnologias, além da formação dos distritos industriais.

9. *Product, price, place, promotion, power, public relations.*

10. Estudo de caso desenvolvido a partir de dados secundários da empresa e análise feita pelo autor.

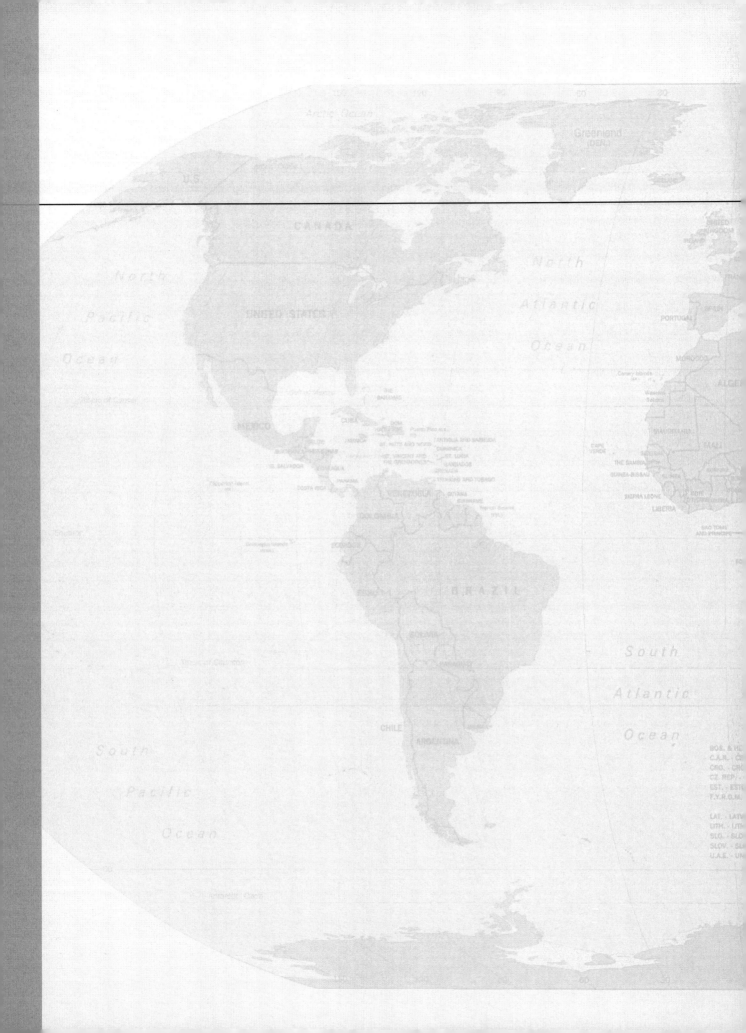

CAPÍTULO

2

Análise e Avaliação do Ambiente por meio dos Sistemas de Informação de Marketing Internacional: Pesquisa de Mercado e Sistemas de Inteligência

Quem define um problema já o resolveu pela metade.

Julian Huxley

OBJETIVOS DO CAPÍTULO

- Identificar os componentes do ambiente de marketing e sua respectiva controlabilidade.
- Evidenciar a importância do monitoramento da concorrência.
- Explicar a importância da análise e avaliação ambiental na construção de ações estratégicas de marketing internacional.
- Explicar o poder da informação e sua importância dentro do processo de produção, comercialização e planejamento de produtos e serviços em ambientes internacionais.
- Explicar os componentes do sistema de informação em marketing internacional.
- Evidenciar a importância da pesquisa de mercado internacional.
- Demonstrar a importância dos dados primários e secundários dentro do processo de comercialização das empresas.
- Mostrar a importância do conhecimento da legislação internacional.
- Explicar como avaliar e criar o potencial de mercado e, posteriormente, como efetuar a previsão de vendas.

2.1 Introdução

Ao considerar o mercado internacional, é necessário, além da construção de um eficaz sistema de informação, sua interpretação, análise e aplicação assertiva. A bem da verdade, quando o McDonald's decidiu entrar no Brasil na década de 1970, além de diferentes variáveis de potencial de mercado, conseguiu identificar e aplicar estratégias vencedoras para entrar e solidificar sua posição no Brasil. Antes de sua entrada no Brasil, não se consumia de maneira tão freqüente o *fast-food*, hambúrgueres, batatas fritas e congêneres. Muito pelo contrário: outras redes, como o 'Bob´s' e o 'Jack in the box', não conquistaram o êxito obtido pela concorrente norte-americana, por não introduzirem e criarem o conceito de *fast-food*, entre outros aspectos. Embora o cenário brasileiro tenha grandes variações econômicas e de comportamento de consumo, a rede ainda tem se mantido na liderança em seu segmento de mercado, como outras empresas, como o Hospital Albert Einstein[1] no mercado brasileiro na direção de outros mercados internacionais. A avaliação do ambiente de marketing internacional é um poderoso instrumento de negócios para quem deseja estabelecer raízes regionais e internacionais de longo prazo.

2.2 Ambiente de Marketing Internacional

O profissional de marketing internacional deve ter a capacidade de identificar, monitorar e gerenciar os componentes que fazem parte direta e indiretamente do negócio da empresa. O fato de uma variável ser controlável não significa em relação à hierarquia e ao poder, mas como a empresa, por meio de suas estratégias, influenciará essa variável. Dentro desse contexto, evidenciam-se as chamadas variáveis controláveis e incontroláveis do marketing internacional por meio de pesquisa e sistemas de informação, além de suas particularidades e características.

FIGURA 2.1

Ambiente de
Marketing
Internacional.

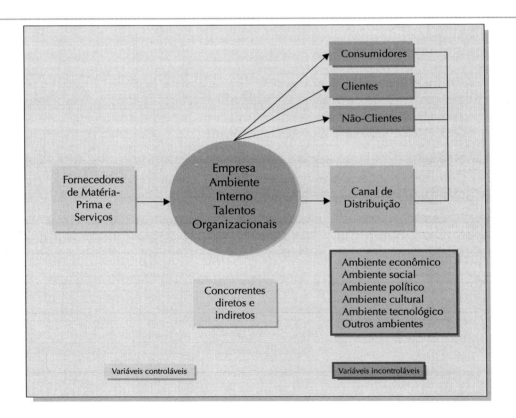

Por *variável controlável* entende-se aquela sobre a qual a empresa tem pleno poder de influência, gerenciamento e controle a partir de um monitoramento de mercado, como:

- **Fornecedores de matéria-prima e serviços**   Verifica-se a existência de fornecedores habilitados e competentes dentro das propostas da empresa. A partir dessa análise, utilizam-se estratégias como terceirização, *global sourcing*, *marketing reverse* e estratégias específicas para o mix de preço, como o *target costing*, por exemplo.

- **Empresa (público interno e como entidade jurídica)**   Como organismo vivo, pode-se considerar o perfil e as características do público interno e as formas de aumentar suas potencialidades (marketing para recursos humanos), além das relações contratuais (*joint ventures*) e formas de entrada e operação em mercados internacionais (*merger, acquisition*, franquias internacionais, por exemplo).

- **Concorrência direta e indireta**   Não são o foco da empresa, porém podem interferir na entrada e na permanência da empresa e, a partir de sua identificação, pode-se utilizar o *benchmarking* tanto na entrada do novo negócio quanto em sua manutenção. O *monitoramento da concorrência* consiste em acompanhar as atividades dos concorrentes no sentido de abstrair suas ações e seu pensamento estratégico e, a partir de sua necessidade e implantação, construir um sistema de inteligência em marketing internacional (como será visto posteriormente).

- **Consumidores, clientes e não-clientes**   São as variáveis mais importantes do marketing internacional, pois tudo advém de suas necessidades, desejos e características.

- **Marketing mix da empresa**   É o portfólio (produto, preço, promoção e ponto de distribuição) do que a empresa ofertará ao mercado. São os chamados 4 P's. Em se tratando de marketing internacional, agregam-se ao portfólio mais 2 P's: *Public Relations* e *Power.*[2]

Por *variável incontrolável* entende-se aquela sobre a qual a empresa não tem pleno controle, gerenciamento e influência, como:

- **Ambiente econômico**   Envolve desde a política econômica até as questões relacionadas a salários e poder aquisitivo, passando por procedimentos comerciais específicos de cada região. Dessa forma, entender este ambiente envolve o conhecimento e a análise macro e micro econômicas e suas conseqüências e impactos. Geralmente, as publicações – revistas, por exemplo –, são distribuídas próximo às datas de pagamento da população. No Brasil, em épocas de grande inflação, a população geralmente fazia suas compras próximas ao pagamento para evitar a queda do poder aquisitivo. Atualmente, com a pseudo-estabilização da inflação, o hábito são compras periódicas espaçadas ao longo do mês. No Japão, as compras são diárias e em pequenas quantidades. Portanto, a avaliação deve envolver todas as particularidades e conseqüências da economia.

- **Ambiente político**   Regimes políticos influenciaram muito a capacidade de organização dos negócios e a capacidade de pagamento. Com o advento do crescimento do mercado chinês, houve um igual crescimento de demanda por parcerias estratégicas no país. No Brasil, com a possibilidade da vitória do Partido dos Trabalhadores – PT em nível presidencial no final de 2002, o risco país cresceu e impactou, também, no ambiente econômico. Como o governo de Luis Inácio Lula da Silva continuou as ações do anterior, houve uma certa estabilização e a conseqüente diminuição do risco país.

- **Ambiente legal**   É uma das principais variáveis do marketing internacional, principalmente em decorrência da falta de conhecimento técnico das empresas. Envolve as questões ligadas às normas, leis e costumes que podem interferir na boa condução dos negócios (será visto posteriormente com mais detalhes).

- **Ambiente tecnológico**   Traduz o desenvolvimento e o tipo de economia em que o país se situa, pois é conseqüência direta do nível educacional. Países como os Estados Unidos, o

Japão e alguns da Europa possuem um alto nível tecnológico, sendo inclusive exportadores desse tipo de segmento. A Índia, entretanto, é uma economia subdesenvolvida e ao mesmo tempo um grande exportador de software, devido à política de parceria estratégica com o mercado europeu.

Outras variáveis ambientais externas à empresa   Inúmeras são as variáveis ambientais incontroláveis do marketing internacional. Grosso modo, descartando-se as variáveis controláveis, tudo passa a ser variável incontrolável. Variáveis como as ligadas aos costumes, aos hábitos e até à gastronomia podem impedir a entrada da empresa no país ou podem exigir uma grande atenção, dependendo do país destino.

Se a variável é incontrolável, a empresa deverá se adaptar a essa realidade e moldar seus portfólios de negócios, produtos e serviços. Identifica-se como *variável neutra* aquela não identificada pela empresa ou desconsiderada dentro dos critérios estabelecidos. Como geralmente a empresa depara-se com diversas limitações decorrentes de prazos e recursos, em muitas ocasiões a análise é feita de maneira limitada. Nesse sentido, algumas características e variáveis podem ser desconsideradas ou relegadas a segundo plano e, por variações bruscas no ambiente, podem se transformar em variáveis bastante pertinentes no curto, médio ou longo prazo. Por exemplo, a repentina aparição de doenças em aves no mercado oriental alavancou a exportação de vários países produtores de frangos no mundo, como o Brasil. A partir da correta identificação das variáveis controláveis e incontroláveis, a empresa poderá estabelecer análises e relações que lhe facilitem a criação de estratégias que possibilitarão a entrada, a manutenção e o crescimento em mercados.

A partir da análise e da interpretação do ambiente, é possível a construção de estratégias de sucesso de gestão em marketing internacional.

FIGURA 2.2   Estratégias de Marketing Internacional.

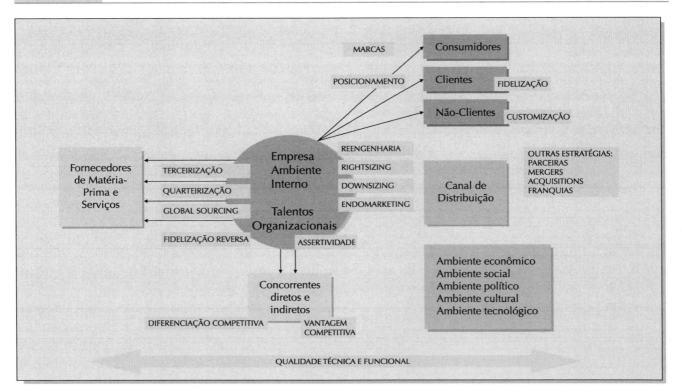

Fonte: Elaborada pelo autor

2.2.1 A Importância do Conhecimento da Legislação Internacional Dentro do Processo de Negociação Internacional

A pesquisa de mercado é um importante instrumento no que se refere às transações entre países. O conhecimento do Sistema de Leis Comuns (convenções e precedentes ocorridos no país ou entre países) e do Sistema de Leis Estatutárias (código civil de cada país) pode ser um fator de sucesso ou insucesso no processo transnacional, uma vez que a legislação varia entre os diferentes países, de acordo com a procedência dos sistemas de leis. O conhecimento do ambiente legal é muito complexo, mas deve ser obrigatoriamente bem estudado e analisado. Temos como ponto de partida o ambiente legal doméstico, interno ao país (tanto importador como exportador); o exterior (quando nos referimos, por exemplo, a exportações destinadas à China), e o internacional (envolvendo, por exemplo, empresas de âmbito internacional, como *airlines business*).

Quando nos referimos à empresa, logicamente envolvemos seu ambiente interno e externo, seus consumidores, concorrentes, fornecedores e o *marketing mix*. Uma área pouco conhecida também envolve a legislação internacional, devido a sua estrutura e vínculo jurídico. Seu conhecimento e a conseqüente utilização afetam toda a empresa. Consideramos legislação internacional as regulamentações governamentais que preservam o direito da competição entre as empresas e a proteção dos direitos dos consumidores.

O Direito Internacional surge a partir do momento em que não é possível um governo mundial, e sim países com características distintas. A partir daí, estabelecem-se algumas normatizações que permitem o permeio de tentativas de eliminação de conflitos internacionais, sejam eles de cunho legal ou comercial.

O cupuaçu é uma fruta tipicamente brasileira, da mesma família do cacau, cuja polpa, além do consumo ao natural e em sucos, é utilizada no Brasil como matéria-prima para iogurtes, sorvetes, geléia e o cupulate, espécie de chocolate de sabor bastante apreciado. Duas multinacionais, a *Asahi Foods* e a *Cupuaçu International*, registraram o nome cupuaçu como marca e o processo de fabricação do cupulate como exclusivos para o Japão. A partir desse registro, todas as exportações (principalmente para a Europa) de produtos derivados do cupuaçu devem contemplar um percentual em *royalties*. De acordo com a Convenção da União de Paris, de 1883, além de outros acordos multilaterais, nomes de matérias-primas, animais ou vegetais, não podem ter seus nomes de origem registrados.

O importante é evidenciar que essas regulamentações e normatizações não causam aumento no custo dos negócios da empresa (pois praticamente são componentes do custo dos produtos e serviços), mas afetam sobremaneira as estratégias de marketing internacional. Por exemplo, empresas que desejam investir em países constituintes do Mercosul devem conhecer, adequar ou adaptar seus contratos conforme a legislação específica dos países envolvidos, além de saber optar pelas diferentes maneiras de se internacionalizar, como a formação de *joint ventures*.

2.2.1.1 Recomendações Gerais para Quem Vai Iniciar uma Prospecção de Negócios Internacional Levando em Consideração Aspectos do Ambiente Político-Legal

A pesquisa internacional (como será visto posteriormente) constitui um poderoso instrumento para a geração de negócios. Ao realizá-la, o profissional deverá ter alguns cuidados ou atitudes que, embora simples, podem comprometer seriamente o bom andamento da negociação, como:

⊕ Planeje sua viagem de negócios de acordo com as datas e características do país destino. Efetue um levantamento das datas comemorativas locais e regionais, para não encontrar 'surpresas', como chegar próximo ou entre feriados, que podem onerar sua estadia ou mesmo diminuir o tempo de negociação.

⊕ Procure chegar mais cedo ao país, principalmente se for sua primeira viagem ao local. Procure conhecer a cidade, o país, os costumes e as tradições efetivas. Faça compras; vá ao varejo. Ambiente-se.

⊕ Dependendo do país, você poderá encontrar fusos horários diferentes que podem afetar seu metabolismo. Portanto, a chegada antecipada é bastante importante para adaptar seu biorritmo, além de outras questões como clima, temperatura e similares. Variações bruscas de pressão, por exemplo, podem interferir no seu raciocínio lógico e interferir na condução da negociação.

2.2.2 Ambiente Político e Legal

É constituído de normas, procedimentos e leis característicos de cada país e podem ser formados a partir de valores culturais, sociais e éticos da comunidade. De certa maneira, a *norma* é um padrão de regulamentação, às vezes ligado a uma empresa. Neste caso, uma norma ISO é uma espécie de regulamentação que delimita ações e responsabilidades empresariais. Como *convenção*, atos e ações acolhidos por uma determinada comunidade, que pode ser externa ou interna à empresa, por exemplo, consumir a sobremesa após o prato principal. Em ambos os casos, tanto na norma como no procedimento, as sanções são mínimas em relação às responsabilidades pelo cumprimento da *lei*, que tem seu poder de aplicabilidade a partir da Constituição.

Considerando os três tipos citados, podemos estabelecer duas classificações básicas. O *Sistema de Leis Comuns* perfaz as convenções e precedentes. Nesse caso, o estudo de antecedentes é uma importante ferramenta de conhecimento e análise. E o *Sistema de Leis Estatutárias* é representado pelos códigos de lei de cada país. Durante muito tempo, a marca *Burger King* não pôde ser comercializada no Brasil, pois o País tinha uma legislação diferente da internacional. Sobre a questão da legislação, existem três níveis básicos de amplitude e aplicação:

a) **O nível doméstico**, que envolve o ambiente interno ao país. As terras no Japão são consideradas insumos estratégicos e são transferidas por meio de herança para os descendentes. Na hipótese de não haver herdeiros, as terras são transferidas ao governo, independentemente de haver pessoas morando nelas. Fato este incomum no Brasil devido ao usucapião.

b) **O nível estrangeiro**, que envolve as relações entre os países, como os contratos de *joint venture* e similares.

c) Finalmente, **o nível internacional**, em que o ambiente a ser analisado envolve o global. Os *incoterms* e a legislação que rege as companhias aéreas são bons exemplos de leis que influenciam os negócios em nível global.

2.2.2.1 A Etiqueta e a Gastronomia Internacionais

A etiqueta geralmente desperta curiosidade e, ao mesmo tempo, um certo temor, pois pode expor pessoas pela falta de conhecimento traduzida em posturas e comportamentos errados. Se não for um dos fatores mais importantes no fechamento de um negócio, poderá possibilitar a criação de vínculos que fortalecerão o processo de negociação, além de demonstrar respeito e consideração com a outra parte. No mercado oriental, por exemplo, os chineses e japoneses mais idosos conduzem suas negociações evidenciando respeito, tradição e família. Nesse aspecto, deverá haver a mesma condução e postura respeitosa, mesmo em caso de conflito, assunto que será visto de maneira pormenorizada na seção sobre gerência multicultural.

A gastronomia envolve características distintas e uma própria normatização, dependendo da situação e do país. Só por curiosidade, o McDonald´s, depois de muita resistência, teve de se adaptar em cada região do mundo, oferecendo produtos distintos, como a própria torta de banana em detrimento da clássica de maçã:

- **Arch Deluxe**   pão de farinha de batata e hambúrguer mergulhado em molho especial.
- **Egg Bag**   sanduíche com hambúrguer, omelete e queijo.
- **McLaks**   sanduíche com salmão grelhado com molho de aneto.
- **Samurai Pork Burger**   hambúrguer de carne de porco e molho *teriyaki*.
- **McSpaghetti**   espaguete com molho de salsichas em pedaços.
- **Chicken Tatsuta**   sanduíche de frango com molho de soja e gengibre.
- **Maharajah Mac**   Big Mac de carneiro.
- **Kiwiburger**   hambúrguer com ovo frito e beterrabas.

Para que o McDonald´s se adaptasse aos respectivos mercados, teve de deixar de lado a estratégia vencedora de *global sourcing*, por exemplo, e a filosofia de padronização de produtos. Desta forma, entende-se a importância da adaptabilidade nos negócios. Em se tratando da gastronomia e dos negócios:

- A gastronomia representa, de certa forma, a cultura particular de cada região. Conhecer a gastronomia não é somente um fator de curiosidade ou pertinente à situação, mas compreender um pouco do perfil do povo com o qual se está negociando. O estrogonofe é uma invenção da Rússia e o sabor originalmente azedo representa, de certa forma, um pouco do sofrimento da população.
- A culinária japonesa apresenta um trabalho manual que de certa maneira reflete a personalidade detalhista do povo japonês.
- Um almoço ou jantar de negócios geralmente é um ritual importante, pois a comida já é sagrada por natureza. Na Índia, por exemplo, se o anfitrião convidá-lo a fazer a refeição em sua residência, aceite de bom grado e coma a comida oferecida, pois geralmente a quantidade de alimentos servida é bem maior que a quantidade geralmente consumida por toda a família do anfitrião.
- Nunca rejeite a comida oferecida, exceto aquelas que podem trazer prejuízos à fisiologia ou dependência. Então, na iminência de uma refeição de negócios, como proceder? Seguem-se algumas 'dicas':
  - Prospecte previamente a culinária local e as práticas de etiqueta para evitar surpresas desagradáveis.
  - Tente verificar o padrão dos restaurantes próximos à empresa e as particularidades dos cardápios, para ter uma certa flexibilidade na escolha dos pratos.
  - Se possível, escolha uma local neutro para as refeições, que pode ser o restaurante de um hotel ou mesmo um restaurante que você já conheça.
  - A gastronomia indiana é constituída de pratos desde os sofisticados até os mais simples, formados por vegetais e apimentados.

> O Presidente Fernando Henrique Cardoso cometeu uma gafe no Japão no decorrer do seu primeiro mandato, quando propôs um brinde no momento em que era executado o hino nacional japonês.

Evidenciamos que a alimentação não é o foco do negócio, mas subsidia e franqueia de certa forma um bom relacionamento, além de representar respeito à outra parte. *Durante a refeição, pode-se estabelecer um contato sobre o conteúdo do negócio e nunca conjecturas e filosofias sobre o que se está comendo.*

Existem duas alternativas sobre a questão do almoço ou jantar de negócios:

🌐 Se você foi convidado e lhe apresentaram algo diferente, não tenha dúvidas: coma sem restrições!

🌐 Para evitar embaraços, informe antecipadamente que é vegetariano. O outro lado compreenderá e polidamente lhe oferecerá uma salada! E assim você evitará de comer cães na Coréia, enguias cozidas com tofu e sapo gigante no Japão, lembrando que muitos estrangeiros estão acostumados a comer a feijoada atual, e não necessariamente a feijoada tradicional, com peças menos nobres do porco, ou então a famosa galinhada mineira, também com as peças menos nobres da galinha!

> Caso você conheça outras curiosidades, por favor, remeta ao autor o material por meio do endereço eletrônico www.academiadetalentos.com.br.

2.2.3 A Legislação Internacional e o Marketing Mix

A empresa, ao desenvolver seu plano estratégico, deverá adaptar seu marketing mix, ou seja, os 4 P's em relação ao mercado destino. Maiores particularidades sobre o mix serão vistas em capítulo posterior; porém, analisando sob o ponto de vista da legislação internacional:[3]

a) **Produto**   Alguns produtos e serviços não podem ser legalmente produzidos, veiculados e comercializados, exportados ou importados em alguns países:

🌐 Dinheiro falsificado – Em determinados países, é proibida a reprodução, mesmo que para a utilização em jogos, de dinheiro de brinquedo, considerada uma falsificação. No Brasil, nada existe na legislação, sendo comum a reprodução de dinheiro brasileiro em tamanho menor para a utilização em jogos ou mesmo a reprodução de notas de dólar com a propaganda de um motel no verso.

🌐 Drogas ilícitas – Além das conhecidas, alguns componentes de remédios produzidos em um país e levados em bagagens podem ser considerados drogas ilícitas. O saudoso repórter Ferreira Neto foi preso nos Estados Unidos por ter em sua mala remédios devidamente acompanhados por receita médica de um médico brasileiro. Os componentes eram proibidos no mercado norte-americano.

🌐 Material pornográfico – Em países europeus, a maioridade varia entre 18 e 21 anos; portanto, material erótico ou pornográfico pode ser proibido em determinados países onde existam essas variações, podendo ser enquadrado dentro da lei.

🌐 Animais vivos e frutas frescas – Existem diversas restrições quanto à importação de animais e seus derivados no mundo, devido às diferentes doenças – como a da vaca louca na Europa e a da gripe do frango no mercado asiático. A mortadela foi reintroduzida pelos italianos no mercado norte-americano após quase duas décadas de proibição. Frutas podem trazer diferentes conseqüências e impactos sociais e comerciais, como a doença da banana, ocasionada por um vírus. Além disso, cada região tem suas particularidades que devem ser respeitadas, como a melancia quadrada sem sementes no Japão, a exportação de bananas retas e sem manchas do Brasil para a Alemanha e a exportação de pêras que são cultivadas no Brasil em roupinhas de seda para garantir tamanho e qualidade exemplares para o Japão.

- Os produtos devem ser adaptados de acordo com o país destino. Geladeiras no Japão devem ter tamanhos e formatos bem menores, para adequar o produto à ausência de espaço nas residências.

- Prevenções ambientais adicionais devem ser realizadas em relação a novos produtos e serviços. Na década de 1960, foram importados e comercializados no Brasil os *kikos marinhos*, que eram ovas que, colocadas em água, geravam pequenos crustáceos. O produto era importado dos países asiáticos e foi proibido pelo IBDF (Instituto Brasileiro de Desenvolvimento Florestal) na época. No final da década de 1990, um produto similar foi importado e comercializado pela empresa de Gugu Liberato em São Paulo e foi proibido pelo IBAMA (Instituto Brasileiro do Meio Ambiente e dos Recursos Naturais Renováveis), por ter a possibilidade de comprometer o ecossistema. De forma inversa, a tilápia brasileira foi exportada viva para o Egito, que desenvolveu uma espécie mais resistente e saborosa que se tornou uma iguaria na Europa.

b) Preço   A política e a formação de preço variam muito de acordo com as características de cada país. Assim, o poder aquisitivo deve ser considerado e comparado de acordo com as características econômicas de cada região. Também devem ser levados em consideração o sistema de mercado e a política protecionista vigente na época.

- Diferenças econômicas podem ser atenuadas por alguns indicadores. É comum a comunidade financeira publicar o padrão McDonald´s no mundo, isto é, quanto vale o Big Mac em cada país, dando uma idéia do poder aquisitivo. Na China, por exemplo, os salários são nominalmente baixos, mas têm dez vezes o poder de compra dos salários no mercado norte-americano.

- Políticas protecionistas podem interferir no valor de revenda dos produtos e até estabelecer políticas diferenciadas para salvaguardar setores desprotegidos. No Brasil, na década de 1980, houve a abertura repentina do mercado brasileiro ao exterior, quebrando o setor têxtil nacional em decorrência dos importados chineses.

c) Distribuição   Devem estar adaptadas às questões geográficas e legais do mercado externo.

- Pode ocorrer a limitação da distribuição, em virtude do protecionismo interno ou da proteção a pequenas empresas sem recursos. Desta forma, o grau de competição se torna um tanto equilibrado. Na França, por exemplo, alguns produtos higiênicos não podem ser distribuídos e comercializados nos mesmos canais de distribuição, como os absorventes femininos o.b. (que é comercializado em farmácias) e *Tambrands* (em supermercados). Caso os dois fossem vendidos nos mesmos canais, haveria a possibilidade de monopólio. No Brasil, um caso recente envolveu a compra da Garoto pela Nestlé, em que há possibilidade real de monopólio na venda de chocolates.

- A logística deve ser bem analisada, para compatibilizar as estratégias da empresa. No mercado japonês, as compras costumam ser rotineiras e em pequenas quantidades. Grande parte das lojas tem como característica básica a diversidade de produtos em pequenas quantidades. É importante verificar a distribuição dos pontos-de-venda dentro da região a ser trabalhada, se a área é urbana ou rural, a existência de meios de transportes e similares, que podem onerar ou mesmo impedir a distribuição física do produto.

- Características e hábitos dos atacadistas e varejistas são importantes variáveis a serem consideradas. No Brasil, determinadas redes de varejo têm o hábito de desligar as áreas refrigeradas à noite para economizar energia, partindo do pressuposto de que a temperatura gradualmente aumentará até o horário da manhã, ocasião em que ligarão novamente os refrigeradores. Com essa atitude errada dos varejistas, o produto terá um menor tempo de vida para consumo ou mesmo a qualidade será menor. Em alguns países subdesenvolvidos, existe uma certa precariedade de conservação e, por isso, o fabricante deverá expor em língua nativa os critérios de conservação, no sentido de se redimir de qualquer responsabilidade.

d) Promoção   Envolve diferentes questões, inclusive, nos casos de multinacionais, se existem agências publicitárias nos países onde a empresa opera. De certa forma:

- Depende da política protecionista, econômica e da concorrência, pois podem ser criadas barreiras tarifárias e não-tarifárias à comunicação, como um comissionamento de valor mais alto para o agenciamento de serviços de publicidade e propaganda.

- Legislação interna que coíbe a divulgação de empresas, produtos e serviços estrangeiros, como no caso do Japão, que só admite a propaganda de empresas estrangeiras se o anúncio for feito em língua nativa. Outros países, como a Austrália, aceitam a divulgação, desde que o material seja produzido fora do país.

2.3 Os Sistemas de Informação

Entende-se como sistema de informação toda reação proveniente de uma ação, gerando um fluxo em um determinado ambiente. É um conjunto de partes interdependentes e interagentes que formam um unitário, negativamente entrópico, considerando curto, médio e longo prazos como unidades de tempo. Todas as empresas, instituições e profissionais necessitam de um sistema de informação. Neste sentido, existem, por exemplo, os Sistemas de Informações Gerenciais (SIG), os Sistemas de Informação em Recursos Humanos e os Sistemas de Informação em Marketing (SIM).

Um sistema de informação em marketing internacional possibilita a análise e a avaliação precisas do ambiente onde a empresa está inserida, possibilitando ao profissional a projeção das variáveis presentes para a construção de cenários futuros. A partir da construção de cenários, a empresa poderá desenvolver ações estratégicas de negócios. Portanto, é de fundamental importância a construção de sistemas de informação em marketing internacional que possibilitem que o profissional desenvolva seus negócios com sucesso, subsidiando o processo decisório.

2.3.1 Componentes do Sistema de Informação

O sistema de informação direcionado ao ambiente internacional se divide em: pesquisa de mercado internacional, sistemas de inteligência em marketing internacional e sistemas de informação em marketing internacional. Cada um dos componentes tem determinados objetivos, custos, aplicações e implicações para a empresa e o negócio.

Considera-se *dado primário* aquele coletado por meio, principalmente, de uma pesquisa de mercado. Se a pesquisa for bem planejada e estruturada, os dados primários terão grande relevância pelo ineditismo e pela forma de aplicação no ambiente e nas estratégias da empresa. Considera-se *dado secundário* aquele oriundo de terceiros, por meio da pesquisa exploratória. Pode ser originado de publicações, relatórios, entrevistas e reuniões, por exemplo. Geralmente tem um valor menor devido ao fato de ter sido coletado no passado, às vezes sem um conhecimento específico da metodologia utilizada, mas pode servir como parâmetro para uma pesquisa descritiva posterior. Finalmente, considera-se *informação* um dado analisado com profundidade; depende da ótica de quem dela necessita e a utiliza. Conhecer o percentual de crescimento vegetativo é diferente de entender por que houve o crescimento vegetativo, sua aplicabilidade e como fazer uso desta informação.

FIGURA 2.3

Fluxo do Sistema de Informação em Marketing Internacional.

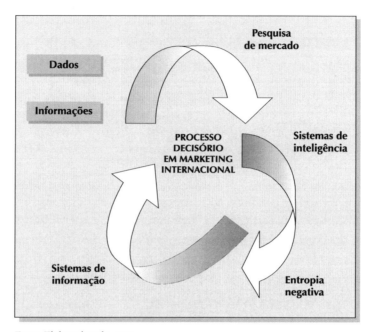

Fonte: Elaborada pelo autor.

Vale dizer que nada substitui a coleta de dados primários, pois as informações são retiradas do próprio mercado (consumidores e clientes); porém, pelos fatores citados, a empresa pode recorrer aos dados secundários. A coleta de dados secundários é, também, um instrumento para a pesquisa exploratória, que antecede a pesquisa descritiva. O importante é a definição do problema de marketing e seus respectivos objetivos, a determinação do universo e da amostra e que fontes utilizar na coleta de dados. Para exemplificar o enunciado, vamos partir do pressuposto que determinada empresa deseja iniciar um relacionamento comercial em determinado país. Para que a empresa comece o processo de comercialização, existem três alternativas: criar um produto ou serviço que satisfaça as necessidades do mercado em foco; vender o mesmo produto ou serviço que comercializa internamente; ou adaptar o produto ou serviço para o mercado desejado.

A principio, nada substitui a pesquisa *in loco*. Entretanto, variáveis ambientais como o mercado altamente competitivo, o tempo e os custos podem forçar a empresa a substituir a pesquisa por outros componentes do sistema de informação. E isso não significa dizer que todas as empresas que fizerem pesquisas obterão resultados positivos, pois:

- a pesquisa de mercado apresenta as características do ambiente, e não as ações que a empresa deverá executar. Para isso, é necessária a forma de análise e o processo decisório (que serão vistos no capítulo seguinte); e

- a pesquisa de mercado necessita de uma metodologia específica, precedida por um projeto de pesquisa de mercado. Normalmente é feita uma apresentação ao cliente (no caso de ser feita por um instituto de pesquisa de mercado) sobre a forma como a pesquisa será conduzida, os prazos, os custos e as despesas.

A partir das definições iniciais, é possível discernir o que é um sistema de informação de marketing internacional e diferenciá-lo de uma pesquisa de mercado internacional.

2.3.2 O Sistema de Informação em Marketing Internacional: A Importância da Coleta de Dados Secundários Dentro do Processo de Negociação

É possível definir um fluxo periódico e sistêmico de dados secundários que visem atualizar o banco de dados de uma empresa no sentido de alicerçar o processo decisório e adaptar as ações. Nada substitui os resultados de uma pesquisa descritiva utilizando dados primários. Porém, muitas vezes a empresa necessita inicialmente de uma visão mais global e sem muitos detalhes do mercado que deseja explorar. Além disso, a pesquisa de dados primários resulta em altos custos e nem sempre atinge seus objetivos. Isto é, a pesquisa descritiva pode fornecer informações contrárias aos desejos e necessidades da empresa. A solução, portanto, é a coleta de dados secundários. Como fonte de dados secundários, podemos mencionar as entidades oficiais governamentais, publicações especializadas, câmaras de comércio, empresas de pesquisas (com estudos já realizados), bibliotecas de universidades, feiras internacionais, os eventos específicos, a propaganda em veículos de mídia, entre outros.

Existem várias maneiras de acessar uma informação, seja qual for sua origem. Segue uma pequena relação com as principais fontes de dados secundários, apresentando um pequeno resumo de suas atribuições.

- **Secretaria de Comércio Exterior (Secex)** Atual razão social da Decex (antiga Cacex), possui a atribuição de administrar o Sistema de Comércio Exterior – Siscomex (instrumento administrativo que integra as atividades de registro, acompanhamento e controle das operações de comércio exterior), além de fiscalizar, emitir licenças, estabelecer critérios de financiamento e normatizar atividades que venham a incrementar o comércio exterior brasileiro.

- **Departamento Técnico de Intercâmbio Comercial (DTIC)** Substituiu a Coordenadoria Técnica de Intercâmbio Comercial (CTIC). Órgão voltado para estudos e discussões sobre o comércio exterior sob o ponto de vista brasileiro.

- **Departamento Técnico de Tarifas (DTT)** Substituiu a Coordenação Técnica de Tarifas (CTT). Órgão voltado para estudos e discussões sobre tarifas aduaneiras.

- **Secretaria da Receita Federal — Secretaria do Ministério da Fazenda** Têm por competência o planejamento, supervisão, controle e avaliação das atividades tributárias ligadas ao comércio exterior.

- **Ministério das Relações Exteriores**

  - **Departamento de Promoção Comercial do Itamaraty** Órgão responsável pelo fortalecimento das transações comerciais brasileiras, captando investimentos estrangeiros por meio de *joint ventures*, e pela promoção do comércio brasileiro no exterior através do Secom.

  - **Setor de Promoção Comercial (Secom)** Órgão que visa ao apoio da participação de exportadores brasileiros em feiras e exposições, divulgando produtos brasileiros no exterior. Levanta informações comerciais de empresas estrangeiras.

  - **Ministério da Indústria, do Comércio e do Turismo (MICT)** Tem como órgãos vinculados a Secex e a Decex.

- **Ministério da Fazenda**

  - **Comitê Brasileiro de Nomenclatura** Órgão específico do Ministério da Fazenda que visa manter a NBM atualizada, difundi-la e estabelecer critérios e normas de classificação.

- **Banco Central do Brasil**   Compete ao Banco Central controlar capitais estrangeiros; ser depositário das reservas oficiais de ouro, moeda estrangeira e DESregular o mercado cambial, entre outros.

- **Gerência de Comércio Internacional da Agência do Banco do Brasil**   Fornece diversas informações sobre o comércio exterior brasileiro, como importadores e exportadores e as respectivas estatísticas.

- **Banco Nacional de Desenvolvimento Econômico e Social (BNDES)**   Instituição bancária governamental que tem por objetivo atender a demanda de financiamento a empresas privadas e do setor público. Criou o Financiamento à Exportação (Finamex), que possibilita que o exportador desconte letras de câmbio, notas promissórias ou cartas de crédito recebidas do importador.

- **Fundação Centro de Estudos do Comércio Exterior (Funcex)**   Tem por objetivo promover a pesquisa e a formação de recursos humanos em comércio exterior.

- **Associação Brasileira de Empresas Comerciais Exportadoras (Abece)**   Tem por objetivo a assessoria jurídica e econômica aos associados e também fornece informações aos não-associados.

- **Associação de Comércio Exterior do Brasil (AEB)**   Fornece informações sobre comércio exterior e possui um setor de documentação aberto ao público.

- **Associação Comercial do Rio de Janeiro**   Fornece informações sobre oportunidades comerciais, feiras e exposições internacionais.

- **Câmara Americana de Comércio para o Brasil**   Fornece informações sobre atividades ligadas à importação e exportação entre Brasil e Estados Unidos.

- **Serviço Brasileiro de Apoio às Micro e Pequenas Empresas (Sebrae)**   Fornece assessoria e consultoria a micro e pequenas empresas.

- **International Trade Centre (ITC)**   Criado pelo GATT e pelo UNCTAD com o objetivo de auxiliar os países em desenvolvimento na promoção de suas exportações. Apresenta publicações excelentes nas mais diversas áreas de comércio exterior.

- **Organization For Economic Cooperation And Development (OECD)**   Tem por objetivo a promoção da economia e do bem-estar dos países-membros (Alemanha, Austrália, Áustria, Bélgica, Canadá, Dinamarca, Espanha, Estados Unidos, Finlândia, França, Grécia, Holanda, Irlanda, Islândia, Itália, Japão, Luxemburgo, Noruega, Nova Zelândia, Portugal, Reino Unido, Suécia, Suíça, Turquia).

- **Associação Latino Americana de Desenvolvimento e Integração (ALADI)**   Fornece informações sobre os países-membros.

- **Organização das Nações Unidas (ONU)**   Criada em 1945 com o objetivo de manter a paz e a segurança nacional, além de promover a cooperação socioeconômica em nível internacional. Edita estudos estatísticos sobre comércio e indústria internacionais.

- **Food and Agriculture Organization (FAO)**   Órgão da ONU que tem como objetivo elevar o padrão alimentar mundial. Edita estatísticas de mercado sobre a área agrícola.

- **United Nations Industrial Development Organization (Onudi)**   Edita estudos desenvolvidos pela ONU e é encarregada de dar assistência aos países por meio da mobilização de recursos nacionais e internacionais para o desenvolvimento industrial dos países menos desenvolvidos.

- **United Nations Conference on Trade and Development (UNCTAD)**   Criada com o objetivo de fomentar o comércio internacional dos países, principalmente dos subdesenvolvidos. Edita estudos especiais, inclusive o Sistema Geral de Preferências (SGP).

- **International Monetary Fund (FMI)**   Criado com o intuito de fornecer recursos necessários em divisas aos países-membros. Edita relatórios sobre regulamentações nacionais e internacionais do comércio exterior, barreiras alfandegárias e desenvolvimento socioeconômico-financeiro dos países-membros.

- **International Bank for Reconstruction and Development (BIRD)**   Criado com o objetivo de fornecer créditos a médio e longo prazo, como captador de capital internacional para países subdesenvolvidos. Edita estudos sobre desenvolvimento econômico e social dos países em via de desenvolvimento, tendências da economia mundial, sistemas financeiros, entre outros.

- **General Agreement on Tarifs and Trade (GATT)**   Criado com o objetivo de servir de intermediário nas discussões sobre comércio internacional, por exemplo, sobre barreiras tarifárias.

- **Economic Commission for Europe (ECE)**   Órgão regional da ONU criado com o objetivo de subsidiar, por meio de estudos e relatórios, os governos das nações européias na resolução de problemas específicos ligados aos países e ao comércio internacional.

- **Comissão Econômica para a América Latina e Caribe (CEPAL)**   Órgão regional da ONU criado com o objetivo de assessorar os países da América Latina em assuntos técnicos e econômicos.

2.3.2.1 Pesquisa de Mercado Internacional

A pesquisa de mercado é um instrumento de suma importância no processo de comercialização de produtos e/ou serviços em mercados nacionais e internacionais. Muitas vezes as empresas elaboram seu planejamento de vendas sem ao menos terem a preocupação de levantar dados relativos ao potencial de mercado. O processo da coleta de informações em um determinado mercado, em especial o internacional, a princípio, é um processo muito oneroso, se levarmos em conta que, com freqüência, o resultado da pesquisa é negativo em relação às expectativas da empresa. Outro fator importante é que os países possuem costumes e tradições diferentes dos nossos; pior ainda, a linguagem e a semântica são diferentes, o que pode atrasar a pesquisa *in loco*. Portanto, é importante desenvolver mecanismos que façam com que a empresa colete informações em um mercado estrangeiro, mas que ela não incorra em riscos e custos desnecessários; a solução encontrada é a coleta de dados secundários.

Projetos de pesquisa conduzidos de maneira errada fazem com que os pesquisadores cheguem a conclusões e recomendações incorretas. Um caso famoso foi uma pesquisa[4] em que se concluiu que os alemães e os franceses consumiam mais espaguete que os italianos. Os resultados foram esses porque a unidade de pesquisa selecionada foi o produto empacotado, em vez do consumo total de espaguete. A pesquisa deveria ter sido feita por meio de amostragem probabilística no mercado consumidor – os italianos, neste caso – e não pelo produto vendido comercialmente no varejo, uma vez que os italianos têm o hábito de consumir massas frescas vendidas em varejo local ou fabricadas em casa. Outro erro de avaliação foi o da rede *Kentucky Fried Chicken*, que desenvolveu sua estratégia de entrada no mercado brasileiro com base na produção anual de frangos, e não na utilização comercial da ave e nos hábitos e costumes.

O Projeto de Pesquisa de Mercado Internacional

Tem uma estrutura lógica, com o objetivo de trazer à tona resultados que sirvam de base para recomendações, sugestões e decisões de marketing internacional, isto é, o projeto visa garantir que os resultados sejam o mais próximos da realidade, pois estão alicerçados em uma metodologia científica. As etapas são as seguintes:

a) Definição do problema

b) Determinação dos objetivos principais e secundários da pesquisa

c) Tipos de projetos de pesquisa

d) Métodos de coleta de dados (forma como os dados serão coletados)

e) Plano de amostragem (em que serão aplicados os métodos de coleta de dados)

f) Setor de campo (seleção dos componentes do campo)

g) Técnicas de entrevistas, perfil do entrevistador e características amostrais

h) Tabulação

i) Análises

j) Apresentação

a) **Definição do problema**   A definição do problema é o fator mais relevante quando se efetua uma pesquisa de mercado, como será visto no próximo capítulo, sobre planejamento estratégico. Visa identificar o problema e substanciá-lo, evidenciando o foco da pesquisa – o problema real a ser investigado. Por envolver o mercado internacional, as variáveis e implicações são maiores, uma vez que os custos e despesas são mais relevantes, além da complexidade e das particularidades exigidas. Por exemplo, a queda das vendas no mercado interno pode ter várias razões e não implica necessariamente que a empresa deve estar presente no mercado internacional.

b) **Determinação dos objetivos (aonde queremos chegar) principais e secundários da pesquisa**   Sobre a definição correta do problema será delineado o objetivo primário (qual a principal razão por que a pesquisa está sendo encomendada e desenvolvida, qual a principal pergunta que será respondida pela pesquisa) e os objetivos secundários (aqueles que alicerçam o objetivo ou a pergunta principal). Todos os objetivos deverão ser bem definidos, delineados e elaborados, para que possamos traçar a maneira mais lógica de coletar os dados. Em muitos casos, a má definição do problema (vide item anterior) ou a utilização incorreta de termos na solicitação, por desconhecimento ou confusão teórica, acarreta erros na perfeita determinação dos objetivos da pesquisa, ora intitulada de mercado. Basicamente, a pesquisa de mercado é utilizada para descobrir e explorar novas oportunidades de negócios e solução de problemas de cunho mercadológico. Servem como base para que se efetue o planejamento da pesquisa e o respectivo cronograma de elaboração, no qual deverão constar as etapas, os profissionais empregados e o que se espera de cada uma delas.

c) **Determinação de objetivos e suas conseqüências no projeto de pesquisa internacional**   A correta definição dos termos na entrevista com o consultor, no projeto de pesquisa de mercado e na própria pesquisa são muito importantes para a perfeita exatidão na coleta de dados, nas conclusões e recomendações. Portanto, é comum as pessoas responderem a questões ou conduzirem projetos de pesquisas sob situações ou prismas já conhecidos, provocando tendências em suas atitudes e criando vieses nos resultados da pesquisa. Se indagarmos sobre o que uma pessoa acha do *blockbuster*, com certeza ela responderá que é cliente ou não, associando a pergunta à famosa rede de videolocadoras norte-americanas. Com certeza, se a pergunta fosse 'o que você acha da *Blockbuster*?', essas respostas teriam fundamento. Entretanto, estamos nos referindo a determinado filme, provável campeão de bilheteria, e não à famosa rede. Em se tratando de mercado internacional, as questões semânticas tornam o trabalho de pesquisa mais complexo, pois nos deparamos com problemas de idioma, costumes e tradições. Muitas vezes somos solicitados a aconselhar empresas, por exemplo, na área turística, sobre programas de marketing. Na verdade, a empresa procura algumas sugestões envolvendo *folders* ou outro material publicitário, portanto, procura alternativas de curto prazo, e não recomendações que redundem em mudanças estruturais. Em outros casos, somos solicitados a efetuar estudos sobre potencial de mercado, potencial de mercado relativo, previsão de vendas, orçamento de vendas e potencial de vendas no mercado interno e internacional.[5] Qual a diferença? O que cada um realmente deseja? Que tipo de informação ou fonte de consulta será necessária?

Tipos de projetos de pesquisa (de acordo com a área em estudo e definição do problema) – Dependendo da definição do problema, dos recursos financeiros da empresa e da disponibilidade de tempo, o tipo de projeto de pesquisa pode ser exploratório (*desk research*), descritivo ou experimental.

- **Sobre o projeto exploratório**, se o problema for amplo e indefinido, os estudos exploratórios serão os selecionados. Os projetos exploratórios constituem projetos de pesquisa que visam levantar dados e informações, além da formulação de hipóteses, que subsidiarão o problema da pesquisa e a correta definição de termos. Possui o seguinte esquema operacional, isto é, *modus operandi*, para sua execução;

- **Coleta de dados secundários**, isto é, dados já publicados ou simplesmente advindos de terceiros. Podem ser considerados dados internos (relatórios de vendas provenientes dos diversos departamentos e divisões da empresa, por exemplo) e externos já publicados (literatura especializada, pesquisas, estatísticas, programas de televisão e bibliotecas, por exemplo);

- **Entrevistas com pessoas especializadas** (profissionais com conhecimento no assunto), como empresários, técnicos, professores, profissionais liberais, força de vendas, por exemplo, que poderão fazer parte da futura amostra da pesquisa.

Devido as suas próprias características, o estudo exploratório é o primeiro projeto de pesquisa de mercado, pois não tem o objetivo de solucionar problemas, mas, sim, de levantá-los e defini-los. Depende muito da criatividade e do conhecimento do pesquisador em relação ao assunto. O profissional da empresa deve levantar as fontes de informação e averiguar a consistência e a credibilidade das informações prestadas. Depois, deve verificar outras fontes que fornecerão ao pesquisador dados e informações no sentido de melhorar qualitativamente o projeto. O projeto exploratório serve para racionalizar a pesquisa, pois evidencia quais informações adicionais terão de ser coletadas, minimizando a busca e a análise das informações coletadas no projeto descritivo. A amostra pode não ser representativa em relação ao universo pesquisado, pois o objetivo é levantar informações preliminares, e não informações advindas de um projeto de pesquisa mais formal. Além disso, serve para levantar hipóteses que poderão ser confirmadas no projeto descritivo. É um projeto de pesquisa relativamente barato, por não ter uma conotação formal; conseqüentemente, os resultados oriundos do estudo muitas vezes podem não ser utilizados como apoio ao processo decisório, mas, sim, para dar uma idéia do que a empresa deseja. Uma empresa, ao cogitar a possibilidade de exportar produtos ao mercado externo, deverá levantar, junto às fontes de informação competentes, dados e informações referentes ao potencial de mercado, características de mercado e de produto e outras variáveis. Deverá entrevistar pessoas com experiência nas áreas, com o objetivo de levantar o maior número de informações possível, que darão ao administrador subsídios para continuar ou não um projeto de pesquisa mais formal para o desenvolvimento de negócios em mercados internacionais.

⊕ **Projeto descritivo**   Se o problema já estiver definido, os estudos descritivos serão selecionados, e estes serão realizados de maneira mais formal, por meio do instrumento questionário, para a solução de problemas de marketing. A pergunta à qual a pesquisa se refere deve estar bem clara para o pesquisador, no intuito de delinear com precisão os objetivos da pesquisa e como atingi-los. A partir desse momento, o planejamento da pesquisa poderá ser montado (cronograma). Trata-se de uma pesquisa mais cara, por ter características e elementos técnicos, além de constituir uma sistematização mais apurada que o projeto anterior (o estudo exploratório). A amostra deve ser bem delineada e representativa do universo a ser pesquisado. Além disso, resultados oriundos de tais estudos servem como base mais sólida para decisões gerenciais. Seguindo o exemplo anterior, após o levantamento preliminar e a formulação de hipóteses, a empresa poderá, seguindo um planejamento e um cronograma rígidos, efetuar uma pesquisa *in loco* no país onde deseja atuar.

⊕ **Projeto experimental**   Os estudos experimentais são selecionados e realizados quando existe a possibilidade de uma situação artificial, tal qual um experimento, que poderá possibilitar uma medição antes e depois de sua inclusão, com ou sem grupo de controle. Visa medir e constatar uma hipótese em que existe a possibilidade da inclusão de uma variável; envolve pessoal especializado em métodos observacionais e geralmente são utilizados para produtos de consumo, visando a caracterização de como as pessoas compram.

FIGURA 2.4

Esquema Operacional do Projeto Experimental (Antes e Depois Sem Grupo de Controle).

Fonte: Elaborada pelo autor.

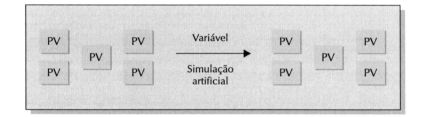

Nesta figura, é possível visualizar melhor o processo, identificando-se cinco pontos-de-venda, nos quais, durante um período cientificamente determinado, é realizada a medição das vendas de um produto. Depois, é introduzida uma variável dentro de uma situação artificial (por exemplo, a mudança de embalagem). Posteriormente, é realizada uma medição em igual período e nas mesmas condições que a pesquisa anterior e os resultados são comparados.

FIGURA 2.5

Esquema Opera-
cional do Projeto
Experimental
(Antes e Depois
Com Grupo de
Controle).

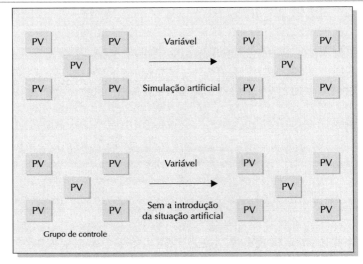

Fonte: elaborada pelo autor.

Nesta figura, temos a mesma pesquisa com a inserção de um grupo de controle em que a variável não é introduzida. Após a pesquisa, os dois resultados são comparados e as conclusões são mais contundentes do que na primeira figura.

Cuidados na execução do projeto experimental

- Manutenção do ambiente onde a pesquisa é realizada, pois qualquer variável adicional, como uma liquidação, pode interferir nos resultados da empresa.

- As variáveis e os componentes devem ser conhecidos e monitorados no sentido de saber sua participação no processo de vendas.

- Anuência dos proprietários dos pontos-de-venda, pois implicará a medição interna e a observação direta ou indireta da amostra.

- Monitoramento da concorrência, no sentido de ela não influenciar os resultados da pesquisa.

O projeto experimental pode encontrar algumas barreiras. Geralmente é utilizado para verificar o comportamento e as atitudes dos consumidores frente a produtos e serviços no ponto-de-venda. Portanto, é necessária a anuência do proprietário do ponto comercial. Em outros casos, mudanças no *status quo* podem interferir nos resultados da pesquisa. Os fatores ambientais de mudanças podem ser espontâneos ou induzidos. Por exemplo, os espontâneos referem-se às mudanças em nível macroeconômico, e os induzidos referem-se ao caso de um concorrente descobrir que uma outra empresa está executando uma pesquisa experimental e querer 'melar' o teste, introduzindo no ambiente uma liquidação. Dificilmente um projeto experimental será conduzido por pequenas e médias empresas em âmbito internacional, em virtude de seu alto custo de desenvolvimento e da necessidade de pessoal especializado. Porém, em se tratando de mercados desconhecidos à empresa e de uma necessidade de levantamento mais qualitativo do mercado a ser enfocado, o projeto se torna uma ótima e desafiadora perspectiva para a empresa no mercado internacional.

d) Métodos de coleta de dados (maneira como os dados serão coletados) Os métodos de coleta de dados determinam a maneira como os dados serão obtidos. São escolhidos conforme a definição do problema, o tipo de projeto selecionado, os recursos da empresa e a urgência nos dados e informações a serem obtidos. Existem três métodos básicos de coleta de dados: observação, interativo e inquérito.

1) **O método observacional** é utilizado quando se pretende levantar hipóteses sobre comportamentos e hábitos de consumo. Consiste na contratação de pessoal especializado, que geralmente 'observa' os consumidores no ponto-de-venda, anotando como as pessoas escolhem e manuseiam os produtos, ou gravando cenas de compra de produtos por meio de câmeras escondidas. É empregado com freqüência junto ao público consumidor e logo após sua aplicação poderá ou não ocorrer uma breve entrevista sobre os motivos pelos quais o consumidor adquiriu o bem de consumo. É um método investigativo de alto custo, uma vez que necessita de profissionais especializados, tabulação e análise complexas, além da anuência do proprietário para a execução do trabalho de pesquisa e abordagem. O método observacional constitui uma forma de conhecer os mercados internacionais e, conseqüentemente, formular melhor as estratégias para eles. Em visita a um país, é interessante, mesmo que informalmente, antes das visitas comerciais, despender pelo menos um dia para conhecer o varejo e pontos que porventura farão parte dos negócios da empresa. Através deste método, hábitos, costumes e comportamentos poderão ser descobertos, dando um novo impulso às estratégias do produto ou serviço.

2) **O método interativo** (pouco empregado no Brasil) constitui o emprego de computadores localizados em área geograficamente delineada, que pode estar em um supermercado, por exemplo. No ato da compra de um determinado bem, o consumidor digita algumas informações em um programa de computador. Mais recentemente, através dos diferentes sistemas de comunicação internos e externos (*internet, intranet, e-mail* etc.), as pesquisas interativas e o inquérito pessoal podem ser desenvolvidos com mais rapidez e desenvoltura. Outros sistemas possibilitam recebimento e tabulação mais rápidos, uma vez que os equipamentos podem e estão se tornando mais sofisticados e que surgem alianças entre empresas de diferentes áreas mais estratégicas, não se restringindo somente à área de pesquisa, mas envolvendo também a empresarial e de negócios. A HP, em conjunto com a Spal, tem desenvolvido equipamentos que tornam mais rápido o recebimento de informações sobre performance de vendas dos vendedores por região e por dia, possibilitando movimentos estratégicos mais condizentes e mais ágeis.

3) **O método do inquérito pessoal** é o mais popular e o mais empregado em pesquisas de mercado. É o método que obtém o maior número de informações possíveis do entrevistado, por utilizar o instrumento questionário. Necessita de profissionais especializados utilizando questionários. Pode ser aplicado por:

  - Entrevista pessoal. Recomenda-se a contratação e utilização de institutos de pesquisas, que possuem estrutura e *know-how* e possibilitam ganhos de escala e diminuição de possíveis erros advindos da falta de especialização e conhecimento. Algumas características, como imagem do país, política e mesmo a linguagem e o idioma, podem interferir na performance de um entrevistador em um país diferente do seu país de origem. As entrevistas pessoais proporcionam à empresa um retorno qualitativo maior, porém têm custos elevados, exigindo a utilização e o acompanhamento de uma metodologia e profissionais especializados.

  - Correspondência, que é um método de baixo custo, porém com baixo retorno, necessitando às vezes de um telemarketing ativo no sentido de cobrar a devolução das respostas. O retorno pode ser estimulado por meio da distribuição de brindes ou sorteios.

  - Telefone, que é um meio rápido, porém com um número menor de perguntas e conseqüente teor qualitativo, sem possível influência do entrevistador sobre o entrevistado e possibilidade de abordagem de assuntos 'tabus' pela existência da impessoalidade no processo de comunicação. Além disso, pode acontecer de nem todos os elementos que compõem a amostra possuírem telefone, podendo causar um viés amostral, da mesma forma que as pessoas podem se sentir inseguras ao terem de responder determinadas perguntas por não saber com certeza quem está do outro lado da linha.

QUADRO 2.1   Pontos Positivos e Negativos nas Maneiras de Aplicação do Questionário.

Forma de Aplicação	Pontos Positivos	Pontos Negativos
Entrevista pessoal	• Interação com o entrevistado • Maior qualidade • Alto retorno qualitativo • Rapidez	• Alto custo
Correspondência	• Possibilidade de abordar assuntos 'tabus' • Baixo custo • Médio retorno • Rapidez	• Baixo retorno • Nem sempre a pessoa que responde faz parte do *target* • Questionário envolvendo poucos objetivos • Necessidade de um telemarketing ativo de apoio e complemento para obtenção de um retorno melhor
Telefone	• Baixo custo • Alto retorno • Rapidez	• Necessidade de um roteiro de perguntas envolvendo poucos objetivos • Distorção amostral
Meio eletrônico	• Rapidez • Médio retorno • Baixo custo • Imagem institucional de modernidade	• Necessidade básica da coleta de e-mails da amostra • Pode acontecer de nem todos da amostra possuírem e-mail • Poucos objetivos, gerando uma quantidade menor de perguntas • Nem sempre as pessoas têm paciência para redigir extensas respostas, mesmo que necessárias • Distanciamento pessoal que pode tornar o relacionamento frio

Fonte: Quadro elaborado pelo autor com base em sua vivência profissional.

 Meio eletrônico, como meio rápido e moderno de comunicação, mas que envolve particularidades nem sempre saudáveis à pesquisa.

A forma de aplicação dos questionários depende de *aspectos situacionais*, como a necessidade de informações rápidas ou não, e *aspectos empresariais*, como os recursos disponíveis e a importância da pesquisa dentro do contexto de negócios, pois a necessidade de informação pode ter se originado de vários motivos, como o lançamento de um produto ou mesmo uma simples prospecção de mercado.

🌐 **Etapas para a elaboração de um questionário de pesquisa de mercado** Para a elaboração e montagem do questionário profissional, é necessário seguir algumas etapas (fases), pois formulários mal construídos redundam em resultados inócuos e despesas desnecessárias.

QUADRO 2.2   Etapas para a Elaboração de um Questionário.

1ª Fase	2ª Fase	3ª Fase	4ª Fase	5ª Fase
Definição do problema e dos objetivos (principais e secundários) da pesquisa	Elaboração das perguntas	Seqüência lógica e racionalização	Pré-teste do questionário	Questionário definitivo

Fonte: Quadro elaborado pelo autor com base em sua vivência.

1ª fase. Definição do problema e dos objetivos (principais e secundários) da pesquisa – Como citamos anteriormente, definir o problema é a parte mais importante do projeto de pesquisa de mercado e constitui o primeiro passo para a construção do questionário. Por meio da correta definição são delineados o objetivo principal (a pergunta principal a que a pesquisa se refere) e os secundários (que alicerçam o problema principal). Quanto maior o número de objetivos, maior o número de perguntas e, conseqüentemente, o nível qualitativo da pesquisa.

2ª fase. Elaboração das perguntas – São elaboradas perguntas que satisfarão os objetivos da pesquisa, sem a preocupação, neste momento, de uma seqüência lógica.

3ª fase. Seqüência lógica e racionalização – Nesta fase, as perguntas são relacionadas em uma seqüência lógica de entendimento, tomando-se especial cuidado em relação à elaboração e à introdução das perguntas-filtro e ao significado semântico das perguntas. Nota-se, na elaboração do questionário, que podem existir perguntas redundantes ou não compatíveis com o estudo a ser elaborado. Outras vezes, perguntas podem ser agrupadas de outra forma. Ao final desta fase, temos o que chamamos de 'questionário teórico' ou 'de gabinete'.

4ª fase. Pré-teste do questionário – O questionário é testado na amostra, a fim de se descobrir erros no entendimento das questões ou de se decidir adicionar outras. Não existe um número correto de testes, porém deve-se levar em consideração o seguinte critério: a partir do momento em que não houver mais nenhuma alteração, o questionário foi aceito pela amostra, constituindo o **questionário definitivo (5ª fase)** e as aplicações não deverão fazer parte do estudo posterior.

Podem ser utilizadas perguntas fechadas dicotômicas ou de múltipla escolha e, principalmente, perguntas abertas de razão, se a empresa tem o objetivo de fazer um levantamento mais qualitativo. A escolha de determinados tipos de perguntas influencia o plano de tabulação, tornando mais oneroso o processo.

🌐 **Classificação dos questionários** Podem ser classificados em relação à estrutura e aos objetivos:

   🌐 Quanto à estrutura, o questionário pode ser classificado como estruturado e não estruturado. Questionários estruturados são formulários de coleta de dados elaborados formalmente e se reportam com exatidão aos objetivos da pesquisa. É o questionário definido, cujas perguntas já foram testadas e não podem ser modificadas de acordo com a conveniência ou alteração dos propósitos do estudo em evidência. Questionários não estruturados são roteiros de perguntas que podem ser modificadas conforme o andamento das entrevistas.

* Quanto aos objetivos, o questionário pode disfarçá-los ou não. Nos questionários com objetivos não disfarçados, o inquirido é avisado ou, por meio do teor das perguntas, tem pleno conhecimento do porquê da pesquisa. Nos questionários disfarçados, por meio de artimanhas, porém com cunho ético, o inquirido não percebe os motivos pelos quais está sendo entrevistado.

A utilização dos diferentes tipos de questionários para salvaguardar os resultados qualitativos da pesquisa O objetivo dos relatos a seguir é exemplificar os diferentes tipos de questionários existentes sem nos atermos às questões éticas. Através da estrutura e dos objetivos, temos quatro tipos de questionário:

* **Questionário estruturado não disfarçado** – É o mais comum e utilizado de todos. É o questionário com seqüência lógica de perguntas, no qual o inquirido percebe ou é informado das razões da entrevista. Questionários que envolvem pesquisas eleitorais, de consumo ou mesmo aqueles inseridos em revistas como *Playboy* ou *Nova* são bons exemplos deste tipo de questionário.

* **Questionário estruturado disfarçado** – É o questionário com seqüência lógica de perguntas, porém o inquirido não percebe e não é informado das razões da entrevista. Se informado, poderá dar outras razões ou somente aquelas mais convenientes ou pertinentes à situação envolvida. Há vários anos, foi realizada uma pesquisa envolvendo o café instantâneo. No lançamento do produto, havia muita ansiedade, pois o café instantâneo é um produto de grande sucesso no exterior. No Brasil, infelizmente, o resultado na época do lançamento não correspondeu às expectativas. Tentou-se, então, a realização de pesquisa no intuito de conhecer os reais motivos da baixa aceitação. Por meio de perguntas diretas, chegou-se a várias conclusões; por exemplo, que não teve aceitação devido ao alto preço. Desenvolveu-se, então, um questionário e uma lista de compras que foram oferecidos a dois grupos distintos de consumidoras (donas-de-casa). Uma das listas envolvia vários produtos e café em pó e, em outra, café instantâneo. O questionário solicitava que as inquiridas descrevessem o perfil da dona-de-casa que teria feito a lista de compras. A maioria do grupo que recebeu a lista com o item café instantâneo atribuiu o perfil da dona-de-casa a uma pessoa preguiçosa e sem laços familiares, enquanto o outro grupo respondeu exatamente o contrário. Portanto, por meio dessa artimanha, os resultados foram os mais corretos possíveis, dando à empresa condições de aplicar as melhores técnicas de marketing.[6]

* **Questionário não estruturado não disfarçado** – É o questionário sem seqüência lógica cujos objetivos não estão disfarçados. O questionário ou mesmo o roteiro de perguntas é feito de acordo com as ocorrências da entrevista, isto é, as perguntas são formuladas de acordo com as respostas ou situações envolvidas. Como exemplo do exposto, podemos mencionar as técnicas projetivas, que foram desenvolvidas para se saber a imagem de determinada categoria de vinho, por exemplo. Por meio de seleção prévia, os inquiridos eram convidados a jantar em ambientes sofisticados, nos quais era servida determinada marca de vinho e, no decorrer do jantar, eram efetuadas perguntas sobre o vinho e observados os hábitos de consumo.

* **Questionário não estruturado disfarçado** – É o questionário sem seqüência lógica de perguntas cujos objetivos estão disfarçados dos inquiridos. Neste aspecto, gostaríamos de relatar um caso ocorrido com o autor, sem discutir, mais uma vez, qualquer questão ética:

"Uma das minhas primeiras atividades profissionais foi a de bancário. Depois de algum tempo, fui promovido a chefe da seção crédito rural e, em um domingo, um 'anúncio cego'[7] me chamou a atenção, pois solicitava profissionais com formação acadêmica e principalmente em cargos de média responsabilidade na área rural. Depois de alguns dias, após envio de currículo, fui chamado a uma agência de empregos. Fui submetido inicialmente a alguns testes psicológicos e, logo após, a uma bateria de entrevistas com pessoas da suposta agência de empregos, em que inocentemente mencionei faixa salarial, clientes e estratégias da empresa onde trabalhava. Fui liberado e fiquei na espera de um contato que obviamente não ocorreu. Poucos anos depois, já na área de pesquisa, chegou a meu conhecimento uma pesquisa que ocorrera na mesma época do anúncio e me identifiquei com quase todas as questões ou assuntos envolvidos na entrevista e na pesquisa." Esse tipo de método é desprezível!

e) **Plano de amostragem (onde serão aplicados os métodos de coleta de dados)**   O universo a ser pesquisado constitui-se de todos os elementos que satisfaçam o objeto em estudo, mesmo que sua localização geográfica seja heterogênea no território nacional ou internacional. Quanto maior a amostra a ser pesquisada, maior a fidelidade dos dados e, conseqüentemente, menor a margem de erros. A amostra pode ser selecionada por meio de método probabilístico, em que há igual probabilidade, diferente de zero, de cada elemento do universo ser escolhido (sorteio). Podemos definir como a escolha aleatória dos elementos que farão parte da amostra. Outra forma de seleção da amostra é o método probabilístico estratificado, em que há a necessidade de dividir os elementos da população em extratos homogêneos, por exemplo, por classificação social, credo, situação financeira e outros. No método probabilístico por conglomerado, utilizam-se mapas de estados, cidades, regiões, áreas, a fim de haver a delimitação, por meio de sorteio, dos elementos que farão parte da amostra. Além dos métodos probabilísticos, existem, ainda, os métodos não probabilísticos, nos quais a seleção dos elementos que farão parte da amostra é feita por critérios totalmente subjetivos, sem nenhuma conotação científica. Os entrevistadores devem ser instruídos no sentido de realizar entrevistas com empresas ou pessoas segundo critérios preestabelecidos. A distribuição da amostra deve ser determinada de tal forma que os elementos selecionados sejam representativos em relação ao universo em estudo. Utiliza-se, geralmente, uma pergunta filtro no início da pesquisa, para que haja um direcionamento para a amostra selecionada. Quanto maior a proximidade da amostra em relação ao universo, menor a possibilidade de erro. Por problemas de custo, na maioria dos casos tenta-se restringir ao máximo o número de elementos da amostra. Desta forma, escolhem-se as melhores técnicas probabilísticas para a determinação dos elementos que mais se aproximam do universo. Mesmo tomando todos os cuidados possíveis, é de praxe uma certa tolerância a erros em relação aos resultados da pesquisa. Na condição de a amostra ser igual ao universo ainda tolera-se uma pequena margem de erro, pois o mercado é mutável e passível de alterações em suas características. Nos casos em que a amostra é pequena em relação ao universo, mas o pesquisador tomou todos os cuidados, a margem de tolerância a erros é de 3%. No caso de pesquisas que envolvam o mercado internacional, a princípio uma recomendação é que todo o processo de seleção da amostra seja feito por entidade ou instituto de pesquisa originário do país a ser pesquisado. Em se tratando de instituto nacional, devem ser previamente levantados alguns dados do mercado a ser pesquisado, para delimitar o conhecimento necessário para a prospecção *in loco*.

f) **Setor de campo (seleção dos componentes do campo)**   Os entrevistadores podem ser comparados à força de vendas de uma empresa ou aos informantes de um banco. É possível estabelecer as táticas e estratégias, mas o principal elo será o homem de campo. Os entrevistadores devem ser instruídos a, durante o processo de coleta de informações (de maneira pessoal), não interferir nas respostas dos entrevistados, salvo nos casos de respostas evasivas ou muito curtas. Solicita-se aos entrevistadores o máximo de cuidado nos pontos apresentados (conforme os objetivos da pesquisa), para eliminação de desvios do estudo. Em relação aos objetivos, estes devem estar explícitos no questionário, inclusive na breve introdução e apresentação do entrevistador ao entrevistado. Para a realização de trabalhos de campo, necessita-se de seleção e treinamento de entrevistadores. Geralmente, as instruções são fornecidas em reuniões prévias com o supervisor de campo, com os objetivos principais de fazer com que os entrevistadores incitem os inquiridos a fornecer o maior número de respostas possível e também o de minimizar qualquer tipo de desvio das respostas dos entrevistados.

Após a pesquisa, todo material (questionário) que apresentar erro de preenchimento necessariamente deve ser refeito em virtude de suas próprias características qualitativas. Além disso, todo material proveniente do campo deve ser lido (criticado) pelos responsáveis do instituto de pesquisa ou departamento da empresa. Aqueles que apresentarem falhas no preenchimento, respostas duvidosas e similares devem ser refeitos não pelos mesmos entrevistadores, mas, sim, por outros ou pelo supervisor de campo. Também é praxe, mesmo que os questionários não apresentem erros, refazer parte do material com a mesma amostra para fins qualitativos.

🌐 **Técnicas de entrevista, perfil do entrevistador e características amostrais** Muitos estudos não obtêm os resultados esperados em virtude de erro na seleção das pessoas que entrevistarão os componentes da amostra. Em se tratando de pesquisas internacionais, variáveis como costumes e tradições constituem barreiras à coleta de dados para aqueles profissionais que os desconhecem. De maneira geral:

- 🌐 Evite o contato físico, ou seja, tocar os entrevistados, pois em alguns países isso é considerado falta de respeito à integridade do indivíduo, como será visto posteriormente na seção sobre gerência multicultural.

- 🌐 É necessária uma apresentação pessoal ao iniciar a pesquisa. O entrevistador deverá se identificar de modo cortês ao entrevistado, mencionando, inclusive, o instituto de pesquisa em que trabalha.

- 🌐 Informar ao entrevistado os objetivos da pesquisa. Logo após a apresentação pessoal, o entrevistador deverá revelar os objetivos da pesquisa que está se iniciando.

- 🌐 Não conduzir a pesquisa. Considera-se um viés quando o entrevistador procura conduzir a pesquisa tanto para encerrá-la mais rapidamente como para influenciar as respostas do entrevistado.

- 🌐 Ser cordial na condução do processo investigativo. Do início ao final da pesquisa, ser cortês e educado.

- 🌐 O pesquisador deve ter idade e maturidade condizentes com o tema a ser abordado e a amostra. Recomenda-se um equilíbrio entre a idade do entrevistador e a dos entrevistados, para que não haja tendenciosidade em relação às perguntas efetuadas e às respostas formuladas.

- 🌐 Sexo condizente com as perguntas e a amostra. Recomenda-se que, em determinados estudos, os entrevistadores sejam do mesmo sexo da amostra em foco.

- 🌐 Boa dicção, evitando vieses na comunicação.

- 🌐 Fluência no idioma ou linguagem do entrevistado.

- 🌐 Ter boa aparência, sendo este item relacionado ao asseio pessoal.

- Agradecimentos finais ao término da aplicação do questionário.

- Em pesquisas internacionais, recomenda-se um estudo prévio dos costumes, hábitos e tradições. Nos Emirados Árabes, a pesquisa deverá ser efetuada após as refeições e nunca antes. É proibida a entrevista envolvendo mulheres, considerada uma afronta; ao se dirigir a um entrevistado, seu nome sempre deverá ser precedido pelo respectivo título (*sheik*, por exemplo).

- Recomenda-se o acompanhamento de entrevistadores locais na condução ou auxílio às pesquisas feitas em outros países. Os objetivos principais são a correta formulação das perguntas e a respectiva equivalência conceitual. Por exemplo, as bicicletas no Brasil são utilizadas como meio de transporte e lazer, enquanto na China a bicicleta é utilizada, em grande maioria, como meio de transporte.

g) **Tabulação**   Após o trabalho de refazer parte das entrevistas, é realizado o trabalho de tabulação das respostas obtidas por meio dos questionários, conforme o plano. A tabulação pode ser realizada manualmente, envolvendo os métodos de tabulação simples e cruzada. Na tabulação simples, as respostas às mesmas perguntas são codificadas e padronizadas e, na tabulação cruzada, as respostas a diferentes perguntas são confrontadas simultaneamente. A tabulação pode ser realizada por meios mecânicos ou por computador, facilitando e otimizando a busca de resultados, em virtude da diminuição de erros e da economia de tempo. O trabalho de tabulação tem por objetivo a padronização dos resultados da pesquisa em tabelas e gráficos que possibilitem melhor análise e reflexão, para a posterior elaboração de textos baseados nas respostas obtidas no projeto e voltados aos objetivos primários e secundários da pesquisa. Algumas perguntas, devido à grande diversificação de categorias de respostas e também com o intuito de preservar o teor qualitativo da pesquisa, não são tabuladas e agrupadas em grupos, e sim transcritas fielmente das respostas dos entrevistados. Tais respostas são transcritas em quadros, agrupadas por perguntas.

h) **Análises**   Codificados os dados obtidos na pesquisa, estes são transformados em quadros, tabelas e gráficos e são realizadas as seguintes análises:

- **Sobre os dados obtidos nas respostas**   É feita uma reflexão sobre os dados puros obtidos na pesquisa. Basicamente, são os números obtidos na pesquisa em forma de texto e visam complementar as tabelas, gráficos e quadros no intuito de minimizar dúvidas por parte dos leitores.

- **Feita de acordo com os objetivos da pesquisa**   Deve-se reportar à definição do problema (elaborado no início do projeto de pesquisa). Elaboradas as análises, são realizadas as conclusões dos principais achados na pesquisa.

i) **Recomendações (baseadas no *background* e no *feeling* de cada um)**   As recomendações são efetuadas por profissionais ligados à área e são efetuadas sob um prisma alicerçado por uma teoria. Recomenda-se imparcialidade no processo de análise e recomendação, mesmo que venham contra as expectativas do cliente. Recomenda-se a contratação de um instituto de pesquisa, no intuito de evitar vieses no processo da pesquisa internacional.

É comum, ao final do questionário, a inclusão da classificação social. Outrora, a determinação da classe social do inquirido era relativa à metodologia de pesquisa particular de cada instituto de pesquisa. A fim de padronizar os conceitos, foram criados os dados de classificação social, levando-se em consideração os bens e a formação acadêmica do chefe da família.

QUADRO 2.3	Critério de Classificação Econômica Brasil.[8]					
Item	**Número de Bens**					
	P	0	1	2	3	4 ou +
Televisor em cores	O	0	2	3	4	5
Rádio	N	0	1	2	3	4
Banheiro[9]	T	0	2	3	4	4
Automóvel	O	0	2	4	5	5
Empregada[10]	S	0	2	4	4	4

Item	**Pontos**
Aspirador de pó	1
Máquina de lavar roupa	1
Videocassete ou DVD	2
Geladeira	2
Freezer[11]	1

Grau de instrução do chefe da família	**Pontos**
Analfabeto / Primário incompleto	0
Primário completo / Ginasial incompleto	1
Ginásio completo / Colegial incompleto	2
Colegial completo / Superior incompleto	3
Superior completo	5

Classe Social	**Pontos**	**Total Brasil (%)**
Classe A1	30 – 34	1
Classe A2	25 – 29	5
Classe B1	21 – 24	9
Classe B2	17 – 20	14
Classe C	11 – 16	36
Classe D	6 – 10	31
Classe E	0 – 5	4

Fonte: ABEP/2003 – Associação Brasileira de Empresas de Pesquisa.

Cabe a cada instituto as devidas adaptações, de acordo com o produto, o mercado e a época em que é elaborada a pesquisa de mercado. Em se tratando de mercados internacionais, a classificação de classes sociais varia de país para país. Na Índia, por exemplo, a população é dividida em castas enquanto, nos Estados Unidos, a classificação é feita pela remuneração anual e pela formação acadêmica.

j) Apresentação

Embora não faça parte do projeto de pesquisa formal, a apresentação dos dados e informações obtidos por meio do processo investigativo e a defesa das principais conclusões e recomendações são muito importantes, pois são uma forma de dar substância à base teórica e metodológica utilizada. É utilizada para dar suporte ao relatório de pesquisa, e deve ser entregue aos solicitantes com antecedência de cinco a dez dias à apresentação, de maneira impressa ou eletrônica.[12] Existem alguns conselhos para a apresentação de pesquisas efetuadas:

- O processo de aprendizagem e conhecimento é reflexo da capacidade de absorção dos dados e informações por parte do receptor; da influência do emissor, inserido no tempo; e do meio onde será feita a exposição.

- Segundo estudos realizados, o percentual de informações retidas diminui de acordo com o tempo de exposição e o decorrido após a exposição, influenciando a tomada de decisão presente e futura.

QUADRO 2.4   Informação Retida (Origem).

Técnica	Após 3 horas	Após 3 dias
Apresentação oral	70%	10%
Demonstração	72%	20%
Demonstração e apresentação oral	85%	65%

Fonte: Pesquisa exploratória realizada pelo autor.

Outras pesquisas realizadas em nível internacional envolvendo a comunicação não-verbal indicam que a atenção e a influência do emissor sobre o receptor podem ser estimuladas por meio de: paladar (1%), toque (1,5%), olfato (3,5%), audição (11%) e visualização (83%).

- **Sugestões para apresentações orais**   Para a boa condução da platéia e para que os objetivos de comunicação sejam alcançados, são necessários alguns cuidados prévios:

  - **Defina o que será apresentado**, descrevendo o foco da apresentação e acentuando o que é relevante em relação ao assunto e à disponibilidade do receptor.

  - **Construa um roteiro** para a apresentação, evidenciando a complementaridade e a seqüência lógica dos assuntos a serem abordados, inclusive a possibilidade de dúvidas.

  - **Prepare o material** para a apresentação, conciliando recursos disponíveis com a relação custo *versus* benefício. Às vezes, a utilização de material sofisticado tem o mesmo resultado que uma simples apresentação oral. Geralmente, o material de apoio é bem-vindo e necessário para o acompanhamento da platéia.

  - **Cuide para que o local da apresentação seja adequado e que todos os recursos de que necessita estejam disponíveis.** Evite atropelos de última hora. Planeje e efetue um treinamento prévio, mensurando, inclusive, o tempo de exposição.

  - **Não inicie a apresentação sem que os principais solicitantes estejam presentes**, a não ser que seja autorizado por alguém da empresa. Se tal fato ocorrer, evidencie-o no início da apresentação e volte a evidenciá-lo caso os faltantes apareçam no meio da exposição.

  - **Inicie mostrando qual é o plano de apresentação**, interagindo com a platéia, estipulando uma exposição dialogada, se possível.

  - **Fique sempre de frente para a audiência e movimente-se de modo** a não convergir somente para um lado da área de exposição. Para isso, pesquise antes da exposição o *layout* da sala, a iluminação e a distribuição dos recursos audiovisuais e materiais.

  - **Controle o tempo da exposição**, a qualidade do conteúdo e as necessidades da platéia.

  - Na ocorrência de discordâncias, respeitando as opiniões divergentes, **defenda a correção de seus resultados apontando para a metodologia utilizada.**

Principalmente, as informações prestadas devem ter um cunho de relevância em relação ao propósito do estudo e em hipótese nenhuma devem ser lançadas informações sem o respectivo encaixe no contexto do problema da pesquisa. Portanto, o projeto de pesquisa é fundamental para a boa condução de uma pesquisa internacional.

Razões para a Utilização de um Instituto de Pesquisa de Mercado

Diversos fatores sugerem a utilização de um instituto de pesquisa de mercado em vez de uma pesquisa realizada pela própria empresa. De maneira geral, as empresas deverão efetuar um levantamento prévio (ou, como alguns profissionais citam, uma pesquisa exploratória) sobre o mercado alvo e as particularidades do negócio a fim de obter uma fotografia do ambiente. A partir dessa prévia, a empresa deverá efetuar um trabalho de pesquisa mais apurado para delinear com precisão as estratégias de entrada e operação em mercados internacionais. Por parte da empresa, a confidencialidade é bastante relevante e significativa, pois poderá trazer negócios importantes à organização. Outro ponto importante a ser analisado é a relação de integração e agilidade dos profissionais envolvidos na pesquisa, pois em alguns casos o profissional que faz a pesquisa é o mesmo que efetua a questão comercial do negócio. Por outro lado, uma pesquisa realizada por um instituto de pesquisa poderá, muito embora o custo nominal seja maior, levar menos tempo e apresentar resultados mais próximos à realidade, pelo simples fato de que o instituto tem a estrutura e a empresa não. Outro fator importante é que o profissional da empresa pode utilizar um senso de valor próprio ou mesmo ser influenciado por fatores internos e externos, enquanto o instituto de pesquisa terá um certo nível de profissionalismo e neutralidade.

Custos e Despesas de uma Pesquisa de Mercado Internacional

É muito genérico aquilatarmos os custos de uma pesquisa internacional, pois eles variam de acordo com o porte da empresa, o setor de negócios, o país a ser abordado, entre outros fatores. No entanto, é importante observar os custos internos do instituto a ser contratado e verificar a relação custo-benefício da informação. Os custos, do mesmo modo que nos institutos brasileiros, advêm dos custos do setor de campo; portanto, quanto mais especializados os componentes do referido setor, melhores as informações, porém mais caras. É importante prospectar diferentes institutos (de preferência três) e verificar qual o preço cobrado e qual a metodologia utilizada (inclusive para a amostra). Devemos escolher não necessariamente o menor preço, mas o instituto de pesquisa que oferecer o melhor trabalho utilizando a metodologia e a técnica mais adequadas à situação. Portanto, corroboramos o que citamos anteriormente, de que o executivo deve saber como fazer a pesquisa, para que possa avaliar, da melhor forma possível, os resultados auferidos a um custo compatível. Genericamente, existem dois tipos de formação de custos:

a) do setor de campo, em que a formação de preços será baseada em todos os custos e despesas decorrentes e, a partir desse valor (que geralmente representa um terço do total da pesquisa), serão acrescidos a remuneração do instituto e os encargos obrigatórios – impostos, taxas e emolumentos. De maneira geral, são incluídos os gastos com os salários dos profissionais envolvidos, *freelancers*, estadia, alimentação e locomoção. Este modo de cálculo de pesquisa pode ser uma referência para o método seguinte.

b) dependendo da estrutura e do tamanho do instituto, pode existir um valor mínimo de remuneração, abaixo do qual pequenas pesquisas são descartadas por não fazerem parte do *target* da empresa prestadora de serviços. Desta forma, institutos de pesquisa como a Nielsen, por exemplo, atuam de maneira segmentada, oferecendo serviços direcionados, com grande amplitude e pertinência.

Tipos de Pesquisa

No jargão popular, são generalizadas simplesmente como pesquisas de marketing. Na verdade, são vários os tipos ou subdivisões em que a pesquisa pode se enquadrar e o foco que a empresa quer obter. Existem, a princípio:

- **Pesquisas qualitativas**, que visam medir as características e o perfil dos consumidores – clientes e não-clientes – do mercado em geral, aspectos conceituais e equivalências culturais entre as diferentes nações. Uma das técnicas utilizadas nas pesquisas qualitativas é o *brainstorming*, que são reuniões em que participam as pessoas da amostra e os profissionais, que terão o papel de direcionar a discussão do grupo aos objetivos traçados. Os resultados podem ser gravados ou acompanhados pelos profissionais e possui as seguintes características:

   a) Sugere soluções, pois é o mercado opinando e sugerindo determinados assuntos e concentrado no âmago da discussão;

   b) Direciona o perfil do problema, pois traz ao pesquisador novos fatos, talvez escondidos por trás de paradigmas ou conveniências. Além disso, podem ser utilizadas entrevistas de profundidade, nas quais o questionário é informal e procura explorar razões básicas e profundas, penetrando nas verdadeiras razões do entrevistado.

Exemplos de Pesquisas Qualitativas

- **Pesquisa de segmentação de mercado**, que consiste na seleção do mercado-alvo, avaliando os submercados e identificando cada segmento junto ao público-alvo (*target*), procurando identificar as características das pessoas (necessidades, preferências, deficiências, nível de escolaridade, entre outros), ajudando a direcionar as pesquisas às pessoas que estejam dentro do contexto. Identificam-se quais as segmentações possíveis desse público (casados, casados com filhos, separados, solitários e outros).

- **Pesquisa de produto**, que consiste em desenvolver e aplicar o teste conceitual do produto (desenvolver um conceito de produto eficiente e identificar os atributos que os compradores e consumidores julgam importantes).

- **Teste de embalagem**, em que as áreas de vendas e produção devem trabalhar juntas, procurando estabelecer o conceito da embalagem, como ela deve ser, que funções deve possuir, que proteção superior ao produto deve proporcionar, que valor semântico deve conter (que imagem pretende passar) ou introduzir ou não um novo sistema de distribuição. Após a escolha da embalagem, alguns testes devem ser feitos, como testes técnicos, visuais (se o texto é legível), distribuição, manuseio (o que acham os revendedores), consumidor (qual sua reação), entre outros.

- **Teste de marca**, que consiste em descobrir o nome certo para o produto. O nome deve sugerir algo sobre as vantagens do produto (Duratex) e sua qualidade (Bombril). O nome deve ser, de preferência, curto e fácil de pronunciar (Omo) e distinto (Kodak). Deve-se fazer o teste de preferência de marcas.

- A **pesquisa de propaganda,** que indica qual o tipo de veículo de mídia mais apropriado para a propaganda de um produto, que temas promocionais utilizar, que *layout* apresentar, qual a composição da mala direta ou como fazer sua demonstração (instrumentos ou promoções).

- O **pós-teste de campanha,** que consiste em testes de lembrança, nos quais se exprime o percentual de leitores que dizem ter visto anteriormente o anúncio em revista específica; índices de *recall*, que envolve pessoas que sejam usuárias regulares do veículo de mídia e a elas solicita-se que se lembrem do produto centrado no anúncio sob estudo.

- **Pesquisa de imagem**, que considera a imagem da empresa e avalia a projeção e a força que tem no mercado; a imagem do produto, que é voltada para o nível de fidelidade que o produto causa no consumidor; a imagem da marca, que determina de que maneira ela é recebida pelo consumidor. Se existe ou não uma associação da marca com o produto, entre outros.

- **Pesquisa de motivação de compra,** que procura responder por que as pessoas compram ou não um produto. Os norte-americanos, por exemplo, fumam para demonstrar seu vigor e potência, além do alívio da tensão e estresse. Algumas mulheres consomem chocolate para aliviar a ansiedade.

- **Pesquisa sobre hábitos de compra**, que objetiva identificar como as pessoas se comportam durante o processo de compra e utilização de produtos e serviços. A pesquisa e sua metodologia são importantes, na medida em que podem ser descobertos hábitos e características que podem interferir no negócio da empresa.

- Existem também as **pesquisas quantitativas**, que visam medir o tamanho de um determinado mercado ou segmento, que redundam no cálculo de potencial de mercado e potencial de mercado relativo, por exemplo.

Potencial de Mercado e Potencial de Mercado Relativo

Podemos definir como potencial de mercado a estimativa de quanto o mercado pode comprar de um determinado produto ou serviço, possibilitando uma idéia da porcentagem de consumo total que o mercado tem capacidade de comprar em unidades ou em valores presentes e futuros. De forma básica, podemos sintetizar o potencial de mercado com uma simples fórmula, levando em consideração um dos fatores básicos, que é o demográfico:

> Potencial de Mercado = População Atual + Taxa de Natalidade –
> Taxa de Mortalidade + Movimentos Imigratórios – Movimentos Emigratórios

A partir dessa fórmula, os resultados podem (e devem) ser segmentados no sentido de concentrar os recursos e esforços de marketing da empresa. O cálculo completo e total do potencial de mercado é muito importante para todas as empresas. De nada adianta a empresa ter um potencial de vendas elevado se o mercado não consegue absorver tal volume de vendas. Também de nada adianta a empresa vender determinada quantidade de produtos se o potencial de mercado é menor ou maior do que a empresa imagina. Nesse caso, a empresa pode estar despendendo recursos em demasiado para manter suas vendas ou oferecendo menos produtos do que o mercado pode absorver, dando margem à entrada de concorrentes no mercado.

A maioria das empresas brasileiras desconhece o termo potencial de mercado por vários motivos: pelo próprio desconhecimento dos termos envolvidos em decorrência do porte pequeno, que dificulta o acesso às informações; pela falta de profissionalização; e, em parte, porque as empresas brasileiras emergiram de uma situação de ganhos certos não operacionais para tentativas de ganhos operacionais.

O cálculo de potencial de mercado envolve o estudo de diversas variáveis e suas implicações para a empresa e o mercado, inclusive estudos setoriais; cruzamento de variáveis, como renda per capita, população e vendas no varejo, aliadas a outras que possibilitem um espelho do real tamanho do mercado. A clara visão do potencial de mercado resulta em inúmeros benefícios para a empresa e seus clientes. No nível dos clientes porque serão satisfeitos por meio do oferecimento de produtos e serviços a um preço compatível; no nível da empresa porque auferirá maiores lucros através dos seguintes aspectos:

a) conhecendo o mercado e suas respectivas necessidades, a empresa poderá dividi-lo em territórios e regiões (segmentação de mercado);

b) terá condições de dimensionar e distribuir (por meio da segmentação) sua força de vendas da forma mais lógica possível;

c) conciliará sua capacidade produtiva com as diferentes demandas de cada segmento;

d) estabelecerá uma melhor política de distribuição, propaganda e comunicação;

e) estabelecerá roteiros de distribuição, transporte, seguros, número de visitas de cada vendedor e comissionamento.

Resumindo, então, chamamos de *potencial de mercado* a investigação ou pesquisa do tamanho presente e futuro de um mercado. A investigação é feita diretamente no mercado. E o *potencial de mercado relativo* é a investigação ou pesquisa através de dados já coletados ou simplesmente envolvidos direta ou indiretamente com o produto ou serviço enfocado. Na impossibilidade de mensurar o potencial de mercado de ovos na área industrial de um determinado país, por exemplo, pode-se estimar o tamanho do mercado por meio da medição do consumo de outros produtos (tais como pães e massas). Essa estimativa terá maior grau de fidelidade se utilizarmos o cruzamento com outras variáveis condizentes com o mercado e o produto estudados, por exemplo, questões como sazonalidade e clima.

Portanto, aumenta a complexidade quando nos referimos ao cálculo do potencial de mercado em outros países; assim, a utilização do potencial de mercado relativo torna-se um caminho para que a empresa tenha uma 'visão' do mercado a ser trabalhado. Porém, como veremos adiante, em capítulo à parte, nada substitui a pesquisa *in loco*.

Indicadores do Potencial de Mercado

Ao pensar em iniciar atividades em outros países, a empresa deve conhecer, estudar, analisar e compreender os seguintes indicadores para verificar a possibilidade de ingresso e efetuar o planejamento de entrada e operação.

QUADRO 2.5   Indicadores de Potencial de Mercado e Utilizações.

Indicadores	Uso Simplificado
Histórico	Envolve a trajetória e pode estipular padrões de comportamento comercial.
Geografia	Afeta a logística da distribuição, inclusive os custos de transporte físico.
Clima	Pode acentuar as necessidades de adaptação do produto, por exemplo, a embalagem e quando vendê-lo.
Economia	Envolve o risco país e as estratégias de precificação.
Política	Envolve o risco país e a construção de estratégias de relacionamento.
Sistema Legal	Envolve todo o marketing mix: como produzir, divulgar e vender.
População	Análise quantitativa e qualitativa do mercado.

(continua)

QUADRO 2.5 Indicadores de Potencial de Mercado e Utilizações. (*continuação*)	
Indicadores	**Uso simplificado**
Renda per capita	Análise do poder de compra e estratégias de preço.
Densidade	Envolve a logística de distribuição e divulgação.
Linguagem	Adaptação do produto, como também da divulgação.
Religião	Adaptação do produto.
Cultura	Influencia as formas de coleta de informação e os procedimentos de comunicação.
Concorrência	Influencia nas estratégias e possibilita uma visão do *market share*.
Fisiologia	Aspectos físicos e fisiológicos, como altura e tamanho do estômago influenciam sobremaneira a quantidade e o tamanho a ser ofertado ao mercado.
Outros	Existem milhares de indicadores de potencial do mercado, e o profissional deve ter a perspicácia de identificá-los.

Fonte: Quadro elaborado pelo autor.

A empresa deverá levantar as variáveis ligadas ao seu produto e serviço e estabelecer a pertinência de cada uma, estipulando um 'peso' individual. Para ambos os casos, o *monitoramento da concorrência* é muito importante, pois nos proporciona um parâmetro para futuras atividades:

a) mostra-nos qual estratégia de entrada deverá ser seguida (investimento direto, parceria, exportação simples, *joint venture, franchising* internacional etc.) para entrar em determinado mercado;

b) que canal de distribuição utilizar (o conceito é o mesmo para o mercado interno e internacional, porém o que os difere é a complexidade do internacional e as instituições que o compõem);

c) que preço utilizar (o mesmo da concorrência?);

d) a qualidade do produto a ser oferecido ao mercado;

e) que atividades promocionais utilizar? Seguindo a estratégia de entrada e operação em mercados estrangeiros e a segmentação do mercado, podemos, inclusive, levantar e selecionar os tipos de veículos de mídia internacional mais significativos, dependendo dos hábitos de compra dos consumidores pretendidos.

Dentro desta ótica, poderemos calcular:

a) quanto nosso concorrente está gastando em atividades promocionais;

b) de que forma;

c) qual o mercado pretendido;

d) a verba de propaganda;

e) qual a projeção de faturamento, entre outros aspectos.

Vale frisar que a variável população (quantidade de pessoas) é importante, mas não primordial. Estudos quantitativos e qualitativos são importantes para o bom desempenho dos negócios de uma empresa. Por meio da coleta de inúmeras variáveis, a empresa consegue dados mais concretos do potencial de mercado. Variáveis como renda per capita, crescimento vegetativo, hábitos de consumo, Produto Nacional Bruto, tipo de economia, política e outros são elementos que se entrelaçam e se tornam um instrumento de avaliação importante para a empresa.

QUADRO 2.6 Exemplo Simplificado de Planilha para Cálculo de Potencial de Mercado e Distribuição de Força de Vendas.			
Região / Variável	**A**	**B**	**C**
População (em milhares de pessoas)			
Renda per capita			
Vendas no varejo			
Potencial de mercado relativo			

Fonte: Quadro prático desenvolvido pelo autor.

Deve-se encarar a pesquisa (e, conseqüentemente, toda forma de coleta de informações) como um processo gerencial necessário ao desenvolvimento e ao crescimento horizontal e vertical da empresa dentro do contexto dos mercados interno e externo; muitas empresas consideram a coleta de informações um custo; eu a considero uma *fonte de poder:* quem souber coletar, utilizar e manipular a informação terá um diferencial em relação ao seu ramo de negócios e aos seus concorrentes.

A importância da coleta de dados primários dentro do processo de negociação internacional Ao realizar pesquisas de campo, a empresa pode incorrer em menores erros (ou antecipá-los). Primeiro, porque as informações são provenientes do mercado estabelecido e têm um grau maior de atualidade e fidelidade. Além disso, dependendo do 'jogo de cintura' dos entrevistadores, a pesquisa poderá fornecer respostas e informações mais qualitativas, que poderão redundar em outras hipóteses, pesquisas ou soluções. Conseqüentemente, a empresa pode delinear com maior precisão os caminhos para o desenvolvimento de estratégias a fim de atingir seus objetivos. Normalmente, as pesquisas de campo (conhecidas como descritivas) são mais caras, em virtude do grau de profissionalismo e complexidade envolvidos. Necessita-se de pessoal gabaritado para a realização das entrevistas (geralmente contrata-se um instituto de pesquisa, devido à profissionalização e aos ganhos de escala), envolvendo entrevistadores (que devem ser treinados de acordo com o tipo de pesquisa e o público envolvido), supervisor de campo (responsável pela coordenação da equipe dentro do cronograma exigido), tabuladores e analistas, além da possível assistência de profissionais, se a entrevista for realizada fora do país.

Caso a pesquisa seja realizada fora do país, em muitos casos é necessária a contratação de um instituto externo, que pode contornar problemas como idioma, costumes, tradições e outros fatores. Além disso, muitas vezes o acompanhamento de um nativo da região é muito importante, pois não se esqueça: trata-se de um desconhecido tentando coletar informações em outro país e certamente gerará desconfiança. Alguns dos mal-entendidos decorrem simplesmente de erros de tradução devido à desatenção, a palavras de significados dúbios ou expressões idiomáticas locais ou, de maneira mais dramática, à *equivalência conceitual.* Por exemplo, se realizada uma pesquisa sobre o potencial de mercado de bicicletas em vários países, deve-se atentar para suas respectivas atitudes e usos, pois a bicicleta é utilizada para lazer no Brasil e nos Estados Unidos, e como transporte na Holanda e na China.

2.3.2.2 Sistemas de Inteligência em Marketing Internacional

Fornecem informações diárias para a empresa, coletadas de maneira não usual, dependendo da criatividade dos profissionais e do grau de necessidade (se o mercado é altamente competitivo, por exemplo). Devido às suas particularidades, existem alguns critérios, inclusive de ordem ética, a serem discutidos na formatação de um sistema de inteligência:

- **Necessidade da informação** Existem várias formas de obtenção de informações e nem sempre a empresa tem conhecimentos específicos de como obtê-las. Por se tratar de uma forma dispendiosa de extrair dados, recomenda-se esgotar as possibilidades de obtenção de dados antes de utilizá-la.

- **Recursos da empresa** Por se tratar de uma forma complexa de extrair dados do ambiente, a empresa deverá ter recursos, além dos financeiros, para executá-lo. Recursos como os humanos e a capacidade de fazer marketing são primordiais no sentido de melhor estruturá-lo.

- **Critérios éticos e morais vigentes** A coleta de informações deve ser bem estruturada no sentido de não ferir os preceitos adotados nem trazer prejuízos para a comunidade.

Para explicar melhor o conceito, é necessário comentar alguns exemplos mais antigos:

a) Determinada empresa norte-americana oferecia cursos para esposas de executivos, que eram treinadas no sentido de obter informações de concorrentes. Geralmente, em grandes eventos e convenções, empresários e suas respectivas esposas se encontravam e, mesmo sem se conhecerem, havia a possibilidade de, em conversas informais no toalete, por exemplo, liberar informações acidentalmente, do tipo:

'Meu marido viajou na semana passada para negociar com um importante fornecedor.'

'Para qual cidade ele viajou?'

Com isso, a outra pessoa poderia identificar quem seria o fornecedor.

b) Coleta de material físico, por meio de pesquisa no lixo das empresas, sem autorização prévia.

c) Entrevistas com profissionais da concorrência no sentido de obter dados confidenciais, como clientes, base de remuneração, taxas de juros praticadas e similares.

d) Testes experimentais ou pesquisas, por exemplo, em *shopping centers*, com o intuito declarado de obter informações sobre a satisfação do consumidor, mas, com o objetivo real de prospectar as vendas efetivas dos lojistas. Seguindo esta mesma linha, os concursos que solicitam os comprovantes de venda também podem ter outros objetivos.

Por meio desses exemplos, que já fazem parte da rotina de várias empresas, é possível analisar de que maneira os critérios citados podem ser enquadrados dentro do processo. Pela má utilização, os sistemas de inteligência receberam vários sinônimos, até pirataria industrial. Na verdade, *existem outras formas mais éticas e construtivas de levantar informações que somente a sua empresa terá e, conseqüentemente, fará uso por meio de ações de marketing internacional.*

Analisando o Quadro 2.7, notam-se as diferenças e as aplicações dos componentes do sistema e a seleção dependerá de critérios que envolvem os recursos, a estratégia e os aspectos situacionais da empresa.

Recomendações gerais para quem vai iniciar uma prospecção de negócios internacional – A princípio, quanto maior o nível de conhecimento sobre o mercado, menores os custos de pesquisa. Por meio de um bom banco de dados, a empresa poderá desenvolver sistemas de atualização que poderão convertê-los em importantes fornecedores de dados e informações que subsidiarão o processo decisório. Desta forma, a coleta, a organização e a manutenção dos dados são importantes, desde que originadas de fontes com grande credibilidade. A identificação das fontes e das formas de coleta é muito importante e pode ser um fator de decisão nos negócios internacionais. Diversas armadilhas e empecilhos – em nível de informação – compõem o mercado e é obrigação do profissional de marketing internacional conseguir os resultados esperados.

QUADRO 2.7   Comparação entre os Componentes do Sistema de Informação Internacional.

Item Analisado	Pesquisa de Mercado Internacional	Sistemas de Inteligência	Sistemas de Informação
Custo	Alto	Alto	Baixo
Complexidade	Média	Alta	Baixa
Tempo	Médio	Médio	Curto
Credibilidade	Alta	Média	Baixa
Apoio à decisão	Alto	Alto	Baixo

Fonte: Quadro elaborado pelo autor.

2.4 Previsão de Demanda e Vendas Internacionais

A previsão de vendas envolve toda a logística, desde a compra de matéria-prima (passando pela programação de produção, verba de propaganda e gastos e despesas com a área de vendas) até a efetiva aquisição do oferecido pela empresa ao cliente final. Os métodos de previsão de vendas não são precisos e definitivos, pois abrangem muitas variáveis em relação ao mercado (que não é estático) e características próprias da empresa e de sua área de negócios. Cada empresa, baseada em seu *background*, encontrará formas de prever uma demanda futura e quais os mecanismos de ajuste que com certeza terão de adotar para adaptar as mudanças de mercado às expectativas da empresa. Antes de selecionar e analisar os métodos de previsão de vendas, é importante entender o que é um mercado para uma empresa. Podemos definir como mercado os consumidores de um determinado produto ou serviço. Neste ponto, entendemos como consumidores reais todos os compradores de produtos e serviços da empresa e seus concorrentes. Entendemos como clientes os compradores dos produtos e serviços oferecidos por sua empresa. Exemplos: Qual o potencial total que as pessoas podem consumir de líquidos no mundo? Em média, um estômago normal consegue absorver 2,5 litros em um período de 24 horas. Multiplicamos essa média pelo número de habitantes. Temos, assim, o potencial de mercado total de líquidos, no qual o consumidor poderá optar por diferentes tipos e marcas de bebidas. Além disso, existe o mercado constituído de consumidores de refrigerantes de 'cola'; existem os mercados de clientes da Coca-Cola e os da Pepsi-Cola.

Qual o potencial total de alimentos sólidos que as pessoas podem absorver no mundo? Em média, um consumidor normal consome 1 kg de alimentos sólidos por dia. Multiplicamos pelo número de habitantes e obtemos um número que será o potencial de mercado de uma região.

Esses dois exemplos são denominados *share of stomach*, um indexador para quem pretende desenvolver negócios na área de alimentação. A partir desses números, também é possível calcular a quantidade de lixo, embalagens e similares.

O tamanho do mercado é definido, então, pelo número de compradores em potencial do produto ou serviço, isto é, todos aqueles que têm um certo interesse em adquiri-los; ou pelos números de compradores reais, isto é, aqueles que realmente os compram.

2.4.1 Mensuração da Demanda

Consiste na identificação ou mesmo na criação de uma metodologia que deverá ser testada e poderá fazer parte das estratégias da empresa. Existem diversos métodos, que podem ser agrupados em quatro categorias:

🌐 **Categoria A (opinião do público interno – executivos e força de vendas)** Constituem observações do pessoal interno especializado, em que cada um terá critérios com pontuações diferentes e até pessoais. São métodos subjetivos e servem como parâmetros, desde que alicerçados por ponderações científicas.

a) **Mensuração por experiência** Um dos métodos mais simples e naturais é a estimativa por experiência. O método considera que cada profissional tem conhecimentos técnicos e sua estimativa é baseada, em grande parte, no *feeling* do momento e no seu *background* profissional. Geralmente, este tipo de mensuração é adotado em processos informais e na maioria dos casos não tem embasamento formal. Caracteriza-se pela agilidade nas decisões, porém sem um critério analítico para suportá-las.

b) **Mensuração por experiência conjunta** Trata-se da combinação das estimativas informais de profissionais da empresa, não necessariamente da mesma área. O método é utilizado por pequenas e médias empresas, por meio da combinação dos julgamentos ou opiniões de seus executivos. Existe uma diversidade de experiências pessoais e conhecimentos especializados, e deve-se verificar se não são meras especulações ou se não envolvem decisões de cunho pessoal. Deve ser complementado por dados estatísticos internos e externos. Existem grandes possibilidades de as estimativas serem influenciadas por fatores internos e externos à empresa. Geralmente, a periodicidade é mensal e as vendas reais são comparadas com estimativas anteriores. Uma importante empresa de isotônicos resolveu descartar uma pesquisa de mercado e previu uma demanda futura para o verão baseada na experiência da diretoria e da gerência. Nesse verão em especial, o clima foi mais quente que o normal e pequenos concorrentes saíram do mercado, ocasionando a falta do produto no comércio.

c) **Mensuração pela força de vendas** A força de vendas é formada por todos os indivíduos que participam do processo de troca de produtos e serviços da empresa com os clientes desta; são, portanto, as pessoas que estão em contato direto com quem compra. Consiste na combinação das estimativas individuais dos vendedores, dentro do território de sua responsabilidade. Complementa-se com as estimativas dos gerentes de vendas e dados estatísticos. Realizam-se previsões de curto, médio e longo prazo, com os respectivos ajustes nas ocasiões oportunas. Existe a possibilidade de estimativas otimistas e principalmente pessimistas, pois uma estimativa provavelmente se transformará em objetivo e posteriormente em quota a ser atingida (havendo perspectivas de remuneração variável). Subavaliando a estimativa, os esforços serão menores e o grau de remuneração variável será mais fácil de ser atingido.

🌐 **Categoria B (clientes)** Parte das estimativas (quantitativas e qualitativas) de mercado em que é mensurado o potencial de mercado (abordamos esse assunto anteriormente). É um método de mercado.

⊕ **Categoria C (dados históricos de mercado)**   A empresa se baseia no comportamento do mercado, tendo como base os números históricos que possibilitam a criação de uma projeção de demanda. São métodos analíticos.

a) **Mensuração por ritmo econômico**, que é uma projeção de tendências passadas que podem servir como parâmetro para a mensuração da demanda. É necessário obter os dados históricos das vendas em período proporcional ao esperado, realizando os cálculos das receitas das vendas e das tendências de receitas; preparar ou obter uma previsão cíclica no sentido de construir um índice de variação que possibilite a previsão de vendas.

b) **Método da analogia histórica especial** é a escolha de um período passado análogo à situação atual.

c) **Método de análise da indústria:** é baseado na previsão de volume total da indústria, projeta-se a participação que a empresa pode esperar nesse mercado (análise dos dados relativos à empresa e à indústria com o objetivo de identificar taxas históricas de crescimento).

⊕ **Categoria D (características da empresa)**   Fatores internos influenciarão sobremaneira a demanda da empresa. São métodos internos e característicos de cada empresa.

a) **Capacidade da empresa,** na qual a empresa baseia as vendas em sua capacidade máxima de produção. Pressupõe-se que ela não tem capacidade para reinvestimentos ou, por algum motivo, não deseja a expansão – crescimento – da empresa.

b) A empresa poderá adotar a **combinação dos métodos anteriores**, de acordo com os recursos da empresa, a experiência e os resultados alcançados. Não existem métodos perfeitos e definitivos de mensuração da demanda, devido a particularidades da empresa e a mudanças no mercado. Cada empresa deverá selecionar o melhor método ou combinação, no sentido de adequá-lo às necessidades da empresa.

Conclusão

O mercado internacional necessita de profissionais com determinadas características, experiências, habilidades e competências no sentido de, em um primeiro momento, entender e analisar o mercado. Em segundo, de ter a capacidade cognitiva para se adaptar ao meio; e em terceiro, de providenciar as mudanças e transformações no ambiente e no negócio das empresas, atuando com as diferentes culturas mundiais. Neste sentido, os profissionais deverão ter – e ao mesmo tempo se atualizar – diferentes técnicas que possibilitem seu sucesso pessoal e profissional.

Hoje em dia, mais que nunca, as empresas necessitam de agilidade frente às mudanças no ambiente, inclusive em relação à concorrência e à diminuição da demanda por produtos e serviços. Conseqüentemente, devem construir e gerenciar formas de extrair dados e informações do mercado, analisá-los e transformá-los em ações que possibilitem a sobrevivência, a manutenção e o crescimento da empresa. Para isso, a empresa deve ter a capacidade de fazer marketing e saber desenvolver as melhores estratégias a partir dos dados e informações disponíveis.

Resumo

A empresa deve entender que está inserida dentro do chamado ambiente de marketing internacional, constituído de variáveis controláveis e incontroláveis que influenciam sobremaneira a condução dos negócios. Deste modo, existe a necessidade primordial de acompanhar essas variáveis por

(continua)

Resumo

intermédio dos sistemas de informação, que são compostos dos sistemas de informação em marketing internacional, dos sistemas de inteligência e da pesquisa de mercado. Cada um dos componentes deverá ser utilizado de acordo com os fatores situacionais e com os recursos da empresa. Não existe uma relação entre o quanto a empresa investe e o retorno esperado, porém é de clara percepção que a empresa que tem um sólido sistema de informações e capacidade de análise obterá diversas vantagens competitivas em mercados em transformação.

Questões e exercícios para reflexão

1. Qual a variável mais importante em se tratando de marketing internacional?

2. Considerando as categorias (A, B, C e D) de mensuração da demanda, explique:
   a) Que critérios seriam utilizados para a seleção das categorias de mensuração da demanda para produtos novos?
   b) E para produtos já existentes?
   c) Mudariam os critérios se, em vez de produtos, fossem serviços?

Atividades complementares

Solicite aos grupos a seleção de três negócios distintos (por exemplo, a abertura de um novo restaurante temático brasileiro, a blindagem de casas e apartamentos e um resort) e identifique quais variáveis podem interferir no sucesso do negócio. Preliminarmente (pois os assuntos serão estudados nos capítulos posteriores), de que modo a empresa poderá monitorar essas variáveis e estratégias possíveis?

Exercícios de fixação

1. Como a informação pode ser um instrumento de poder na negociação e nas transações internacionais?

2. O conceito pode ser mais importante que o produto físico? Explique sua resposta.

3. Identifique, de acordo com Kotler, as necessidades de informação de cada departamento ou divisão de sua empresa. Em conjunto, monte os respectivos fluxos e, por fim, estruture um sistema de informação único para a empresa.

> Questões para identificar as necessidades de informação de marketing (segundo Philip Kotler):
>
> 1. Normalmente, que tipo de decisão você precisa tomar?
> 2. De que tipo de informações você precisa para tomar essas decisões?
> 3. Que tipo de informações você necessita regularmente?
> 4. Que tipo de estudos especiais você solicita periodicamente?

(continua)

Exercícios de fixação

5. Que tipo de informações você gostaria de receber e não está recebendo no momento?

6. Que informações você gostaria de receber diária, semanal, mensal e anualmente?

7. Que relatórios e publicações comerciais você gostaria de receber regularmente?

8. Sobre que tópicos específicos você gostaria de se manter informado?

9. Que tipos de programas de análises de dados você gostaria de ter a sua disposição?

10. De acordo com seu julgamento, que melhorias poderiam ser feitas no atual sistema de informação de marketing?

4. Por muitas vezes, o fracasso e o desaparecimento de produtos, serviços e empresas em mercados internacionais têm sido associados às variáveis incontroláveis do mercado, como atitudes protecionistas ou variações econômicas, ou até mesmos problemas políticos.

   Sobre o projeto de pesquisa de mercado

   Levando-se em conta o enunciado acima, que fatores devem ser considerados ao se estabelecer a primeira etapa do projeto de pesquisa de mercado? Quais as conseqüências de uma definição errada do problema?

5. Qual a quantidade de suco de laranja natural em uma lata de Fanta? Questione dez pessoas e avalie as respostas.

6. Quando o pesquisador terminará o pré-teste de um questionário?

7. 'Refrigerantes à base de limão vendidos em pontos-de-venda em São Paulo.' É possível extrair de maneira completa uma amostra com o universo apresentado? Enumere as variáveis que devem ser levadas em consideração.

8. Qual a importância da coleta de informações dentro do processo de globalização das empresas?

9. Explique as formas de entrada de produto ou serviço no mercado internacional.

10. Qual a importância da coleta de dados primários dentro do processo de negociação internacional?

11. Qual a importância da coleta de dados secundários dentro do processo de negociação internacional?

12. Liste as fontes de dados secundários referentes ao seu setor. Quantifique os custos da obtenção da informação e seus respectivos benefícios.

13. Qual a importância do conhecimento da legislação internacional dentro do processo de negociação internacional?

14. Explique e exemplifique os conceitos de:

   - Potencial de mercado
   - Potencial de vendas
   - Previsão de vendas
   - *Store-audit*

15. Por meio da pesquisa de dados secundários, foram levantados as seguintes informações:

(continua)

Exercícios de fixação

Variáveis	Região A	%	Região B	%	Região C	%
População (em milhares de pessoas)	5.000		15.000		10.000	
Renda per capita anual (em dólares)	60.000		85.000		12.000	
Vendas no varejo (em milhares de dólares)	100.000		150.000		120.000	

A empresa possui uma força de vendas constituída de cem vendedores. Os dados históricos de vendas, retirados do sistema de informações (SIM) da empresa, demonstraram:

Ano	Vendas	Crescimento Nominal	Crescimento Real
2003			
2004			
2005			
2006			
2007			

- Calcule o potencial relativo de cada região.
- Qual a previsão de vendas para 2008? (Utilize um dos métodos de previsão de vendas e explique as razões de sua escolha.)
- Qual a quota e quantos vendedores alocar por região?
- Qual a previsão para 2007, se o crescimento vegetativo continuar em 35%?
- Calcule as vendas reais, o crescimento real e nominal (completar no próprio quadro).

Bibliografia recomendada

KOTLER, Philip & ARMSTRONG, Gary. *Princípios de marketing*. 7. ed. São Paulo: PhB, 1991.

MATTAR, Fauze N. *Pesquisa de marketing – edição compacta*. São Paulo: Atlas, 1996.

PALMA, Rodrigo Freitas. *O direito internacional e os desafios do novo milênio*. Goiânia: Kelps, 2003.

SAMARA, Beatriz Santos & BARROS, José Carlos de. *Pesquisa de marketing – conceitos e metodologia*. São Paulo: Makron Books, 1994.

STANTON, William J. & SPIRO, Rosann. *Administração de vendas*. 10. ed. São Paulo: LTC, 2000.

Publicações

Publicação 'As 500 maiores e melhores' da revista *Exame*.

Revista Comércio Exterior.

Revista *Superinteressante*. 'O preço da carne', março de 2004.

Revista *Veja*. 'Ao gosto do freguês', 22 de março de 2000.

Endereços eletrônicos

ABEP – www.abep.org

Anep – www.anep.com.br, acessado em 16/04/04. Departamento Intersindical de Estatística e Estudos Socioeconômicos (DIEESE) – www.dieese.org.br

Economática – www.economatica.com

Fundação Instituto de Pesquisas Econômicas (FIPE) – www.fipe.com.br

Instituto Brasileiro de Análises Sociais e Econômicas (IBASE) – www.ibase.org.br

Instituto Brasileiro de Geografia e Estatística (IBGE) – www.ibge.com.br

Instituto de Economia – www.eco.unicamp.br

Instituto de Pesquisa Econômica Aplicada (IPEA) – www.ipea.gov.br

Instituto de Pesquisas Tecnológicas (IPT) – www.ipt.br

Notas

1. Uma das quinhentas mais rentáveis empresas em 2003, segundo a publicação 'As maiores e melhores' da revista Exame.

2. O portfólio de marketing internacional será analisado no Capítulo IV - Planejamento estratégico em marketing internacional.

3. Existem tantos exemplos que seria impossível citá-los todos. A idéia é que, a partir de alguns exemplos, se ressalte a importância da adaptabilidade do marketing mix frente ao ambiente político-legal.

4. Reader's Digest.

5. Verifique no decorrer do livro os diferentes significados dos enunciados.

6. Não havia o hábito de se fazer café de maneira instantânea naquela época. Além dos aspectos culturais, ressalta-se a própria rejeição da dona-de-casa em oferecer à família um produto que não fosse preparado por ela. O autor tem conhecimento deste caso há mais de uma década, porém desconhece a fonte.

7. Anúncios em jornais e revistas que solicitam empregados, por meio de caixa postal ou fax não identificados. Cuidado: você pode estar se candidatando a uma possível pesquisa ou a seu próprio cargo!

8. Fonte.

9. Com vaso sanitário.

10. Mensalista, considerando todos empregados que desempenham as atividades profissionais com uma freqüência de cinco dias por semana.

11. Aparelho independente ou parte da geladeira duplex.

12. Em disquete ou CD-ROM, para que o cliente possa cruzar os dados da pesquisa.

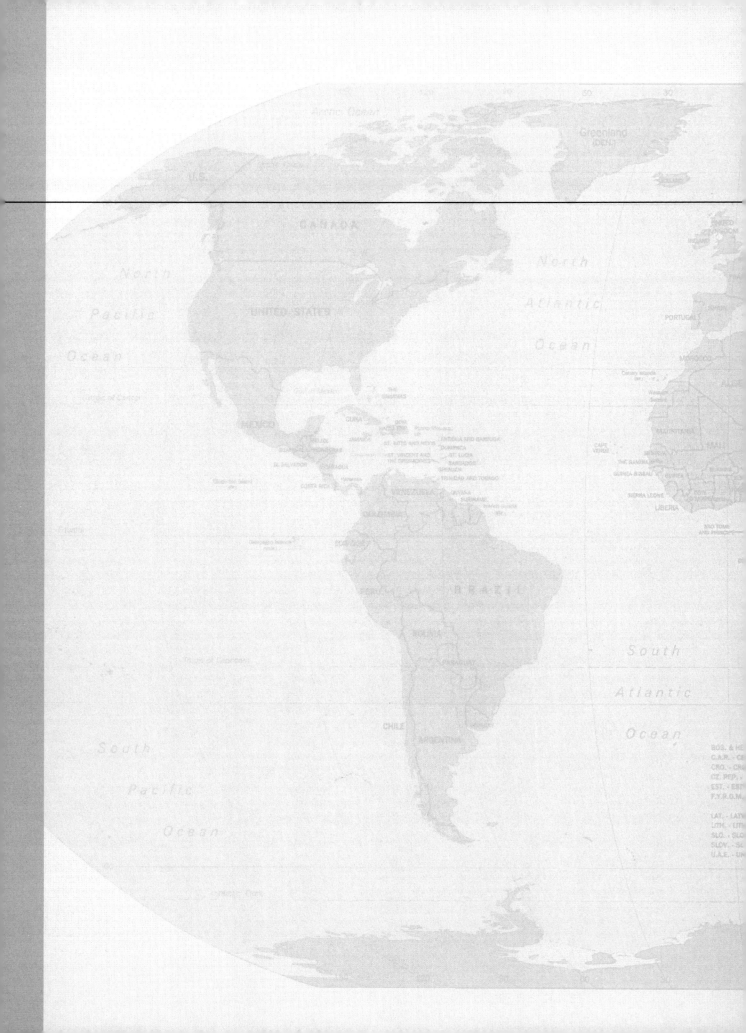

Planejamento Estratégico em Marketing Internacional: Construção de Cenários e uma Visão para o Futuro

Todas as flores do futuro estão nas sementes de hoje.

Provérbio chinês

- Mostrar a importância do planejamento estratégico no marketing internacional.
- Explicar a composição do marketing mix e suas respectivas características e estratégias.
- Explicar o monitoramento da concorrência.

3.1 Introdução

Trabalhar com mercados internacionais significa estabelecer compromissos de longo prazo, envolvendo redes de relacionamentos jurídicos e comerciais dentro de diferentes legislações e diferentes cenários. Portanto, a opção e o planejamento em mercados internacionais envolvem um pensamento sistêmico de longo prazo, em que o planejamento estratégico e as ações devem ser bem delineados para obter assertiva de resultados. Para introduzir o planejamento estratégico na empresa, é necessário entender algumas particularidades, como o conceito de um produto ou serviço e a adaptação às diferentes culturas e legislações.

3.2 Planejamento Estratégico em Mercados Internacionais

Envolve, dentro dos propósitos e filosofias empresariais, identificar oportunidades de negócios e transformá-las, por meio de ações de curto, médio e longo prazos, em receitas originadas de negócios. Dentro do contexto, uma das principais dificuldades das empresas ao ingressar no mercado internacional é a criação de um conceito inovador e forte, muitas vezes atrelado ao próprio arquétipo do país.

3.2.1 Criação e Manutenção de um Conceito

Muitas cadeias de *fast-food* surgiram no Brasil e sucumbiram por vários motivos nos últimos anos. Casos como 'Jack ln The Box', 'Seven Eleven', 'Kentucky Fried Chicken', 'Subway', 'Pizza Hut' e outras redes confirmam que podem existir boas idéias, desde que bem materializadas por um produto ou serviço com uma idéia ou conceito bem trabalhado e na época certa, além de um grande planejamento estratégico. O McDonald's, por exemplo, por meio de um estudo de mercado que envolveu pesquisa, levantou quantitativa e qualitativamente o perfil dos brasileiros e traçou uma tendência, que envolveu cruzamentos micro e macroeconômicos, perfil psicográfico e dados de potencial de mercado, que levaram a empresa a ingressar no mercado, sendo hoje uma das principais redes de *fast-food* no Brasil. Leva-se em consideração, em primeiro lugar, a conceituação do que é um *fast-food* – comida rápida, de valor agregado, oferecida em um ambiente que muitas vezes impossibilita a permanência dos consumidores por muito tempo.

Esse tipo de alimentação é proveniente de culturas em que existe a predominância de pessoas com trabalhos e atividades intensas, com determinados hábitos de mídia e lazer, dentro de uma predominância social. Temos, então, a conceituação do ramo de negócios. Por outro lado, temos o produto ou serviço a ser oferecido a um mercado. O hambúrguer, a princípio, não é um alimento típico brasileiro, mas o conceito de *fast-food* foi previamente 'vendido' ao público-alvo por meio de propaganda e a força da marca foi um fator de sucesso. Para consolidar ainda mais a introdução do negócio e do produto, a rede estabeleceu seus primeiros pontos de venda em áreas densamente ocupadas por clientes em potencial.

3.2.2 Mix de Marketing Internacional

É possível sintetizar o mix de marketing internacional como o conjunto equilibrado e complementar dos diferentes mixes, estruturados de maneira planejada e constantemente gerenciada, formando um portfólio ideal. O marketing mix foi originalmente idealizado por McCarthy e seu foco no mercado internacional, por Kotler (1986).

QUADRO 3.1 Marketing Mix Internacional.

Componente	Classificação	Foco	Estratégias	Decisões
Produto ou Serviço	• Nível básico • Nível real • Nível ampliado	• Conceito • Características físicas • Acessórios e serviços	• Criação • Desenvolvimento • Rejuvenescimento • Lançamento • Desenvolvimento • Substituição • Complementação • Marca • Diferenciação • Vantagem	• Produto • Preço • Promoção • Distribuição • Crescimento da empresa • Fornecedores • Marca • Embalagem • Design • Estilo • Assistência técnica • Serviços pós-venda • Financiamentos • Seguros

(continua)

QUADRO 3.1   Marketing Mix Internacional.   (*continuação*)

Preço	• Nominal • Percebido • Médio prazo	• Qual mercado atingir • De que forma • Recuperação de investimento	• Preço alto • Preto teto • Preço de desnatação • Preço de elite • Preço médio • Preço baixo • Preço piso • Preço de desnatação	• Curto prazo • Médio prazo • Longo prazo
Promoção	• Propaganda • Relações Públicas • Publicidade • Promoção de vendas • Venda pessoal	• Conhecimento • Demanda primária • Recompra • Vendas de curto, médio e longo prazos	• Posicionamento • Introdução • Sustentação • Reposicionamento • Intensiva • Seletiva	• Verbas • Receitas • Despesas • RSI • RSV
Ponto de Distribuição	• Nível sem intermediário • Nível com um intermediário • Nível com dois intermediários • Nível com mais intermediários • Multicanais • Canais internacionais	• Disponibilidade • Informação • Contato • Transferência • Financiamento	• Intensiva • Exclusiva • Seletiva	• Quem? • Como? • Markup • Markdown
Power	• Dados • Informação • Inteligência emocional • Utilização estratégica • Pesquisa	• Mercado • Oportunidades inexploradas • Eliminação de problemas	• Massificação • Diversificação • Seletividade	• Sistemas de Informação • Sistemas de Inteligência
Public Relations	• Construção de imagem • Construção de relacionamentos	• Relacionamentos estratégicos	• Fortalecimento de relacionamentos • Novos relacionamentos	• Longo prazo

Fonte: Quadro desenvolvido pelo autor.

Desde o momento em que nascemos, necessitamos de uma série de produtos e serviços, que são desenvolvidos de acordo com as nossas expectativas e desejos. Desta forma, um portfólio de negócios deve contemplar um conjunto equilibrado de produtos e serviços, ofertados de certa forma e a um certo nível de preço. O marketing não cria necessidades,[1] mas, por meio da pesquisa de mercado, o pesquisador detecta as necessidades latentes do mercado e as satisfaz através de um composto mercadológico, também conhecido como marketing mix ou 4 P's (produto, preço, ponto de distribuição e promoção) no marketing doméstico e os 6 P's (acrescentando *power* e *public relations*) no caso do mercado internacional.

3.2.2.1 Produto ou Serviço

Podemos definir como produto ou serviço tudo aquilo que pode ser oferecido a um mercado no intuito de satisfazer uma necessidade ou desejo de um indivíduo ou grupo de indivíduos.

FIGURA 3.1

Níveis de
Produto.

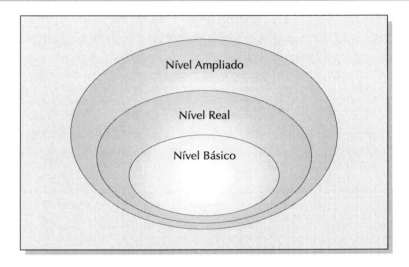

Fonte: Elaborada pelo autor.

- O **nível básico** é o mais importante do produto ou serviço. É a partir dele que reconhecemos seu conceito, a utilidade do produto ou serviço; corresponde às necessidades atendidas ou, em outras palavras, são as expectativas dos consumidores. O conceito de um produto ou serviço é algo muito difícil de ser elaborado. A partir do conceito, existe a necessidade da materialização da idéia, para que o produto possa ser comercializado. Daí advêm, então, as características físicas do produto, que é o *nível real*.

- O **nível real** abrange a parte física (e é neste ponto que os serviços se diferem dos produtos), envolvendo decisões que envolvem desde fornecedores de matéria-prima até características como *design*, marca e embalagem, por exemplo.

- O **nível ampliado** envolve todos os acessórios e serviços que podem ser incorporados aos níveis anteriores. Inclui assistência técnica, serviços pós-venda e financiamentos. Podem ser o diferencial real em relação à concorrência.

Diversos produtos podem ser almejados por consumidores e, no entanto, terem sua comercialização legal proibida em alguns países, de acordo com a legislação, os hábitos e os costumes locais.

A Necessidade de Proteção Legal de um Produto

Antes que um produto seja lançado no mercado, é necessário que a empresa se previna sob os aspectos legais. Existem quatro formas básicas de proteção de um produto contra cópias, garantindo os direitos da empresa e a manutenção da qualidade aos seus consumidores. Mesmo com todos os cuidados, a empresa às vezes não consegue evitar o mercado informal e a pirataria; prova disso são os inúmeros DVDs e CDs lançados no mercado informal.

- Para salvaguardar os direitos, existem as **patentes**, que são uma forma de salvaguardar os direitos de comercialização em mercados. No caso de um produto novo, solicita-se o registro da patente, envolvendo um órgão nacional e, posteriormente, um internacional. Preserva os direitos sobre a comercialização do produto por um determinado tempo (15 a 20 anos), dependendo do seu enquadramento. O produto deve traduzir um conceito inédito no mercado, aplicável na indústria para ser produzido, e deve ser formalmente inédito, isto é, não deve haver nenhum indício de que tenha sido projetado ou manufaturado anteriormente.

- A **proteção industrial** concede direitos e deveres dentro do território nacional e, havendo a possibilidade de comercialização do produto em outros países, torna-se necessária a solicitação de patente (se produto novo) ou a forma de proteção que melhor convier à empresa e ao produto. A maioria dos países industrializados possui convenções internacionais, que têm por objetivo sistematizar e auxiliar as empresas no sentido de proteger seus produtos em mercados estrangeiros.

- O **registro do desenho** refere-se à proteção sob o ponto de sua concepção visual, desde que seja considerado, por exemplo, um modelo novo no mercado e não necessariamente esse novo formato interferirá no desempenho ou na funcionalidade do produto.

- O *copyright* é o direito que reserva a proteção sobre 'obra literária e artística', embora muitos fabricantes o utilizem para embalagens e brinquedos. A proteção ou utilização inadequada dos registros de patente, desenho ou *copyright* tem gerado muitas controvérsias internacionais. Constantemente, a China e outros países asiáticos ou sul-americanos têm sido acusados de fabricarem produtos piratas sem pagamento dos direitos ou sem solicitação prévia, como detalhado mais adiante. Por exemplo, alguns produtos não podem ser legalmente comercializados, exportados ou importados em alguns países. Existe um consenso comum no caso de alguns produtos (dinheiro falsificado e drogas) e um consenso parcial em outros (material pornográfico, equipamento de espionagem, animais vivos, animais mortos, frutas, madeira, elementos químicos etc.). Em outros casos, os produtos são adaptados conforme a lei local.

O Valor de uma Marca

Da antiga arte originou-se o processo de marcar um produto. A partir da Revolução Industrial, a utilização da marca se tornou um hábito como tentativa de diferenciar os produtos de seus concorrentes. Uma marca nova deve ser registrada (mesmo sendo um símbolo, sinal, palavras, letras ou similares), pois, dependendo da estratégia do fabricante, ela estabelecerá valor ao produto, serviço ou empresa. Existem várias classificações de marcas, como aquelas que simplesmente são inventadas e que têm maior direito de proteção (*Kodak*, da família *Eastman*, ou *Mesbla*, combinação das primeiras sílabas de *Mestre et Blagé*), pesquisadas para que haja associação do produto ao benefício (*Tostines*), sugestivas (*Bombril*) e descritivas (*Hi-Protein*).

Existem, ainda, as marcas genéricas, caso dos produtos que se popularizaram e se tornaram sinônimo das marcas, por exemplo, jello (gelatina da marca *Jell*), cotonete (hastes flexíveis e higiênicas *Cotonetes*, da Johnson & Johnson), xerox (cópias reproduzidas pela empresa *Xerox*), gilete (lâmina de barbear da *Gillette Wilkinson*), entre outras. Hoje, a marca é um diferencial de percepção e seu valor é intangível, porém mensurável por associação entre o valor negociável das ações em bolsas de valores, o *market share* e o crescimento da participação de mercado. A existência dos *brand bonus* (papéis negociáveis em mercados internacionais representativos de valor) confirma tal declaração.

A importância da marca se resume aos aspectos de que ela identifica o produto ou serviço ao cliente, facilitando a compra e protegendo legalmente o produto dos concorrentes, além de permitir à empresa a segmentação por marca, gerando lealdade e indicador de qualidade.

QUADRO 3.2	O Valor das Marcas.
Empresa	**Marca (em bilhões de dólares)**
Coca-Cola	67,52
Microsoft	59,94
IBM	53,37
Intel	35,58

Fonte: http://www.infonoticia.com.br/2006/07/31/microsoft-e-2%c2%aa-marca-mais-valiosa-do-mercado-segundo-interbrand/

O valor das marcas, em muitos casos, ultrapassa o valor dos ativos das empresas, representando um valor intrínseco diferente dos bens materiais de uma empresa.

Uma marca de prestígio é uma porta de entrada para novos mercados. Marcas famosas como *McDonald's*, *Ferrero Rocher* e *Pizza Hut* conseguiram desenvolver um novo mercado rapidamente pela força da marca. É lógico que atrás de cada marca há um produto ou serviço de qualidade. Qualidade esta percebida pelo consumidor final e transmitida pela marca que alicerça o produto ou serviço. O processo perceptivo difere de consumidor para consumidor, conforme o país de origem. O mapeamento perceptivo analisa os diferentes benefícios dos produtos e serviços e suas respectivas necessidades, seja em nível local ou internacional.

Dentro do processo, as diferentes idéias são levantadas, formatadas e selecionadas por meio de trabalhos desenvolvidos com os consumidores em potencial, os clientes da empresa e todos aqueles que constituem um mercado ou grupos de interesse, por exemplo, os componentes do canal de distribuição (os chamados intermediários), fornecedores, empregados internos e terceirizados, concorrentes diretos e indiretos, entre outros.

Estratégias Básicas de Introdução de Produtos em Mercados Internacionais

Existem três alternativas básicas para introduzir um produto no mercado internacional, dependendo da estratégia da empresa e das características do mercado em estudo:

- **Criação de um produto ou serviço para um mercado estrangeiro:** O produto ou serviço pode ser novo no país ou novo para a empresa. Já existindo no mercado a ser abordado, dados secundários podem ser extraídos de câmaras de comércio, embaixadas, consulados e órgãos de apoio ao comércio exterior. Não existindo no mercado um estudo de antecedentes, por analogia com outros mercados ou produtos e serviços, pode ser efetuado, além de um estudo de caso. Sendo novo para a empresa, deve ser feita uma avaliação inicial do potencial interno de mercado e, depois (dependendo dos resultados), construído o processo de entrada no mercado estrangeiro.

- **Vender o mesmo produto ou serviço da empresa:** É necessário considerar as variáveis controláveis (produto, preço, distribuição e promoção) que envolvem o mercado em estudo. A comercialização só é possível se, por exemplo, a qualidade dos itens a serem comercializados for similar à dos concorrentes ou se possuir diferencial percebido.

- **Adaptação do produto ou serviço ao mercado-alvo:** A adaptação deve ocorrer levando-se em conta as já citadas variáveis controláveis, as incontroláveis (governo, legislação vigente, economia, por exemplo) e as semi-controláveis (religião e cultura, por exemplo); fatores como embalagem, cor, formato, instruções na língua estrangeira e assistência técnica são muito importantes e são chaves de sucesso para a empresa.

A seleção de uma estratégia ou conjunto delas dependerá das características estratégicas e situacionais da empresa e do mercado a ser abordado, como: nível de concorrência, recursos da empresa, tendências de mercado, entre outras. A estratégia inicial é muito importante, pois pode denotar sua permanência no mercado e até a existência futura de concorrentes.

Razões para os Fracassos de Produtos no Brasil[2]

Existem diversas razões para que os produtos fracassem ou não obtenham os resultados desejados. De certa forma, foram identificadas algumas razões:

- **Falta de pesquisa de mercado** em novos produtos ou serviços oferecidos, uma vez que grande parte do empresariado considera-se bastante conhecedor do mercado em que a empresa atua; no Brasil, é a primeira verba a ser cortada pelas empresas nacionais, em detrimento do aumento da verba de promoção de vendas e de venda pessoal, constituindo-se, é lógico, em políticas de resultados de curto prazo;
- **Necessidades pessoais em detrimento das necessidades de mercado**, caso em que as carências pessoais e financeiras são mais importantes que as necessidades de mercado. Desta forma, produtos, serviços e até empresas são criados para suprir necessidades individuais, e não as de mercado;
- **Erros gerais na administração do negócio**, havendo uma confusão entre o que é pessoa física e o que é jurídica. Por exemplo: a mistura da contabilidade da pessoa jurídica e da física ou mesmo a compra de matéria-prima à vista e venda a prazo ao consumidor;
- **Erros no projeto de pesquisa de mercado**, decorrentes de sua complexidade, do grande número de empresas sem a especialização necessária e do controle excessivo de custos. Como o empresariado não dá a devida importância à pesquisa de mercado, tem a tendência de subvalorizar algumas etapas, com tendência a 'pular' passos do projeto (veja o capítulo anterior);
- **Erros na interpretação e na análise dos dados e informações da pesquisa**, levando a empresa a tomar as decisões erradas;
- **Falta de conhecimento do mercado**, pois o empresariado brasileiro tem uma tendência de se mostrar 'conhecedor' dos assuntos abordados, já que todos são técnicos de futebol e economistas de primeira linha;
- **Filosofia empresarial 'de dentro para fora'**, isto é, uma 'visão empresarial' voltada somente às características e aos processos do produto, e não às necessidades do mercado;
- **Filosofia exagerada de 'ouvir o cliente'**. Embora o caminho correto seja desenvolver um produto ou serviço compatível com as necessidades do mercado, muitas vezes a empresa erra ao escolher quem escutar e na quantidade de pessoas ouvidas. Amostras pequenas ou direcionadas interferem sobremaneira nos resultados, da mesma maneira que quantidades exageradas podem denotar custos excessivos e falta de ineditismo do produto oferecido. Por outro lado, se houve demanda reprimida, o consumidor pode estar constantemente insatisfeito em relação ao que lhe é ofertado;
- **Filosofia emergencial**, objetivando decisões e resultados de curto prazo e denotando uma 'filosofia de vendas', e não de marketing;
- **Falta de planejamento** em todos os níveis,[3] levando a empresa a não ter uma continuidade lógica de suas atividades;

- **Falta de estratégia** em todos os níveis, pois as ações são realizadas aleatoriamente, sem um norteamento;
- **Produtos com alto grau de inovação e tecnologia**, porém sem demanda primária atual, ou os consumidores não atribuem valor à incorporação desse diferencial;
- **Produtos com necessidade de alto grau de tecnologia**, pois a empresa não possui os recursos necessários para a manutenção e o desenvolvimento da tecnologia ou a tecnologia existente não é suficiente ou factível aos 'olhos do mercado'.
- **Produtos sem necessidade de alto grau de tecnologia**, mas a empresa, por vários fatores, considera-o primordial e converge todos os seus recursos e esforços para 'vender' como diferencial a alta tecnologia embutida no produto.
- **Conceito de produto muito mal delineado**, provocando, também, erros estratégicos, principalmente de posicionamento;
- **Falta de vantagem, posicionamento ou diferenciação** em relação ao mercado consumidor e à concorrência;
- **Diferenciação trivial e não real**[4] frente às necessidades e expectativas dos consumidores;
- **Baixa qualidade do produto ou serviço**, traduzida em desempenho falho e baixa qualidade;
- **Qualidade abaixo das expectativas dos consumidores e clientes da empresa**, por ter ocorrido, em algum ponto, um erro em relação à expectativa dos consumidores;
- **Visão exagerada de trazer grandes resultados aos acionistas**, esquecendo-se de reinvestir no parque industrial, pesquisa e desenvolvimento, redução de orçamento nas táticas e estratégias que visam alicerçar as vendas do produto ou serviço ou não gerenciamento do CVP (Ciclo de Vida do Produto) que será visto posteriormente, ocasionando gastos excessivos ou não compatíveis com a fase do referido ciclo.
- **Estratégias de produto, promoção, distribuição e preço** inadequadas individualmente ou em relação à fase do ciclo de vida do produto em que o produto ou serviço se enquadra;
- **Marketing mix inadequado ou sem o equilíbrio necessário**, uma vez que as táticas e estratégias devem ser complementares, e não conflitantes.

QUADRO 3.3   Marketing Mix (Alguns Erros no Desenvolvimento e Comercialização do Produto).[5]

Produto	Produto	Preço	Promoção	Distribuição
Mastiguinhas	X			X
Mr. Brown	X		X	X
Kikos Marinhos	X		X	X
Disc Laser		X	X	X
Celular Global (Iridium)	X	X	X	X
Fanta Citrus				
McDonald's				
Coca-Cola				

Fonte: Tabela elaborada pelo autor a partir da análise de dados secundários.

No caso do Iridium, por exemplo, foram investidos bilhões de dólares em um aparelho celular grande e pesado que realizasse suas chamadas via satélite. Nadécada de 1990, o comercial no Brasil mostrava o ator Antônio Fagundes na Amazônia falando com alguém do outro lado do mundo. Neste exemplo, o erro aconteceu em todos os 4 P´s.

Ciclo de Vida do Produto

Como abordamos anteriormente, existe o que chamamos de ciclo de vida do produto (CVP). Os produtos e serviços possuem ciclos de vida distintos; as categorias de produtos possuem ciclos de vida distintos; frisamos o exposto, pois um produto pode estar na última fase do ciclo em um determinado país e pode estar na segunda fase em outro. Em se tratando de produtos ou serviços, entendemos que existem as seguintes fases:

Primeira Fase (investimentos: intuição, pesquisa e planejamento) O produto ainda não existe fisicamente, é apenas uma hipótese, uma idéia ainda não materializada, muitas vezes advinda do *feeling* de um empreendedor. Por meio do processo intuitivo, o verdadeiro empreendedor pode notar a ausência de produtos ou serviços que atendam a necessidades e desejos latentes no mercado. Grande parte dos produtos e serviços teve sua origem em observações, como as lojas de conveniência em postos de gasolina, por exemplo.

FIGURA 3.2

Gráfico do CVP (Ciclo de Vida do Produto).

Fonte: Elaborada pelo autor.

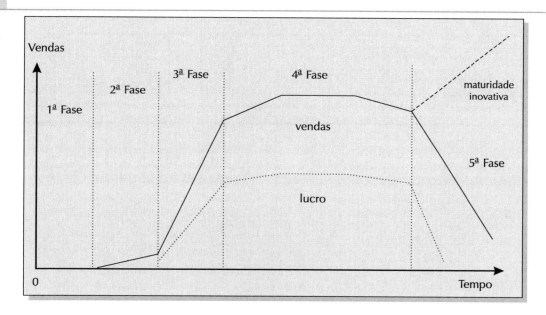

O desenvolvimento de mais um produto ou serviço origina-se da própria necessidade de crescimento da empresa. Antes de desenvolver algo novo, a empresa deve analisar quais as estratégias que devem ser desenvolvidas, de acordo com os objetivos e a estrutura da empresa. Talvez a empresa não necessite desenvolver um produto, mas proceder à aquisição de novos produtos ou empresas, como a R. J. Reynolds, que adquiriu a Nabisco; a Philip Morris, que adquiriu a General Foods; a Nestlé, que adquiriu a Carnation e a Chocolates Garoto. Todas as aquisições são salutares, desde que a legislação do país permita tal procedimento. Embora o preço da aquisição seja elevado, os riscos são menores, pois compra-se essencialmente o ramo de negócios da empresa e seus respectivos clientes. Se houver sinergia entre as empresas adquiridas e o ramo de negócios, ótimo; se não, teremos de nos adaptar à diversificação e encontrar pontos convergentes. Geralmente, quando grandes empresas optam por esta decisão, esperam resultados no curto prazo e uma pesquisa de mercado, alicerçada em estudos setoriais e macroeconômicos, auxilia a decisão de comprar ou não o negócio. É necessário um longo planejamento e um constante monitoramento do antes, durante e depois do processo de aquisição. Se a empresa optar por novos produtos, após realizada a pesquisa e determinada sua aceitabilidade no mercado, partimos para o desenvolvimento de novos produtos, objetivando um crescimento como empresa ou um início de atividade.

Voltando ao caso intuitivo, é fundamental fazer uma pesquisa de mercado para constatar que o produto ou serviço a ser desenvolvido é necessário à constituição estratégica da empresa. Em caso positivo (após levantamento quantitativo e qualitativo), a pesquisa de mercado servirá como base para o planejamento do lançamento do produto ou serviço. Nesta fase, o produto ou serviço ainda não existe fisicamente. Trata-se de algo intangível, de uma idéia. Portanto, o conceito deverá ser desenvolvido e um *teste de conceito* deverá ser efetuado, visando medir o grau de aceitação da idéia do produto e as expectativas do mercado. Novamente, em caso positivo, será necessário um protótipo para o *teste de produto e de mercado*, no qual o produto e as variáveis que influenciarão a vida do produto serão levados em consideração. Em caso positivo, será efetuado o *plano de marketing do produto*, no qual são delineadas as características da empresa e do mercado, as táticas e estratégias a serem implantadas, a estimativa de vendas e as movimentações estratégicas da empresa e dos concorrentes. Nota-se, nesta fase, um período de investimentos pesados sem a devida contrapartida nos lucros. Portanto, a fase caracteriza-se por investimentos que possivelmente serão resgatados na evolução das vendas futuras do produto. As vendas por antecipação são a única alternativa de rentabilidade antecipada da empresa. Dificilmente, após um período de altos investimentos, a empresa deixará de lado o produto desenvolvido. Se não for aceito, se tornará patrimônio (ativo) da empresa, como a cola de baixa aderência da 3M (que posteriormente gerou o *post-it*) é exemplo de produto inicialmente renegado e posteriormente alterado e desenvolvido com sucesso. Neste caso, nota-se primeiro uma recusa à cola de baixa aderência, porém uma aceitação do conceito de lembretes autocolantes. Infelizmente, em muitos casos, mesmo após os resultados negativos da pesquisa, a empresa se recusa a deixar de lado a comercialização do produto, implementando ações de curto prazo, como propaganda e vendas intensivas, em uma tentativa de recuperar o capital investido, acelerando a demanda pelo produto e diminuindo o tempo de vida de seu ciclo.

Segunda Fase (introdução)   O produto ou serviço já foi desenvolvido e existe fisicamente. Agora, deve ser introduzido no mercado. Geralmente, nesta fase, as vendas do produto ou serviço não geram lucro, pois foram feitos altos investimentos no desenvolvimento do projeto e as vendas crescem lentamente, por vários motivos. Um deles é que o conceito pode ser novo e deve ser desenvolvido no mercado, onerando a empresa em tempo e recursos. A obra de Michael Crichton, *Jurassic Park*, teve um grande período de preparação e aceitação do conceito da multiplicação do DNA e da tecnologia necessária antes do desenvolvimento do *blockbuster*[6] produzido com a grife Steven Spielberg. Nota-se, por curiosidade, que, neste caso, existiu uma estratégia de desenvolvimento do novo conceito (nível básico do produto) no mercado, a constituição do produto (o livro, o filme e a marca Steven Spielberg, constituindo o nível real do produto) e o *merchandising* (neste caso, o nível ampliado do produto). A demanda primária é desenvolvida por meio de propaganda de penetração e/ou introdução no mercado. Sendo o produto pioneiro, não existem concorrentes, portanto são utilizadas estratégias de preço distintas, de acordo com os objetivos de mercado. Como a empresa teve altos custos no desenvolvimento do produto, pode escolher a estratégia de preço 'teto', objetivando a recuperação do capital investido em curto prazo. Além disso, o produto pode possuir características que tornam o preço 'alto', maior como fonte de diferenciação e posicionamento. Finalmente, o 'preço de elite'[7] pode ser utilizado no sentido de ampliação futura do mercado. A qualidade inicial é definida de acordo com as expectativas dos consumidores, e a escolha dos canais de distribuição influencia todo o futuro do produto ou serviço, pois envolve compromissos e alianças de longo prazo.

Muitas vezes, o produto é lançado erroneamente, podendo comprometer toda a sua existência. O Marlboro e o Doritos, por exemplo, foram lançados no Brasil com propaganda de manutenção, e não de introdução (de conceito, por exemplo). O brasileiro não tem o hábito de consumir lanches nem bebida cafeinada fria, portanto o fracasso da Subway[8] e a pequena demanda primária do Mr. Brown são exemplos de lançamentos feitos de maneira indevida.

Terceira Fase (crescimento)   A partir do momento em que as vendas decolam (quando o conceito e o produto são bem aceitos pelo mercado consumidor em virtude da propaganda de manutenção, gerando o fenômeno da recompra, e da propaganda de introdução, gerando a conquista de novos clientes), começam a surgir os concorrentes ou, melhor dizendo, os imitadores. A partir desta fase, tem início a disputa pelos pontos-de-venda, objetivando uma lucratividade maior.

Tem início a segmentação de mercado, por meio do lançamento de novos itens. Em linha geral, as vendas da empresa crescem, ora decorrentes das próprias características da fase, ora decorrentes do lançamento dos novos itens da empresa. Embora as vendas tenham um crescimento vertiginoso, a lucratividade não acompanha de maneira proporcional, uma vez que a empresa ainda carrega os altos investimentos da primeira fase; além disso, gastam-se muitos recursos em propaganda para manter ou fazer crescer as vendas e coibir os movimentos da concorrência. Voltando ao caso do *Jurassic Park*, o aumento da propaganda ajudou a manter o interesse pelo filme, constituindo um dos maiores sucessos de bilheteria da história do cinema.

Quarta Fase (maturidade)   É geralmente a fase de maior duração do ciclo de vida, na qual as vendas da empresa e dos concorrentes tendem a se estabilizar. Esta fase se divide em três subfases: maturidade crescente, estável e decrescente. A *maturidade crescente* constitui uma fase intermediária entre a fase de crescimento e a de maturidade. As vendas não crescem tanto quanto na fase anterior e percebe-se uma estabilização da demanda do produto no mercado. A *maturidade estável* é a estabilização das vendas do produto no mercado. A lucratividade diminui, pois todas as empresas procuram, por meio de propaganda e promoção, manter seu *market share*. A participação dos concorrentes permanece estável e existe uma preocupação de aumentar a segmentação de mercado. O preço (real) cai e os esforços redundam em diminutas variações nas vendas. A *maturidade decrescente* é intermediária entre esta fase e a seguinte, a de declínio. Aumenta a propaganda. As vendas param de crescer ou começam a cair. Surge, então, na fase de maturidade, a necessidade de tomar decisões: retirar ou não o produto do mercado? Lançar um novo produto no mercado? Antes que o produto entre na última fase do ciclo de vida, é possível rejuvenescer as vendas da empresa, por meio do que denominamos estratégia da *maturidade inovativa*. Trata-se de ações que visam resultados de longo prazo no que se refere às vendas da empresa. De nada adianta aumentar a propaganda, pois esta é uma ação que visa aumentar as vendas (além de aumentar os custos e diminuir a lucratividade) no curto prazo. É possível, talvez, alterar o conteúdo do composto de promoção ou da propaganda, por exemplo, criando uma ligação com algum fato ('51' – uma boa idéia), descobrindo, por meio de pesquisa, novas utilizações benéficas do produto (a cerveja como produto diurético ou a aspirina como elemento diminuidor de enfartes do miocárdio) ou utilizando uma estratégia de marcas (por meio da ampliação de marcas ou da variedade destas). Caso dê certo, a estratégia da maturidade inovativa causará um aumento nas vendas, criando um novo ciclo e uma estabilização por um longo período. No caso do *Jurassic Park*, foram feitas várias promoções, no sentido de lançar o filme em outro formato (fita de vídeo) e posteriormente comercializá-lo para a TV, época em que já estava sendo lançada sua seqüência, outro *blockbuster* intitulado *O Mundo Per-*

dido. Como a novidade do conceito já havia sido explorada ao máximo, configurações técnicas e um roteiro mais ágil tornaram o filme outro grande fenômeno de bilheteria.

O Caminho Natural de uma Obra Cinematográfica

No cinema contemporâneo, podem existir várias formas de lançar uma obra cinematográfica nos diferentes mercados internacionais. De olho nas gordas bilheterias, no *merchandising*, no mercado de vídeo e redes de TV, os empresários da megaindústria americana focalizam seus esforços no lançamento dos filmes em outros países. Esquecendo um pouco os filmes de arte, que exigem um trabalho muito especial e que representam menos de 1% do faturamento do cinema americano, as grandes produções hollywoodianas, também chamadas de *blockbuster* e *mainstream*[9] seguem, de maneira bastante simplificada, um esquema operacional, em se tratando de mercados externos:

- **Estréia local**, geralmente em grandes feriados nacionais e precedidos de campanhas publicitárias de milhões de dólares. O *remake* do filme *Gojira*, isto é, *Godzilla*, estreou no *Memorial Holiday*, seguindo a mesma estratégia de *Independence Day*, da dupla Dean Devlin e Roland Emmerich. O filme inicialmente teve uma apresentação especial no encerramento do festival de *Cannes* em 1998. No mesmo final de semana, um ano antes, o filme *O Mundo Perdido: Jurassic Park* faturou a bilheteria de mais de US$ 90 milhões, tornando-se o segundo maior sucesso de 1997.

- **Estréia mundial**, precedida de *press releases*, inserção de reportagens em veículos de comunicação, apresentações especiais para obter a crítica favorável dos diferentes influenciadores de opinião e grandes ações promocionais no intuito de cativar o público em geral. Às vezes, uma certa confidencialidade torna o evento mais atrativo. O próprio *blockbuster Jurassic Park* adotou essa estratégia, sendo um dos maiores campeões de bilheteria do mundo.

- **Pay-per-view**, dependendo da duração do sucesso do filme e dos esquemas de *merchandising*, depois de um período mínimo de três a seis meses, o filme é exibido neste sistema.

- **Lançamento de vídeos e DVDs**, em que as produções são desenvolvidas com adicionais no sentido de estimular a compra de pacotes especiais. Particularidades e curiosidades à parte, o *Hulk*, de Ang Lee, rendeu em torno de US$ 130 milhões nas primeiras semanas no mercado americano, não constituindo necessariamente um filme de grande bilheteria, porém vendeu mais de seis milhões de DVDs na semana de lançamento no mesmo mercado, tornando-se um grande sucesso no segmento de home vídeo. A franquia *Star Trek* tem trazido aos cinemas cada vez menos clientes devido ao gradativo aumento nas vendas dos DVDs.

- **Locadoras** – no mínimo outros seis meses para o início da distribuição em locadoras de vídeo.

- **Sell through** – depois de no mínimo outros três meses, a fita é comercializada para uso doméstico.

- **TV a cabo** – depois de mais de um ano, o filme é exibido na TV a cabo e depois de outro ano, finalmente, na *TV aberta*.

Depois, ainda é possível um *relançamento*, como a remasterização da trilogia *Guerra nas Estrelas* ou *... E o Vento Levou*, recomeçando um novo ciclo de vida nos cinemas.

Quinta Fase (declínio)   Antes de a empresa decidir se o produto deve ou não permanecer no mercado, é necessário ponderar algumas situações: estando o produto nesta fase, existe uma tendência natural de os concorrentes da empresa saírem do mercado. Conseqüentemente, existe uma acomodação natural de *market share*, isto é, o consumo proveniente da empresa que deixou de atuar no mercado será redistribuído entre as que ficarem, possivelmente aumentando o tempo de vida do produto em questão. Por outro lado, o produto poderá onerar em demasia o fluxo financeiro da empresa. Porém, por questões promocionais (a marca do antigo produto é forte no mercado, alavancando os outros produtos da linha) ou sentimentais (muitas vezes, a empresa cresceu em decorrência das vendas deste produto), a empresa ainda pode decidir que o produto deve permanecer no mercado.

Outro ponto a considerar é o aspecto legal. Peças de máquinas e equipamentos devem permanecer no mercado, por lei, durante um certo tempo, para suprir o mercado de reposição. Caso a empresa opte por retirar o produto do mercado, pode fazê-lo das seguintes maneiras:

🌐 **Ausentar o produto**   Simplesmente parando a fabricação do produto para o mercado, precavendo-se em relação à legislação local e internacional. Produtos farmacêuticos (remédios) com pouca demanda geralmente recebem incentivos governamentais.

🌐 **Ausentar a distribuição**   Parar gradativamente a distribuição, diminuindo a exposição do produto no ponto-de-venda. A *Cherry Coke*, após o fracasso no lançamento, foi sendo redistribuída de maneira gradativa nos pontos-de-venda nos Estados Unidos, terminando por ser distribuída em supermercados. No Brasil, o *Grapette* e o *Crush* tiveram distribuição restrita na periferia durante um bom tempo, voltando a ser distribuídos nos grandes centros urbanos e depois restringindo novamente a distribuição.

🌐 **Ausentar a promoção**   Parar gradativamente a promoção (propaganda, promoção de vendas e venda pessoal, por exemplo), desestimulando o ato da compra. Embora normalmente o ciclo de vida possua cinco fases distintas, os produtos e serviços não têm necessariamente de passar por essas fases. As primeiras versões dos filmes *Capitão América* e *O Quarteto Fantástico* – e, mais recentemente, *Os Thunderbirds* – chegaram a ser produzidos, mas não foram comercializados e conseqüentemente não foram exibidos em nenhum cinema, pelo fraco resultado; o disco *Thriller*, de Michael Jackson, bateu recordes de vendagem antes de ser lançado no mercado, por meio das vendas por antecipação; o disco *In through the out door*, do Led Zepellin, conseguiu platina tripla no lançamento, devido à demanda primária causada durante vários anos pela imprensa. O salgadinho americano Doritos teve um alto volume de vendas nos três primeiros meses após o lançamento no Brasil e depois suas vendas declinaram rapidamente. O cubo mágico teve um crescimento frenético logo após o lançamento e desapareceu rapidamente. Com freqüência vemos produtos morrerem e renascerem das cinzas, como o próprio cubo mágico, a onda *disco*, a *new wave*, a *new romantic*, o bambolê etc.

Devemos diferenciar o que é moda do que é tendência. Existe uma tendência de que os cigarros tenham um consumo cada vez menor, em decorrência da preocupação das pessoas com a saúde; existe uma moda de que a piteira volte a ser utilizada por uma questão de *status*. É importante ressaltar que a vida de um produto está nas mãos do planejador; este terá de ter o pleno domínio da ferramenta ofertada pela empresa em consonância com as mudanças de mercado. Por exemplo, quando nos referimos às atividades turísticas, dificilmente associamos à teoria. Entretanto, se formos analisar alguns casos, notaremos que a prática imita a teoria. Cancún, por exemplo, trata-se de um local turístico criado em substituição a Acapulco, que foi muito utilizado como ponto turístico, mas se desgastou no decorrer do tempo.

O Ciclo de Vida para Produtos no Mercado Internacional

As categorias de produtos e serviços possuem ciclos de vida distintos. Significa dizer que um produto pode estar na fase de declínio no mercado doméstico, mas pode estar na segunda fase do ciclo em outra região ou país. O refrigerante *Frutopia* teve seu teste de mercado no Brasil quando se estava na terceira fase do ciclo de vida nos Estados Unidos, da mesma forma que a sopa em lata *Campbell's* teve seu lançamento no Brasil na década de 1960 e era um dos maiores sucessos americanos. Determinar quando lançar um produto no mercado internacional é um desafio para o profissional de marketing internacional. É de suma importância, pois tal decisão redunda na correta definição das estratégias e táticas a serem elaboradas com o objetivo de sucesso. Constantemente, erros ligados à cultura, à comunicação e ao pós-venda levam produtos e serviços ao fracasso em mercados internacionais. A própria sopa em lata e os primeiros carros importados são exemplos do exposto. Curvamo-nos diante do McDonald´s, que pesquisou e determinou a melhor época para a introdução do conceito de *fast-food* no Brasil.[10] Foram levadas em consideração características quantitativas, como o potencial de mercado, e qualitativas, como o perfil do consumidor brasileiro. Além disso, o sistema de franquias possibilitou o crescimento e o sucesso da rede.[11] Primeiro, houve o investimento direto, por meio da abertura de uma loja com capital próprio. Depois, o *franchising* possibilitou o crescimento gradual da rede no Brasil em conjunto com a aceitação dos conceitos de *fast-food* e hambúrguer. Tais estratégias possibilitaram o estabelecimento da rede no Brasil, influenciando sobremaneira os concorrentes, afetando e diminuindo seus negócios no Brasil, como no caso da *Pizza Hut*,[12] do *Subway*[13] e do *KFC*.[14]

Nada impede que uma empresa lance produtos e serviços em mercados estrangeiros, mas, conforme os exemplos citados, é necessário levar em consideração as características e os fatores inerentes a cada país. Infelizmente, a visão de poder devido ao volume de vendas em determinados mercados e a errada conceituação de que a comunicação é tudo levam as empresas à precipitação no lançamento de produtos e serviços, muitas vezes 'queimando' por muito tempo a imagem da empresa e dos produtos por ela ofertados. A falta de agilidade nas decisões devido à distância, à falta de autonomia e à desinformação em ambientes estrangeiros também são fatores de fracasso.

A Matriz Crescimento-Participação

A matriz crescimento-participação pode ser considerada uma fotografia dos produtos da empresa e do principal concorrente, de acordo com a fase do ciclo de vida do produto. Cada fase do ciclo caracteriza-se por dispêndios e recuperações financeiras. Cada movimento da empresa no sentido de salvaguardar sua posição estratégica no mercado redunda em saídas e entradas de capital, gerando um *cash flow*.

A matriz crescimento de participação (BCG) resume a posição em vendas do produto em relação ao mercado e de acordo com o principal concorrente, possibilitando à empresa uma análise mais apurada de seu próprio comportamento mercadológico e financeiro, determinando quais movimentos estratégicos (inclusive quando lançar novos produtos) serão efetuados. Sua utilização geralmente é feita nos casos de produtos já existentes, o que não impede que também seja aplicada a produtos novos, com as devidas limitações e adaptações.

FIGURA 3.3

Matriz BCG.

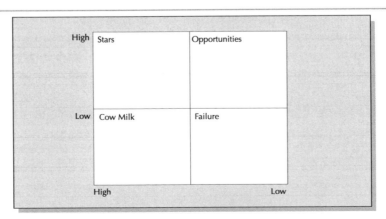

Fonte: Boston Consulting Group.

Componentes

🌍 ***Opportunities:*** São os produtos e serviços na primeira e na segunda fases do ciclo de vida do produto. Constituem uma incógnita para a empresa, pois consomem grande volume de recursos sem a contrapartida do retorno financeiro, havendo apenas uma previsão de vendas e conseqüente rentabilidade futura, o que constitui, a princípio, uma incerteza no horizonte da empresa. É um erro estratégico manter um grande número de produtos e serviços nesta categoria, podendo se tornar uma alta rentabilidade futura ou um demasiado *mismatching*[15] para a empresa. Podem constituir, também, novos negócios gerados pelas diferentes unidades estratégicas de negócios[16] da empresa.

🌍 ***Stars:*** São os produtos, serviços ou negócios com alto crescimento e participação de mercado; encontram-se na terceira fase do ciclo de vida do produto e exigem altos investimentos para financiar, manter e posicionar sua participação em relação ao mercado e aos concorrentes. Produzem, também, um alto retorno financeiro, advindo das vendas, porém parte deste se destina a cobrir o alto investimento efetuado pela empresa nas fases anteriores. Produtos de moda, as gráficas de conveniência no final da década de 1980 no Brasil e o Viagra são bons exemplos desta categoria.

🌍 ***Cow milk:*** São os produtos, serviços ou negócios com baixo crescimento e alta participação de mercado. Necessitam de menores investimentos para manter sua posição de liderança no mercado por vários motivos, e o alto retorno financeiro serve para financiar o desenvolvimento, o investimento e a introdução de outros produtos, serviços, negócios ou unidades estratégicas de negócios, além dos *failures*. Portanto, nesta fase, que geralmente é a quarta fase do ciclo de vida do produto, a empresa depara com a decisão de lançar ou não novos produtos e, em um futuro distante, se houver tendência irreversível de queda nas vendas do produto, determinar quais as melhores formas de retirar o produto do mercado. Produtos como o Leite Ninho, a Coca-Cola e o Windows da Microsoft são exemplos desta categoria.

🌍 ***Failure:*** São os produtos, serviços ou negócios com crescimento lento ou em queda e pequena participação de mercado. Geram recursos suficientes para se manterem, mas sem grandes retornos financeiros. Estão na última fase do ciclo de vida do produto ou foram lançados de maneira errônea. A empresa ainda pode acreditar que parte dos concorrentes sairá do mercado, aumentando a existência do produto, porém sem grandes perspectivas de retorno financeiro. A empresa, ao manter vários produtos nesta categoria, com certeza estará minando suas perspectivas de crescimento e comprometendo seriamente sua existência no mercado.

Portanto, um portfólio equilibrado de produtos, serviços e negócios constitui uma vantagem competitiva para a empresa, pois ela investirá maiores recursos em áreas de maior retorno, otimizando a qualidade de sua participação de mercado.

A Matriz Crescimento-Participação no Mercado Internacional

O lançamento de produtos, serviços e negócios no mercado internacional envolve decisões referentes à sobrevivência, à manutenção e ao crescimento da participação de mercado da própria empresa e de seus concorrentes. A empresa pode considerar que o mercado externo é um dos grandes fatores de retorno financeiro para produtos que se encontram na maturidade. Por outro lado, podem surgir oportunidades de negócios que a empresa deve aproveitar. Em ambos os casos, a empresa deve aquilatar os possíveis riscos e impactos presentes e futuros nas decisões de lançar ou não novos produtos, serviços e negócios em novos mercados, sejam eles externos ou não, pois o futuro da empresa dependerá dos caminhos escolhidos pela empresa, dos recursos utilizados e dos mercados atendidos.

A empresa poderá despender esforços e recursos em quantidade e ter um retorno financeiro menor, uma relação custo-benefício pior do que se decidisse atuar no mercado interno, por exemplo.[17]

3.2.2.2 Preço

Na formação de preços para o mercado internacional, além dos custos e despesas de produção e comercialização no mercado interno, é necessário considerar os gastos com despachantes aduaneiros, armazenagem e capatazia e transportes, por exemplo. Ao considerarmos o item preço, é importante lembrar que o sistema de mercado livre não existe em alguns países. Por exemplo, leis americanas podem diferenciar os preços dos remédios em até 600%, em decorrência dos interesses dos consumidores, de proteção ou do controle da inflação. Na Alemanha, por exemplo, o *The Federal Cartel Office* pode interferir no preço por meio de um piso e um teto para o preço final ao consumidor e valor do desconto. Em relação ao desconto, existe um valor máximo que a empresa pode ceder no preço ao cliente. A este valor máximo damos o nome de *markdown*. A margem de lucro é denominada *markup*. Em muitos casos, o preço pode ser utilizado como meio de entrada em ambientes hostis e suas respectivas restrições comerciais, que podemos considerar como barreiras (que podem ser tarifárias ou não tarifárias). Conhecemos como embargo o valor que o governo de um país limita em relação às importações de determinados produtos ou serviços. Ou a estipulação de uma cota máxima de produtos e valores permitidos à importação em um determinado período de tempo, no intuito intervencionista do governo de coibir a saída de divisas em decorrência da entrada de mercadorias, proteção a um determinado mercado etc.

Denominamos *dumping* a venda de produtos ou serviços abaixo do custo com o intuito de conquistar *market share* em um curto espaço de tempo, eliminando a concorrência. Trata-se de uma prática ilegal, suscetível a sanções comerciais, desde que comprovada.

Formação de Preços no Mercado Interno e Externo

Custo Total	(+)
Matéria-prima	
Mão-de-obra	
Custos indiretos	
Despesas financeiras	
Despesas administrativas	
Despesas de comercialização	
Markup	(+)
Tributos	(+)
Preço de venda do produto no mercado interno	(=)
Preço de venda do produto no mercado interno	(+)

Tributos	(–)
Despesas incluídas no preço interno	(–)
Transporte e seguros	(+)
Embalagens	(+)
Consularização	(+)
Corretagem	(+)
Comag	(+)
Despesas financeiras de exportação	(+)
Despesas de embarque	(+)
Preço de venda do produto no mercado externo	(=)

Paridade do Poder de Compra

Embora o preço final envolva variáveis internas importantes, o poder de compra dos consumidores no país destino devem ser considerados com atenção. É muito fácil afirmar que um chinês tem baixo poder aquisitivo em decorrência de quanto recebe por mês em termos de salário, porém, qual é a relação do poder de compra desse chinês dentro da estrutura econômica e política do país? Da mesma forma, como um executivo nascido e residente nos Estados Unidos terá idéia de remuneração se for transferido para o Brasil? Desta forma, a paridade do poder de compra leva em consideração o poder de compra em relação a um indexador, e não necessariamente uma moeda forte, pois o poder de compra não está diretamente ligado apenas à paridade cambial, mas a diversos outros fatores, como estrutura do país, industrial e comercial.

O índice Big Mac, por exemplo, é um desses indexadores de paridade do poder de compra. Os salários dos executivos são transformados em quantos Big Macs podem ser adquiridos. Tal índice é sustentado, inclusive, por estudos da Georgetown University, que considera a paridade um útil instrumento de previsão de vendas e taxas de câmbio.

Custos Bancários de Importação

A composição do custo bancário de uma operação de importação é a seguinte (o exposto refere-se à captação de recursos):

Taxa de mercado internacional (*Libor* ou *Prime Rate*)	(+)
Spread,[18] que é a margem de lucro do banqueiro internacional	(+)
Taxa de risco (embutida no *spread*) proporcional ao prazo e ao país	(+)
Spread, que é a margem de lucro do banqueiro interno	(+)
Comissão de abertura da carta de crédito	(+)
Comissão da negociação ou de confirmação da carta de crédito	(+)
Despesas do banqueiro (mensagens, correspondências etc.)	(+)
Pagamento	(–)

Custos e Taxas Internacionais

A captação de empréstimos em moeda estrangeira geralmente é lastreada por três taxas básicas, que representam o custo do dinheiro captado.

- **Libor:** É a abreviação de *London Interbank Offered Rate* (taxa interbancária oferecida no mercado de Londres). Atualmente é o maior mercado de depósitos do mundo e o mais importante centro financeiro. O mercado é representado pela Euromoeda.

- **Prime Rate:** É a taxa oferecida pelos bancos americanos aos clientes considerados *prime customers*, ou seja, clientes de primeira linha. Tem como referencial o mercado financeiro de Nova York.

- **Sibor:** É a taxa oferecida pelos bancos asiáticos e seu valor é formado no mercado financeiro de Cingapura.

Quando uma empresa necessita de financiamentos ou empréstimos advindos de mercados internacionais, é fundamental levar em consideração que:

a) as taxas internacionais geralmente são inferiores às praticadas no mercado brasileiro;

b) a variação do principal (análoga à correção monetária brasileira) é menor, mesmo levando-se em consideração o deságio utilizado pelos bancos pela relação entre a taxa de compra e a de venda.

Segue a composição de um custo de operação:

Taxa de mercado internacional (*Libor* ou *Prime Rate*)	(+)
Spread, que é a margem de lucro do banqueiro internacional	(+)
Taxa de risco (embutida no *spread*) proporcional ao prazo e ao país	(+)
Imposto de renda (cobrado no Brasil no ato do pagamento)	(+)
Spread, que é a margem de lucro do banqueiro interno	(+)
Pagamento	(−)

3.2.3 Promoção

Na promoção, alguns estados taxam a propaganda desnecessária através das agências de propaganda, anunciantes ou veículos de comunicação, com um intuito protecionista de controlar a demanda de alguns produtos e, também, de conter o processo inflacionário. Além de a empresa desenvolver os produtos a serem oferecidos a um determinado mercado através de um canal de distribuição com um preço, é importante a divulgação de sua existência aos consumidores e clientes. Portanto, para que haja sucesso na comunicação entre empresa e cliente, a empresa precisa possuir um ótimo sistema ou programa de comunicação. Tal programa é denominado, no marketing, mix de promoção – que é a combinação específica das ferramentas de promoção a seguir:

- **Propaganda** Qualquer forma de apresentação impessoal para a promoção de idéias, bens ou serviços. Geralmente, a propaganda tem o intuito direto de vender produtos e serviços, constituindo uma forma paga de divulgação da empresa, produtos e serviços. Seu excesso, entretanto, tem trazido às empresas inúmeros gastos desnecessários e poluição visual, proporcionando às empresas um verdadeiro desafio em relação a como e onde anunciar produtos e serviços. Tal preocupação se aprofunda em se tratando de mercados internacionais por falta de conhecimento das empresas por não estarem diretamente ligadas ao ambiente internacional. O conceito de marketing no Brasil ainda é muito voltado à propaganda e às vendas, uma vez que entrou no país por meio das grandes agências de propaganda e publicidade, enraizando-se na confusão de conceitos, mas vem gradativamente mudando de fisionomia. O conceito de propaganda é tão importante que, em épocas de crise e recessão, é a primeira verba a ser aumentada, em conjunto com os esforços da 'força de vendas',[19] em detrimento da verba para a pesquisa de mercado!

Promoção de vendas   Incentivos de curto prazo com o objetivo principal de aumentar as vendas de um produto ou serviço. Podem ser utilizadas em conjunto com a estratégia de propaganda de introdução. No caso de produtos alimentícios, por exemplo, é feita propaganda em TV e degustação nos pontos-de-venda. Podem ser utilizadas, também, com a propaganda de manutenção, como os sistemas de cuponagem, leve 3 pague 2, amostras, brindes, sorteios e concursos, devendo-se sempre levar em consideração a legislação vigente no país, pois existem impostos atrelados ao aumento das vendas do produto e à distribuição dos outros itens.

Relações públicas   Desenvolvimento de boas relações com os diferentes públicos (interno e externo) de interesse[20] da empresa para obtenção de publicidade favorável. Constitui uma forma estratégica de criação da imagem da empresa, produtos e serviços, por meio da utilização e patrocínio de eventos e formas de comunicação com o mercado, através da presença do *ombudsman*,[21] dos SACs[22] e do telefone 0800, por exemplo. Essas estruturas ou profissionais são acionados conforme reclamações ou contatos dos clientes e consumidores da empresa. De certo modo, é uma forma atualizada do conceito de publicidade, que é tornar a empresa, o produto ou serviço públicos, sem estar atrelado ao objetivo final – a venda. Na última década, este componente se tornou tão importante que foi destacado do composto de promoção e obteve uma posição idêntica à dos outros 4 P´s.

Venda pessoal   Apresentação oral para compradores em potencial, com o propósito de vender produtos e serviços. Constitui a 'força de vendas', os vendedores da empresa.

O Código de Defesa do Consumidor e o Conar[23] são importantes instrumentos que têm por objetivo atender as questões que envolvem a propaganda e a venda enganosas, a propaganda subliminar,[24] a assistência técnica, entre outras. Para que o programa de comunicação tenha pleno efeito, é necessário que o meio pelo qual a mensagem será transmitida seja bem escolhido. Nesse aspecto, poucas empresas demonstram conhecimento sobre os aspectos de utilização da mídia como instrumento de divulgação de seus produtos e serviços, considerando como ferramenta promocional, na maioria dos casos, a participação em feiras.

Uma das grandes barreiras para o exportador brasileiro é a falta de conhecimento sobre o que é promoção, sobre como informar importadores em potencial a respeito da existência do produto da empresa. Uma possível solução é a elaboração de material promocional, como um catálogo. Um catálogo bem elaborado, enviado por meio de um *database marketing* também bem elaborado, segmentado e monitorado, possibilitará à empresa um primeiro (e importante) contato com futuros consumidores e clientes.

3.2.3.1 Feiras: uma Forma de Entrada e Desenvolvimento de Novos Negócios em Mercados Internacionais

Geralmente, a participação em feiras e eventos internacionais parte dos organizadores, e não da empresa interessada em ingressar em determinados mercados internacionais. Embora a participação em eventos dessa monta sempre agregue algum tipo de benefício às empresas participantes, é necessário analisar a relação custo-benefício, por meio das seguintes análises:

- **O mercado:** deve-se averiguar a localização da feira e o potencial comercial para a empresa.

- **A empresa e seu portfólio de produtos:** a empresa tem condições de atender o mercado e seus produtos e serviços são compatíveis com a futura demanda?

- **Amplitude da feira:** a empresa conseguirá atender não somente à demanda local, mas também a todos os possíveis pedidos das diferentes empresas geograficamente dispersas?

É fundamental verificar as vantagens da empresa ao participar de feiras nacionais e internacionais, analisando:

a) As vantagens oferecidas pela participação na feira (a empresa não compra somente o espaço físico na feira, mas também a oportunidade de expor seus produtos e serviços a públicos de interesse). Pode constituir uma forma de entrada em um mercado estrangeiro, dependendo do interesse do público que usualmente visita as feiras.

b) É essencial conciliar o orçamento da empresa. Como citado anteriormente, compra-se o espaço físico da feira (comercializado ao m²), mas a empresa deve contratar pessoal especializado para a construção interna, externa e instalação do estande, fabricação de material de exibição e promocional, estadia dos participantes da feira, em se tratando de evento internacional ou em outra região do país, demonstradoras, intérpretes, seguro e outras formalidades da área.

Existem várias categorias, como as grandes feiras de interesse geral, as grandes feiras comerciais especializadas, as feiras secundárias e as feiras de consumo:

- Grandes feiras de interesse geral: onde são exibidos diferentes artigos de consumo e industriais. Embora abertas ao grande público, homens de negócios e empresários também as visitam, no objetivo de 'sentir o mercado' e monitorar a concorrência.

- Grandes feiras comerciais especializadas: destinada a profissionais de setores específicos e, muitas vezes, a vendas corroboradas.

- Feiras secundárias: em geral são destinadas a profissionais e de maneira regionalizada.

- Feiras de consumo: são destinadas ao público em geral, podendo ter uma grande diversidade de produtos e serviços ofertados.

No Brasil, os organizadores de feiras e eventos têm tentado realizar um trabalho no sentido de oferecer às empresas locais ou estrangeiras uma forma alternativa de comercializarem produtos e serviços com mais segurança em relação aos resultados, por meio do desenvolvimento de feiras específicas e cada vez mais segmentadas ou focalizadas. Oferecem estrutura e logística diferenciadas conforme a composição de cada feira.

QUADRO 3.4   Itens de Custos e Despesas na Montagem de uma Feira.

Despesas Diretas	Item	Quantidade	Item	Desconto	Despesa por Item	Despesa Total	Observações
Espaço na feira							
Montagem do estande							
Serviços de infra-estrutura							
	Luz						
	Água						
	Telefone						
	Fax						
	Manutenção						
Material de exibição							
	Transporte						
	Armazenagem						
Promoção							
	Mala direta		Banco de dados, produção e envio				
	Anúncios em revistas		Anúncios pequenos				
	Catálogos		Produção e impressão				
	Relações públicas						
Custo com pessoal							
	Passagem						
	Estadia						
	Recepcionistas locais						
	Intérpretes						
	Segurança						
	Alimentação						
Total parcial							
	Outros (5%)						
Total							
Economia							

Fonte: Quadro desenvolvido pelo autor.

3.2.3.2 Monitoramento de Atividades Promocionais

O efetivo acompanhamento das atividades promocionais em mercados externos faz com que as empresas tenham um conhecimento maior e uma fonte de referência em relação a quanto gastar em futuras campanhas e, por extrapolação, uma idéia do faturamento das empresas concorrentes. O monitoramento da promoção consiste em acompanhar as atividades promocionais de empresas concorrentes situadas no mercado (país) onde a empresa deseja iniciar atividades. Previamente, vale ressaltar e ratificar que o monitoramento serve como parâmetro, e não como uma verdade absoluta. É necessário realizar um estudo mais descritivo, que vise corroborar as hipóteses que possivelmente serão levantadas por meio do monitoramento. Além disso, o estudo descritivo terá um custo menor em virtude do direcionamento da pesquisa, isto é, grande parte dos esforços de pesquisa já será direcionado a áreas específicas. O evento que obtém maior relevância é o item feiras e, de modo geral, as empresas dizem ser favoráveis à participação em eventos, uma vez que é uma forma relativamente simples que apresenta bons resultados.

3.2.3 Distribuição

O canal de distribuição internacional envolve os intermediários do país destino e do país origem. A complexidade é proporcional ao número de intermediários fora do país origem. Geralmente, temos os componentes que aparecem na Figura 3.4.

FIGURA 3.4

Exemplo de Canal de Distribuição (clássico) entre Países.

Fonte: Elaborada pelo autor.

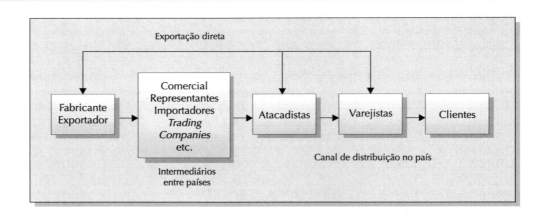

Além disso, todas as empresas que comercializam produtos ou serviços no mercado externo se deparam com a complexidade da montagem, formação, desenvolvimento e administração de um canal de exportação (também conhecido como canal de distribuição). A boa formação do canal de exportação pode significar o sucesso ou o fracasso nas transações internacionais. Embora o canal de distribuição seja importante, poucas empresas o valorizam, muitas vezes por desconhecer sua importância e seus componentes (instituições, pessoas físicas e jurídicas – que denominamos 'membros'). O canal de exportação inclui:

🌐 O fabricante: empresa jurídica situada no país que produz os bens e serviços, que pode se incumbir ou não do processo de comercialização em mercados internacionais. Em caso negativo, pode se utilizar de terceiros.

🌐 O fabricante-exportador: empresa jurídica que, além de produzir bens e serviços, realiza operações no mercado estrangeiro através de sua área de exportação ou divisão internacional.

🌐 Os canais entre países: instituições que auxiliam a transferência de produtos e serviços dos mercados exportadores para os mercados importadores. Enquadram-se aqui *trading companies,* agentes, representantes, importadores etc.

🌐 Os canais dentro de cada país: instituições que auxiliam a transferência dos bens e serviços dentro de cada país (seja exportador ou importador). Podemos simplificar como atacadistas e varejistas.

🌐 Os consumidores e clientes do produto: além da transferência física de produtos, o canal de distribuição é importante porque fornece à empresa informações relevantes sobre concorrência, promoção, comunicação, dinheiro, propriedade, consumidores, clientes etc., possibilitando a formação de sistemas de informação que poderão tornar a instituição mais competitiva no mercado em que atua.

| **FIGURA 3.5** | Exemplo de Canal de Distribuição (de Produtos, Empresarial e de Serviços) entre Países. |

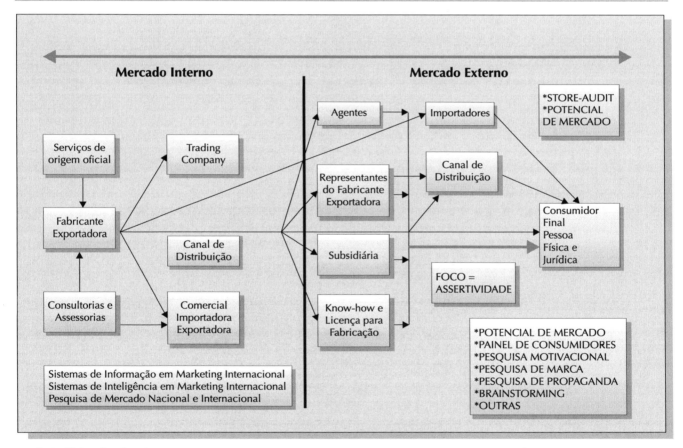

Fonte: Elaborada pelo autor.

Cada um dos componentes do canal executa funções determinadas e interagentes, possui responsabilidades e direitos que devem ser coordenados e supervisionados com os dos demais componentes do canal de distribuição. Se levarmos em consideração que cada componente do canal de distribuição é uma instituição jurídica independente, um organismo vivo que desempenha funções específicas como empresa revendedora, podemos perceber que no fluxo de transferência de serviços pode ocorrer a dualidade de papéis e custos. Existe, pois, a necessidade da figura do 'líder de canal', que pode ser definido como um dos membros que executará funções essenciais na transferência de produtos e serviços, contornará conflitos e estimulará os membros do canal, além de otimizar da melhor maneira possível o processo logístico da distribuição. Além disso, fatores como cultura e idioma são facilmente contornados se levarmos em conta que os intermediários estão localizados dentro do mesmo país. Porém, quando nos referimos ao canal de exportação, parte dos membros do canal está localizada em países diferentes, podendo dificultar o processo de transferência. Outro fator importante é que, durante a transferência do bem do fabricante-exportador até o consumidor final, o produto ou serviço vai incorporando atributos e acessórios, modificações e novos serviços. Por exemplo, na transferência física, podem ocorrer mudanças na embalagem, na marca, na promoção etc.

O porte do fabricante-exportador é muito importante. Em se tratando de empresas de grande porte, a negociação com os membros do canal de distribuição é facilitada em decorrência do volume elevado de mercadorias que serão transferidas. Os riscos inerentes ao fluxo de pagamentos serão minimizados em virtude da qualidade dos componentes do canal de distribuição; e os custos inerentes ao processo, reduzidos. No caso de micro e pequenas empresas, a negociação com os membros do canal de distribuição é dificultada em razão dos baixos volumes que serão transferidos e os riscos de pagamento serão maiores, em virtude do provável porte e conseqüente qualidade dos componentes do canal de distribuição. Seguindo o mesmo raciocínio, os custos de transferência física serão maiores, por vezes inviabilizando o processo de comercialização.

Portanto, temos como hipótese ser de suma importância e parte da solução para que as empresas desenvolvam mais atividades de comércio exterior a formação de consórcios de exportação. As cooperativas organizacionais constituídas para exportação (também designadas 'consórcios de exportação') constituem uma forma híbrida entre a exportação direta e a exportação indireta. Sob o exposto, certo controle será exercido pelas empresas constituintes, porém o 'consórcio' não será parte integrante de nenhum dos participantes.

O marketing cooperativo pode assumir diversas formas, desde a simples cooperação informal, utilizando representantes comuns no exterior como forma de reduzir os custos de distribuição através de economias de escala conseguidas com a prospecção conjunta (pesquisa de mercado), até a formação de um consórcio ou cooperativa de exportação. A formação dos 'consórcios' incentiva o profissionalismo e a técnica do como fazer, uma vez que as empresas participantes deverão se enquadrar nos rígidos padrões internacionais de qualidade. Na distribuição pode existir a limitação ou restrição, em virtude do protecionismo interno ou proteção às pequenas empresas, como ocorre no Japão. Outros erros estratégicos podem constituir grandes perdas. Forçada a sair da Índia por problemas de legislação local, que obrigava uma divisão na participação acionária e que a fórmula secreta fosse revelada, a Coca-Cola tentou de diversas maneiras voltar a esse mercado emergente sem sucesso. Anos depois, através de uma abertura liberalizadora da economia indiana, a Coca-Cola tentou voltar. Porém, nesse período, aproveitando a ausência do famoso refrigerante, um engarrafador local lançou um produto similar, designado Thums Up[25] (sic), com grande sucesso. A Coca-Cola, então, comprou a marca com o claro objetivo de tirá-la do mercado e substituí-la pela Coca-Cola. Porém, encontrou o seguinte cenário:

a) Toda uma geração havia nascido e crescido sem o conceito da Coca-Cola.

b) Houve um erro de comunicação da empresa com o mercado consumidor, uma vez que a Coca-Cola usa uma estratégia de propaganda global, não compatível com os hábitos e a tradição do mercado indiano.

c) A marca Thums Up se tornou muito forte no mercado indiano.

Além disso, aproveitando a saída da Coca-Cola, a Pepsi influenciou o governo indiano através da técnica do megamarketing.[26] Ofereceu benefícios para a infra-estrutura do país, como auxílio no saneamento básico decadente da região e assessoria às empresas indianas no intuito de melhorarem e aproveitarem as oportunidades do mercado exterior, por meio do treinamento em programas de exportação. Com todo esse panorama, a Coca-Cola teve de reverter sua estratégia e voltar a comercializar a Thums Up no mercado indiano. Fato similar ocorreu no Brasil na década de 1950. A primeira fábrica da Coca-Cola foi instalada no Rio de Janeiro e a empresa se utilizou das grandes ferramentas de marketing para conquistar o mercado brasileiro. Ocorre que, no início de suas atividades em solo brasileiro, a empresa teve problemas com a distribuição da bebida no interior de alguns estados. A população das regiões conhecia o produto, porém tinha certa dificuldade em comprá-la. Tal fato favoreceu pequenos empresários regionais que, notando a demanda primária por refrigerantes não satisfeita, começaram a produzir e comercializar refrigerantes populares, as famosas e tradicionais tubaínas, gerando um grande mercado regional e depois segmentado por faixa de renda, do qual, hoje em dia, empresas como a Antártica também se beneficiam, desenvolvendo e comercializando os refrigerantes ditos populares.

Em se tratando do mercado de produtos higiênicos femininos, em alguns países, eles não podem ser distribuídos nos mesmos canais de distribuição. Cada tipo tem de ser distribuído por um determinado canal. Por exemplo, na França, os o.b.'s devem ser distribuídos em farmácias, enquanto os Tambrands devem ser distribuídos em supermercados. Com certeza, as decisões que envolvem os canais de distribuição estão entre as mais importantes que a empresa deve tomar. As decisões que uma empresa toma sobre o canal de distribuição afetam todas as outras decisões do marketing mix.

Pode-se definir, então, como canal de distribuição todos os elementos físicos e jurídicos, considerados intermediários no jargão popular. Na constituição do canal de distribuição, os componentes são inicialmente integrados à empresa por graus de necessidade. Os graus de necessidade dizem respeito ao porte e ao tempo de existência das empresas. Por exemplo: uma empresa recém-constituída de pequeno porte tem, no início de suas atividades, um grau de dependência maior em relação ao canal de distribuição que uma empresa de grande porte, com produtos amplamente aceitos pelos clientes. Com o passar do tempo, os componentes do canal de distribuição podem ser selecionados pelos fabricantes de bens e serviços de acordo com as expectativas de retorno oferecidas por cada componente do canal e seus respectivos históricos comerciais e legais. Usualmente, componentes de canal mal vistos pela comunidade em relação a pagamentos têm menos chances de serem responsáveis pela transferência física para o consumidor final. Trata-se de um grupo de entidades interdependentes envolvidas no processo de tornar disponível um produto ou serviço no ponto-de-venda. A importância dos intermediários fica evidente quando verificamos que a empresa, ao delegar atividades a terceiros, otimiza seus esforços econômicos e administrativos para o ramo de negócios. Além disso, parte-se do pressuposto que as entidades responsáveis pela transferência (fluxo) de bens e serviços têm *know-how* de como distribuir; portanto, existe sinergia e, conseqüentemente, redução dos custos e do preço final.

Entre as grandes dificuldades que uma empresa enfrenta em relação ao mercado externo estão a montagem e a administração de um canal de exportação, que se torna um ponto de sucesso ou fracasso. Infelizmente, pouca importância se dá ao canal de distribuição, uma vez que as empresas mal conhecem o papel que o canal exerce na distribuição de seus produtos e serviços. O exposto pode ser confirmado por algumas colocações extraídas de uma pesquisa exploratória realizada com empresas brasileiras: uma das perguntas era sobre quais canais de distribuição eram utilizados na exportação. Obtivemos as seguintes respostas: 'aéreo, marítimo e rodoviário', 'companhias aéreas e *freight forwarders* no exterior', 'aéreo' e 'via aérea, marítima e terrestre'. Na verdade, ao indagarmos sobre os canais de distribuição utilizados pela empresa, estas responderam sobre os meios de transporte utilizados, e não os canais propriamente ditos.

Parte das empresas citou como um dos canais a exportação direta, isto é, a própria empresa desenvolvendo atividades burocráticas de exportação. Vale ressaltar que algumas empresas se recusaram a informar os canais utilizados, por considerarem a informação confidencial e estratégica. Na verdade, dificilmente uma empresa divulgará a terceiros os componentes do seu canal de distribuição, porque tais informações realmente são altamente confidenciais e delas resultam a sobrevivência e o crescimento da empresa. Além dos citados 4 P's, em se tratando de marketing internacional, complementamos a teoria com a inclusão de mais 2 P's (Poder e Relações Públicas – *Power* e *Public Relations)*, que serão desenvolvidos em seguida.

Dentro dos componentes usuais do canal de distribuição, o profissional de marketing internacional deverá ter a capacidade e a perspicácia de identificar novas formas de comercialização e distribuição. Recentemente, no Brasil, uma pequena confecção de quimonos encontrou uma possibilidade de venda para o Japão. Como a empresa é de pequeno porte, encontrou inúmeras dificuldades estruturais e técnicas, devido à falta de conhecimento na área de comércio exterior. Obteve grande êxito ao descobrir que existe um serviço dos correios brasileiros que possibilita a remessa de mercadorias para o exterior até um determinado valor.

3.2.4 Poder

Entendemos como poder a capacidade de a empresa coletar informações de um mercado, utilizando-as estrategicamente para sobreviver e crescer no mercado em que atua. Existem diversos sistemas (de informação, de inteligência e de informação em marketing internacional) que possibilitam à empresa a coleta e transformação das informações, como visto no Capítulo 2. Mais que isso, a empresa também deverá ter a capacidade cognitiva e sabática no sentido de pensar, repensar e criar as melhores estratégias de marketing internacional.

3.2.5 Relações Públicas

Como visto anteriormente, o antigo conceito de publicidade está cedendo lugar ao de relações públicas. Entendemos como relações públicas a capacidade de a empresa administrar e gerenciar os diferentes públicos de interesse no objetivo de perpetuar o crescimento da empresa. O fato de ter deixado de ser um dos componentes do mix de promoção para fazer parte do mix de marketing denota a transformação e a acentuação de sua importância nos dias atuais. Citam-se alguns exemplos de grupos de interesse:

- **Público interno:** funcionários, colaboradores, parceiros ou mesmo 'talentos humanos' ou 'talentos organizacionais' que trabalham para e na empresa. Desenvolvem atividades ligadas à produção de bens e serviços, administrativas, comerciais e operacionais. A empresa, por intermédio do 'endomarketing' e do 'marketing de relacionamento', deve diagnosticar e influenciar de maneira positiva os diferentes grupos internos de trabalho, convergindo-os a um objetivo comum.

- **Público consultivo:** profissionais que trabalham indiretamente para uma empresa, prestando serviços de consultoria e assessoria. Diagnosticam problemas e os solucionam de acordo com as necessidades e a gravidade do ocorrido. Servem como instrumento propagador da imagem empresarial.

- **Fornecedores:** empresas que fornecem matéria-prima e serviços para outras no intuito de transformação e comercialização. A idéia é criar vínculos profissionais, otimizando estoques e, conseqüentemente, os custos de estocagem e o fluxo financeiro, além de adicionar qualidade ao produto ou serviço ofertado, estabilidade ao planejamento orçamentário, de compras e de vendas.

- **Distribuidores:** empresas que distribuem produtos e serviços ao consumidor final. Oferecem atrativos para determinados produtos, dependendo do grau de vínculo que possuem com os fabricantes. Fornecem informações de pesquisa e lançamento de novos produtos da concorrência e são um dos principais fatores de sucesso para uma empresa, pois envolvem compromissos de longo prazo.

- **Consumidores:** são o mercado total e constituem a peça fundamental em todos os sentidos e são a própria razão da existência do marketing. A empresa deve desenvolver uma imagem que a posicione e crie identificação junto aos diferentes segmentos de mercado.

- **Clientes:** são os consumidores que mantêm relacionamentos com a empresa e esta deve desenvolver estratégias que visem à fidelização e o melhor atendimento.

- **Não-clientes:** são os clientes da concorrência e a empresa deve, se necessário, desenvolver estratégias de captação desses clientes.

Lobby é uma palavra de origem inglesa que significa saguão. Em termos gerais, significa um grupo organizado de pessoas que exercem determinada pressão para conquistar seus interesses. Dentro das questões éticas, o *lobby* é reconhecido como legítimo e necessário, favorecendo e ocupando parte importante na comunicação empresarial. Deixando questões maquiavelísticas de lado, desde que a atividade 'lobística' seja feita de maneira profissional, conforme as regras, um *ombudsman*[27] pode deferir em favor de causas dos associados. Ao penetrar em mercados estrangeiros, a empresa deve identificar e analisar os diferentes grupos de interesse existentes no mercado, no intuito de facilitar e preservar os interesses corporativos da organização.

3.2.6 Marketing de Nicho, Focalização e Fragmentação de Mercado

A segmentação de mercado caracteriza-se como 'o processo de classificar os consumidores em grupos com diferentes necessidades, características ou comportamentos'.[28]

Existem diversas estratégias ligadas à segmentação de mercado que as empresas podem utilizar como meio para crescer e desenvolver seus negócios em mercados altamente competitivos.

Basicamente, existem duas estratégias ligadas à segmentação de mercado:

a) **Estratégia diferencial** – A empresa seleciona os mercados potenciais, trabalhando-os de maneira diferenciada. Desenvolve produtos e serviços para esses mercados, orientando seu marketing mix[29] (composto pelos 6 P's). Neste caso, a empresa diminui seus riscos, pois pulveriza seus ganhos em diferentes mercados.

b) **Estratégia concentrada** – A empresa seleciona um ou no máximo dois mercados, trabalhando-os de maneira concentrada. Desenvolve produtos e serviços para esses mercados, orientando todos os seus esforços. Neste caso, a empresa incorre em maiores riscos, pois, se perder um ou outro mercado, terá grande perda de *market share.*

Existe, ainda, o que alguns autores chamam de **estratégia indiferenciada**. Essa estratégia considera que o produto ou mercado é homogêneo em relação às suas características e que, portanto, não é passível de segmentação de mercado. Produtos como o sal, por exemplo, têm características que o tornam passível de indiferenciação.

A focalização de mercado visa, após identificados os segmentos de interesse, preservar e conseguir o máximo de rentabilidade por meio do marketing de relacionamento. Os bancos, por exemplo, adotam o sistema de cobrança eletrônica para estreitar relacionamentos. Os serviços bancários oferecidos por telefone, caixas eletrônicos e fax representam diferenciais que visam à escolha do cliente por determinado banco e que reduzem significativamente os custos e as despesas da instituição financeira.

A fragmentação de mercado visa, após identificados os segmentos de interesse, atender as necessidades e as desejos individuais. Significa atender de maneira personalizada as solicitações do cliente, no intuito de manter relacionamentos de longo prazo. A empresa incorre em custos maiores, porém o cliente se sentirá valorizado por ter as suas necessidades e seus desejos satisfeitos.

3.2.6.1 Marketing Estratégico e Estratégia Empresarial Dentro do Contexto do Marketing Internacional

Em relação ao mercado, o 'homem de marketing' tem de avaliar que os consumidores não podem ser considerados homogêneos em relação às suas necessidades e desejos, embora a globalização tente acentuar tal fato. A empresa precisa analisar o mercado de forma global, suas oportunidades, ameaças, pontos fortes e pontos fracos.

- *Pontos Fortes (Strenghts):* A empresa deve procurar desenvolver seus pontos fortes da melhor maneira possível. Empresas como a Elma Chips e a Souza Cruz possuem excelente distribuição; e a Rede Globo, tecnologia incomparável para transmitir eventos grandiosos, como a Copa do Mundo, atraindo mais de 50% da audiência!

- *Oportunidades (Opportunities):* oportunidades ou situações que podem gerar chances de desenvolvimento de novos negócios ou aumento das vendas dos já existentes. Por meio dos diferentes sistemas de informação, inteligência e pesquisa de mercado, são detectadas, avaliadas e implementadas ações com o intuito de melhor aproveitar essas ocorrências. As *minivans*, por exemplo, tiveram grande aceitação no mercado brasileiro em virtude do aumento do desemprego e da diminuição do emprego formal, transformando os utilitários em pequenos pontos de comércio.

- *Pontos Fracos (Weaknesses):* fraquezas que a empresa deve compensar em si mesma ou identificar na concorrência, no intuito de ter melhor atuação no mercado consumidor. A revista *Veja*, que circulava às segundas-feiras, detectou que poderia ser entregue aos domingos. Embora não houvesse concorrentes à altura e a distribuição fosse boa, a editora identificou esse fator como um ponto fraco e alterou a data de entrega, antes que outro concorrente lançasse um produto similar e o distribuísse aos domingos.

- *Ameaças (Threats):* ameaças que podem advir da própria empresa, dos concorrentes e de mudanças no mercado. A própria entrada de concorrentes estrangeiros no mercado doméstico pode constituir uma ameaça à empresa.

Uma empresa precisa oferecer produtos ou serviços com a qualidade desejada pelos clientes, utilizando e considerando uma estratégia que envolva novos e velhos clientes; grandes mercados e clientes; sair do usual e procurar novas oportunidades de negócios; decidir quais estratégias de entrada e operação utilizar, considerando as oportunidades desses negócios; utilizar a segmentação ou fragmentação de mercado.

Além disso, o portfólio de clientes pode ser classificados nas duas categorias a seguir, dependendo do grau de contribuição de cada cliente ao negócio:

🌐 ***Heavy users***   São clientes com alto teor qualitativo e poder de retorno comercial e financeiro, com os quais a empresa desenvolve um volume considerável de negócios. Em muitos casos, a empresa possui poucos clientes nesta categoria, devendo fidelizá-los por meio de estratégias que visem ao aumento e o aprofundamento do relacionamento.

🌐 ***Light users***   São clientes com baixo teor qualitativo, retorno financeiro e comercial. Proporcionam grandes despesas às empresas e geralmente estão em quantidade elevada.

A empresa, embora reconheça o baixo retorno financeiro advindo desses clientes, os mantém no intuito de salvaguardar o mercado e parte das despesas fixas. Por meio da tecnologia e dos ganhos de escala, tenta reduzir custos a fim de atendê-los bem. A Toyota, por exemplo, utiliza-se da fragmentação de mercado para sua estratégia de entrada e crescimento. O cliente se dirige a uma das concessionárias da Toyota e solicita um automóvel com determinada cor, estofamento, cor dos vidros e acessórios; dias depois, recebe o automóvel com as características solicitadas. É lógico que a empresa terá dificuldades no curto prazo, em decorrência do aumento dos custos de produção proveniente do aumento da demanda, porém compatibilizará suas táticas dentro de sua estratégia. Os Fajitos, criados pela rede de *fast-food* McDonald's, foram desenvolvidos e comercializados para a população latina residente nos Estados Unidos; a pizza foi introduzida por meio de um teste experimental em Boston para um crescimento via concorrência indireta. A 3M desenvolveu uma cola de baixa aderência sem grandes sucessos. Utilizou a idéia para desenvolver o *post-it* e segmentou o produto para vários mercados: escritórios, escolas e até pinturas de automóveis.

A empresa também deve identificar e considerar as tendências locais e mundiais, como as ecológicas, que podemos definir como marketing verde;[30] o chamado marketing social;[31] marketing cultural;[32] marketing estratégico;[33] megamarketing;[34] marketing esportivo;[35] marketing internacional;[36] e marketing global,[37] entre outros. A Coca-Cola, aproveitando o hábito do café da manhã e uma tendência de hábitos alimentares mais saudáveis, introduziu o hábito de tomar Coca-Cola gelada no café da manhã, obtendo, em pouco tempo, um crescimento de 3% de ganho e introduziu a *breakmate*, máquina de refrigerantes em escritórios. O grande apelo publicitário era que a Coca-Cola possuía menos cafeína que o café. Geralmente, a palavra marketing é associada ao conceito de venda de produtos tangíveis. Porém, com a sofisticação dos métodos administrativos, a competição e a globalização, a área de serviços tem crescido assustadoramente. Vale dizer que grande parte dos empregos gerados pelas empresas americanas advêm da área de serviços e que existe uma projeção de crescimento ainda maior. Para quem atua na área de turismo, por exemplo, o conceito de marketing de serviços é muito importante, pois as atividades turísticas são basicamente elementos intangíveis.

3.2.6.2 A Importância dos Serviços Dentro do Contexto do Marketing Internacional

Para sintetizar o conceito e a importância dos serviços e seu respectivo crescimento em nossa sociedade, delinearemos a seguir a história do McDonald's. A rede de *fast-food* mais importante do mundo começou com o próprio crescimento do conceito de marketing nos Estados Unidos. Novos hábitos de consumo surgiram na economia pós-guerra. O chamado *baby boom* levou à produção de milhões de artigos destinados ao consumo infantil. Depois, uma grande parcela do público feminino americano começou a desenvolver atividades fora do lar; sem tempo para o preparo da alimentação, os *fast-foods* surgiram e cresceram de maneira assustadora no mercado americano.

O hambúrguer, ao contrário do que muita gente acredita, não é uma invenção do McDonald's; o hambúrguer era e é até hoje consumido em qualquer lanchonete ou mesmo em casa. O que mudou foi a forma de oferecer o produto (hambúrguer) aliado à gerência de atividades intangíveis (que chamamos de serviço). Outro fator importante, que não discutiremos aqui, é o crescimento estratégico da rede através do sistema de franquias, que elevou a pequena rede a uma das maiores redes mundiais de alimentação.

Quando você entra em uma loja da rede, a diferença logo é notada. A propaganda de manutenção exibida principalmente nos veículos de mídia eletrônica e o *merchandising* nas lojas leva o cliente ao consumo dos diversos produtos alimentares; mas o que realmente atrai o cliente à loja é um aparato tecnológico que faz com que ele seja servido em poucos minutos. A preocupação da administração da rede é muito grande em relação ao atendimento, que deve ter, entre outros atributos, qualidade, sabor e valor, itens que são rapidamente reconhecidos pelos seus clientes. Um grande sistema de produção de alimentos foi montado para que o lanche seja entregue ao cliente poucos minutos após o pedido. Só para dar uma idéia, o McDonald's desenvolveu uma concha especial, que, com um único movimento, consegue inserir a quantidade necessária (visual) de batatas fritas, na disposição exata dentro do saquinho. Embora haja trabalho manual, tudo foi estruturado para que a operação não seja demorada.

O que o McDonald's desenvolveu foi a industrialização dos serviços. Então, conceitos antes associados apenas à idéia de produto foram levados à sua máxima através da rede. Análise, desempenho, controle de qualidade, enfim, um enorme processo de produção levou ao sucesso a maior rede de *fast-food* do mundo. Sucesso este que necessitamos com urgência na área brasileira de serviços. Mesmo havendo diferenças culturais em cada país e uma tentativa de padronização via globalização de mercados, o McDonald's vem adaptando seus produtos de acordo com o mercado em que atua. A globalização traz significativas mudanças no ambiente empresarial e de negócios. Sob o ponto de vista macroeconômico, o poder dos estados tende a diminuir, fazendo com que cada um deles deixe de fixar e implementar suas políticas econômicas. Portanto, cada país será menos auto-suficiente e as empresas viverão em um ambiente altamente competitivo. As empresas tentarão se diferenciar em ganhos de escala, por meio de processos empíricos, como a terceirização, a quarteirização, a reengenharia, o *downsizing* e o *rightsizing*. Contudo, o principal elemento do processo, o homem, é desqualificado e somente considerado como um número ou um nível hierárquico. No entanto, mudanças macroestruturais possibilitam às empresas oportunidades de negócios dentro de novos horizontes competitivos. Por exemplo, com a abertura do Mercosul, torna-se possível o aumento de parcerias entre empresas e o conseqüente aumento do *market share*.

Todos esses exemplos indubitavelmente levam à conclusão de que novos mercados são descobertos em decorrência da necessidade e dos desejos latentes dos consumidores; porém, a necessidade de encontrar um diferencial em relação à concorrência torna as empresas mais suscetíveis às mudanças. Não temos, portanto, como muitos autores afirmam, uma certa supremacia da concorrência em relação aos consumidores, mas, sim, uma necessidade empresarial de conhecê-la, a fim de não ser superado ou perder *market share*.

3.2.6.3 Exportação de Serviços

Envolve características bem diferentes das dos produtos físicos, uma vez que geralmente são realizados no país destino, com exceção de projetos que podem ser realizados no país origem. Podem existir as seguintes modalidades:

- 🌐 **Contratos de construção e montagem:** envolvem o fornecimento de pessoal especializado para a execução no país importador e todos os equipamentos e ferramentas necessárias. Trata-se, na maioria dos casos, da venda de *know-how* técnico.
- 🌐 **Contratos de consultoria:** refere-se à venda de serviços alicerçados em metodologia, que podem, inclusive, se destinar a obras de engenharia ou até a um *layout* de varejo, como no caso da Conibra, no Brasil.
- 🌐 **Contratos *turn-key*:** mais conhecidos como *contratos de pacotes*, que podem incluir as duas modalidades em conjunto, atribuindo ao exportador de serviços a responsabilidade por todas as etapas, como no caso da confecção do projeto de um hotel, sua construção e posterior gerenciamento.

Essas modalidades proporcionam altos ganhos cambiais ao país exportador, constituindo uma forma complementar de venda de bens e mercadorias, como máquinas e equipamentos. O Brasil é bastante reconhecido internacionalmente por seus serviços relacionados à arquitetura e, principalmente, à engenharia desde a década de 1970. A partir da década de 1990, também obteve distinção por meio da tecnologia bancária e eleitoral.

3.3 O Processo Decisório em Marketing Internacional

A empresa constantemente tomará decisões que terão implicações em nível operacional, tático e estratégico. Podem ser decisões rotineiras, que afetarão os processos da empresa, como também decisões que afetariam os resultados de negócios. Desta forma, os já analisados sistemas de informação subsidiam o profissional de marketing internacional no sentido de tomar as melhores decisões. Muitas vezes, importantes decisões são tomadas em decorrência de problemas situacionais de curto prazo e por razões pessoais e sentimentais. Trataremos, então, de propor uma teoria, discussão e metodologia para tomar a melhor decisão.

A *definição do problema* consiste em entender o problema. É a parte mais importante do projeto de pesquisa de mercado e significa delimitarmos o principal objeto de estudo. Sem uma clara definição do problema, incorremos no risco de traçar erroneamente os caminhos para a coleta de dados. Para o profissional de pesquisa, delimitar o problema também é saber qual a necessidade de informação e que tipo de conseqüências administrativas, mercadológicas e empresariais serão originadas a partir da utilização da informação coletada. A partir da definição do objeto de estudo, serão levantadas hipóteses favoráveis ou desfavoráveis, que poderão redundar no (re)direcionamento de todo o projeto de pesquisa. Para quem deseja efetuar operações em mercados externos, definir o problema significa, em muitos casos, suprir um problema de potencial interno, por exemplo, queda nas vendas, e não necessariamente internacionalizar a empresa ou partir para programas de exportação mais elaborados.

Neste caso, o conveniente é verificar, por meio de projeto exploratório e respectivo esquema operacional, quais as razões da oscilação negativa das vendas, e não definir o problema como a possibilidade de aceitação do produto da empresa no mercado internacional. A correta definição é obtida através de esforços exaustivos e minuciosos, conseguidos por meio de argumentação lógica e racionalidade sobre os fatos que circundam o ambiente a ser estudado e a formulação de hipóteses favoráveis ou desfavoráveis, que são pressupostos sobre tais fatos.

FIGURA 3.6

Processo Decisó-
rio em Marketing
Internacional

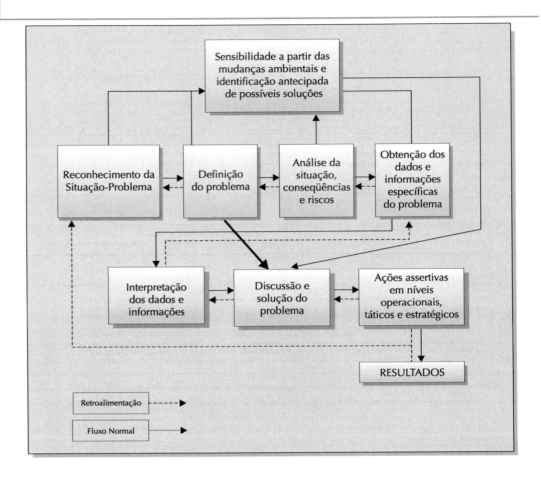

Conclusão

Para o ingresso bem-sucedido em mercados internacionais, é necessária, mesmo com um bom produto ou serviço, a capacidade de um pensamento
estratégico que conduza a ações que redundem
em sucesso. Desta forma, o ingresso em mercados
internacionais deve estar em consonância com a
missão, os valores e os objetivos da empresa e não
pode ser simplesmente uma forma alternativa de
negócio. Compreender e se adaptar às nuanças e
particularidades dos diferentes mercados externos
significa uma das diferentes formas de fazer negócios em bases internacionais.

Resumo

Grande parte das empresas no Brasil não faz o
chamado planejamento estratégico por diferentes
razões: desconhecimento ou subvalorização do
mercado em que atuam. Desta forma, ao tentarem
ingressar no mercado externo, muitas vezes come-
tem erros, sejam eles decorrentes de sua capacidade produtiva ou mesmo do ambiente político-legal
e da concorrência. A composição do marketing
mix e suas respectivas características e estratégias
refletem a capacidade de a empresa desenvolver
ações que redundem em relacionamentos de longo prazo. Pensar, então, em mercados internacionais reflete a idéia e a filosofia de pensamentos,
negócios e compromissos de longo prazo.

Estudo de caso

- Definindo o problema: impactos no desenvolvimento de negócios no mercado doméstico e internacional. As situações apresentadas a seguir foram vividas por consultores, incluindo o autor.

  a) Uma empresa de médio porte localizada em São Paulo fez uma entrevista com o autor a fim de solicitar serviços de consultoria. Embora a empresa tivesse ganhos médios atuando na região, o diretor gostaria de verificar a viabilidade de ingressar no mercado internacional, possibilitando o aumento do retorno financeiro da empresa. Fundada no início do século XX, o pai, fundador e ainda atuante na empresa, desempenhava atividades de 'conselheiro' e os filhos eram os responsáveis pelo gerenciamento. Só haviam tido duas experiências com o mercado externo na década de 1960, através de duas exportações para a Argentina, nos valores de US$ 200 mil e US$ 179 mil, respectivamente, que conseguiram com 'muita sorte' e por meio de um representante argentino que depois sumiu. O faturamento da empresa era em torno de US$ 1 milhão/mês. Um dos filhos, animado ao fazer pós-graduação em finanças e notando que a *performance* da empresa vinha se mantendo no mesmo patamar há mais de dez anos, foi o primeiro a sugerir a visita de um consultor. Apesar disso, tanto o pai como um dos irmãos se mostraram *avessos* à idéia por vários motivos. Entre eles, o medo de passar informações a terceiros; depois, o preço que um consultor cobraria. Por outro lado, o pai havia herdado a empresa de seu pai e não acreditava que alguém de fora pudesse conhecer o mercado melhor que ele. Além do mais, se vangloriava de as vendas terem se mantido durante todos os anos no mesmo nível de vendas nominais, em decorrência da própria estratégia da empresa de aumentar o número de vendedores na região da grande São Paulo. Mesmo assim, seu filho, animado pelos números que havia descoberto advindos das exportações da década de 1960 e pelo contato com outros colegas na pós-graduação, insistiu na idéia de uma consultoria, na clara intenção de aumentar as vendas da empresa via programas de exportação. Assim, conseguiu a entrevista e, após diagnóstico empresarial, o consultor chegou a várias recomendações, das quais destacamos: 'levantamento do potencial do mercado interno'.

  b) Um médio empresário, proprietário de uma empresa fabricante de autopeças, sem experiência no mercado externo, solicitou ao consultor que verificasse a possibilidade de exportar para os Estados Unidos os 30% das peças que fabricava com defeito.

  c) Em outra ocasião, um grande empresário solicitou ao consultor que medisse a viabilidade de implantação de uma rede de hotéis no Nordeste.

  d) Um profissional da área de motéis, ao ter várias unidades de sucesso em São Paulo e tendo um capital de US$ 700 mil disponível, solicitou ao consultor a melhor localização de uma outra unidade em São Paulo.

  e) Durante uma viagem a Boston, o autor notou uma grande rede de *fast-food*, especializada e com tradição em hambúrgueres, oferecendo pizza em suas dependências.

  f) Existe uma empresa de médio porte no interior de São Paulo, fabricante tradicional de doces caseiros, compotas e similares, aqueles que habitualmente comprávamos em nossa infância. Empresa familiar[38] com mais de cinqüenta funcionários, conheceu as 'vacas gordas' nas décadas de 1940 e 1950. Porém, nas décadas seguintes, a empresa sentiu a perda de mercado: o proprietário teve de dispor de muitos bens pessoais, inclusive imóveis localizados na região, em detrimento à demissão de funcionários ou a mudanças estruturais na própria empresa ou, então, mudanças nas estratégias ou de mercado. Ansiosos e desesperados, contrataram um consultor de empresas (que não é o autor deste livro!) que, após diagnóstico, sugeriu, entre outras recomendações, programas de exportação que deveriam ser feitos diretamente pelo fabricante. Remunerado, o consultor não assessorou a empresa, que, segundo sua orientação, começou a desempenhar atividades de exportação de doces para países próximos ao Brasil, dando preferência ao Mercosul.

(continua)

Estudo de caso

g) O mercado televisivo sofreu grandes transformações nos últimos anos no Brasil. Entre elas, a disputa pela audiência e suas respectivas participações. A Rede Globo, que conseguiu atingir, em alguns momentos, audiências superiores a 80% nas décadas de 1970 e 1980, hoje obtém um percentual em torno de 40% a 50% de audiência. As outras emissoras obtêm uma participação pulverizada, alternando-se no segundo lugar em determinadas faixas de horário. Além disso, concorrentes indiretos, como a TV a cabo, contribuíram para aumentar a disputa pela verba publicitária brasileira. O que notamos, hoje em dia, infelizmente, é uma perda de qualidade dos programas da TV em geral, partindo para um populismo fácil, vulgar e apelativo, no sentido de, segundo alguns comentaristas e técnicos da área, 'satisfazer as necessidades do atual público da TV aberta (*sic*)'.

Utilizando estes exemplos anteriores, defina o problema e identifique os objetivos. Quais as ações de marketing propostas?

Atividades complementares

Com base no Quadro 3.2, pesquise as estratégias utilizadas e identifique os erros de marketing. Selecione três exemplos da tabela e desenhe o gráfico do CVP – Ciclo de Vida do Produto.

Exercícios de fixação

1. Por que estudar marketing internacional?

2. Complementando o 'Diagnóstico Empresarial', pesquise sobre a legislação interna e externa do marketing mix (produto, preço, promoção e distribuição).

3. Pesquise junto a órgãos competentes a questão do *dumping* e quais os produtos e serviços que podem ser enquadrados neste aspecto.

4. Identifique os pontos positivos e negativos da reengenharia. Por que esta modalidade está desaparecendo como método gerencial de resultados?

5. Como a questão das feiras auxilia o desenvolvimento de negócios em mercados internacionais?
   Desenvolva uma planilha de custos e resultados ao participar de uma feira internacional.

6. Selecione um produto ou serviço (cerveja ou serviços voltados à área de engenharia, por exemplo) e identifique:
   - Produto – básico, real e ampliado, inclusive serviços que possam ser oferecidos por terceiros.
   - Em qual fase do ciclo de vida do produto a cerveja está localizada? Consolide sua resposta utilizando empresas e marcas em diferentes mercados – interno e externo.
   - Monte os movimentos estratégicos das empresas concorrentes no setor.

7. Como uma marca pode ter valor? Explique como quantificar e valorizar uma marca, inclusive chegando ao *brand bonus*.[39]

8. Quais as estratégias de marcas que podem ser desenvolvidas na área de varejo? Compare as do Carrefour e as do Wal-Mart. Quais as modificações que podem ser feitas?

9. Quais os cuidados que uma empresa deve ter ao utilizar as estratégias de marcas em mercados internacionais? Pesquise e exemplifique.

(continua)

Exercícios de fixação

10. Monte uma estrutura de distribuição, selecionando um produto ou serviço e um país.

11. Como a localização geográfica pode influenciar o sucesso de uma empresa? Quais os critérios que podem ser adotados para localizar melhor um ponto de distribuição?

12. De que modo a questão da tecnologia pode influenciar as decisões de marketing internacional de uma empresa?

13. Basicamente, existem cinco mercados: consumidor, governamental, industrial, revendedor e, por fim, a somatória de todos, que é o mercado internacional. Pesquise e relacione os diferentes produtos e fluxos de cada mercado (exceto o internacional) e relacione com o marketing internacional.

14. As nações possuem recursos e potencialidades naturais. Até que ponto tais atrativos devem ser comercializados? Pesquise Brasil, Estados Unidos e Canadá e substancie sua resposta.

15. Uma empresa pode adotar uma estratégia única de marketing para todos os países? Que problemas poderão ocorrer em decorrência dessa escolha?

Bibliografia recomendada

KEEDI, Samir. *Transportes, unitização e seguros internacionais de carga*. São Paulo: Aduaneiras, 2002.

KOTLER, Philip; ARMSTRONG, Gary. *Princípios de marketing*. 9 ed. São Paulo: Prentice-Hall, 2000.

KOTLER, Philip. *Megamarketing*. Boston: Harvard Business Review, 1986.

KUAZAQUI, Edmir. *Marketing internacional – como conquistar negócios em mercados internacionais*. São Paulo: Makron Books, 1999.

McCARTHY, Jerome E. *Basic marketing: a managerial approach*. Homewood, IL: Irwin, 1960.

VAZQUEZ, José Lopes. *Comércio exterior brasileiro*. São Paulo: Atlas, 1995.

Nem sempre Coca-Cola: para indianos, Thums Up é que é. *O Estado de S. Paulo*, 04/05/1998.

Big Mac, melhor que consultores. *Gazeta Mercantil*, 22/01/1997.

http://www.infonoticia.com.br/2006/07/31/microsoft-e-2%c2%aa-marca-mais-valiosa-do-mercado-segundo-interbrand/ (04/09/06).

Notas

1. A partir do momento em que o marketing conseguir criar necessidades, poderá haver a imposição da empresa frente ao segmento-alvo. A partir desse foco, para que usar o marketing?

2. Pesquisa realizada pelo autor em 1998 e atualizada em 2004.

3. Estratégico, tático e operacional.

4. A diferenciação real consiste em agregar ao produto básico produtos, acessórios e serviços que sejam realmente esperados pelos consumidores, no sentido de diferenciá-los dos concorrentes, ganhando mercado e posição competitiva. A trivial se refere a aspectos não percebidos pelos consumidores como diferenciais esperados.

5. Ao final do capítulo, verifique os exercícios.

6. Termo utilizado no mercado cinematográfico para os filmes que serão geradores de alta bilheteria.

7. A estratégia de preço de desnatação visa 'desnatar' a parte do mercado que possui maior renda e poder de compra, objetivando, entre outros aspec-

(continua)

Notas

tos, a venda certa do produto ou serviço. Conforme a evolução das vendas e do mercado, o preço poderá sofrer reduções graduais, no sentido de ampliar as vendas e a participação do produto no mercado. O McDonald´s estabeleceu esta estratégia no Brasil e também a Pizza Hut, que instalou sua primeira loja no grande ABC, visando a renda e a aceitação do conceito e do produto em curto prazo, em virtude de a região possuir empresas estrangeiras – americanas, por exemplo –, facilitando a aceitação.

8. Uma das maiores redes de *fast-food* do mundo, especializada em servir lanches frios 'de metro', em formato de submarino (*Submarine Way*), tornou-se um dos maiores fracassos de franquias no Brasil, em que os proprietários até utilizam o espaço físico das lojas para vender 'comida por quilo' ou salgadinhos.

9. Superproduções com forte apelo no roteiro, atores e atrizes consagrados, que constituem cerca de 80% do cinema mundial.

10. Tal fato determinou a entrada de várias redes de *fast-food* e similares no Brasil, como Kentucky Fried Chicken, Subway, Pizza Hut, Arby´s e a rede 7-eleven.

11. Estratégias de entrada e operação em mercados estrangeiros.

12. A verdade é que a empresa não suportou o 'canibalismo' imposto por seu principal controlador, a Pepsico.

13. Os hábitos são muito importantes na constituição de negócios em mercados internacionais. O brasileiro não tem o hábito de consumir lanches frios e 'de metro'.

14. A empresa adaptou o nome. Nos Estados Unidos, é conhecida como Kentucky Fried Chicken, e não como KFC. Ao decidir entrar no mercado brasileiro, a empresa levou em consideração apenas a produção de frangos no Brasil, e não a forma de consumo. Além disso, a empresa deveria ter considerado os hábitos e costumes da população.

15. Desencaixe financeiro, no qual as entradas deveriam coincidir com as saídas de capital, mas isso não acontece, o que gera a necessidade de a empresa alocar recursos de terceiros, via *working capital*, por exemplo.

15. As chamadas UENs. São unidades da empresa que têm missão e objetivos diferentes e separados, podendo ser planejada separadamente dos outros negócios da empresa. Trata-se de uma nova filosofia e forma de administrar, criada a partir de mudanças ocorridas no início da década de 1970 nos Estados Unidos e em alguns países europeus.

17. O autor enumera dois casos, sem mencionar os nomes das empresas e dos envolvidos: o primeiro refere-se à solicitação de uma grande empresa no mercado brasileiro para iniciar processos de internacionalização sem saber qual o potencial interno de negócios. Neste caso, a empresa sob orientação do autor investigou – mediu – o potencial interno do mercado brasileiro e identificou sua participação no mercado, desenvolveu estratégias para aumentar a participação e melhorar a consistência – qualidade – dos negócios. O custo de internacionalização se mostrou um tanto elevado em relação às possíveis oportunidades de negócios que o mercado internacional poderia oferecer, uma vez que a empresa não tinha tradição de comercialização de produtos e serviços no mercado externo, havendo a necessidade de a empresa ter em seu quadro de funcionários pessoal especializado, suporte ao desenvolvimento de negócios em base internacional e, o mais grave, enfrentar os concorrentes bem mais preparados e ajustados ao mercado. Um outro exemplo foi o pedido de uma média empresa brasileira para que o autor desenvolvesse programas de exportação para 30% das peças que produzia – com defeito! Sobre este último caso, consulte o Capítulo 2.

18. Taxa de risco, adicionada aos juros, cobrada no mercado financeiro internacional, conforme liquidez e garantias, volume e prazo de resgate.

19. Venda pessoal.

20. Imprensa, intelectuais, ONGs – Organizações Não-Governamentais –, políticos, entre outros.

21. Termo de origem sueca, que significa 'aquele que representa'. É um profissional que representa e defende a empresa dentro e fora dela, de acordo com os diferentes grupos de interesse.

22. Serviço de Atendimento ao Consumidor.

(continua)

Notas

23. Conselho Nacional de Auto-Regulamentação Publicitária. Criado no intuito de regulamentar a propaganda no país.

24. Espécie de propaganda que inclui, durante a exibição dos quadros, estímulos rápidos que interferem no subconsciente do indivíduo, tornando-o suscetível à compra de produtos e serviços.

25. *Thumbs up*. Expressão sem o 'b', para facilitar a pronúncia da expressão em inglês que representa o polegar erguido, o sinal de o.k.

26. Segundo Kotler, 'o uso de capacidades econômicas, psicológicas, políticas e de relações públicas para ganhar a cooperação de vários grupos no país' em que a empresa deseja desenvolver negócios. Trata-se de uma forma de incrementar a estratégia de entrada e operação em ambientes internacionais.

27. Espécie de profissional que trabalha como relações públicas da empresa com o respectivo mercado em que atua. Tem mais força e credibilidade perante os diferentes públicos de interesse, pela própria imagem gerada pela questão profissional e pelo poder de decisão e solução de conflitos.

28. KOTLER, Philip; ARMSTRONG, Gary. *Princípios de Marketing*. 1. ed. Rio de Janeiro: Prentice-Hall, 1991.

29. Marketing Mix ou Composto de Marketing: *Product, Price, Place, Promotion, Power* e *Public Relations*.

30. Tipo de marketing que pode desenvolver uma imagem favorável aos olhos dos formadores de opinião e, conseqüentemente, negócios através da associação dos arquétipos (ar, água, terra e fogo, por exemplo) com o ecologismo ou simplesmente descobrir, desenvolver e comercializar produtos com este fim. Além do envolvimento de órgãos governamentais e entidades, as empresas têm se

direcionado a esta área, inclusive regulamentando a ISO 14000, no sentido de normatizar as empresas na criação e adoção de políticas ambientais em sua área de atividade.

31. Tipo de marketing que visa atender o mercado evidenciando, em seus produtos e serviços, benefícios à coletividade em geral.

32. Tipo de marketing que visa manter relacionamentos através do patrocínio de eventos ligados à educação e à cultura.

33. Forma de utilizar os elementos da estratégia no marketing.

34. Termo criado por Philip Kotler, designando 'o uso de capacidades econômicas, psicológicas, políticas e de relações públicas para ganhar a cooperação de vários grupos no país'.

35. Meio de divulgação de imagem através do patrocínio de eventos ligados ao meio esportivo. A Nike, por exemplo, patrocinando a seleção brasileira.

36. Utilização do marketing no ambiente internacional.

37. Utilização do marketing sob a ótica de um único mercado, considerado global.

38. O autor cita muitas vezes, nos exemplos de erros empresariais, o termo 'familiar'. Na verdade, o autor não quer evidenciar ou supor que empresas com essa estrutura estão fadadas ao insucesso nos negócios. Muito pelo contrário: muitas empresas desta categoria obtêm sucesso em suas respectivas áreas de negócios, mantendo sua estrutura, porém se profissionalizando por meio de cursos, treinamentos ou outros eventos disponíveis.

39. Papel negociado no mercado internacional, vinculado ao valor da marca de um produto ou serviço de uma empresa.

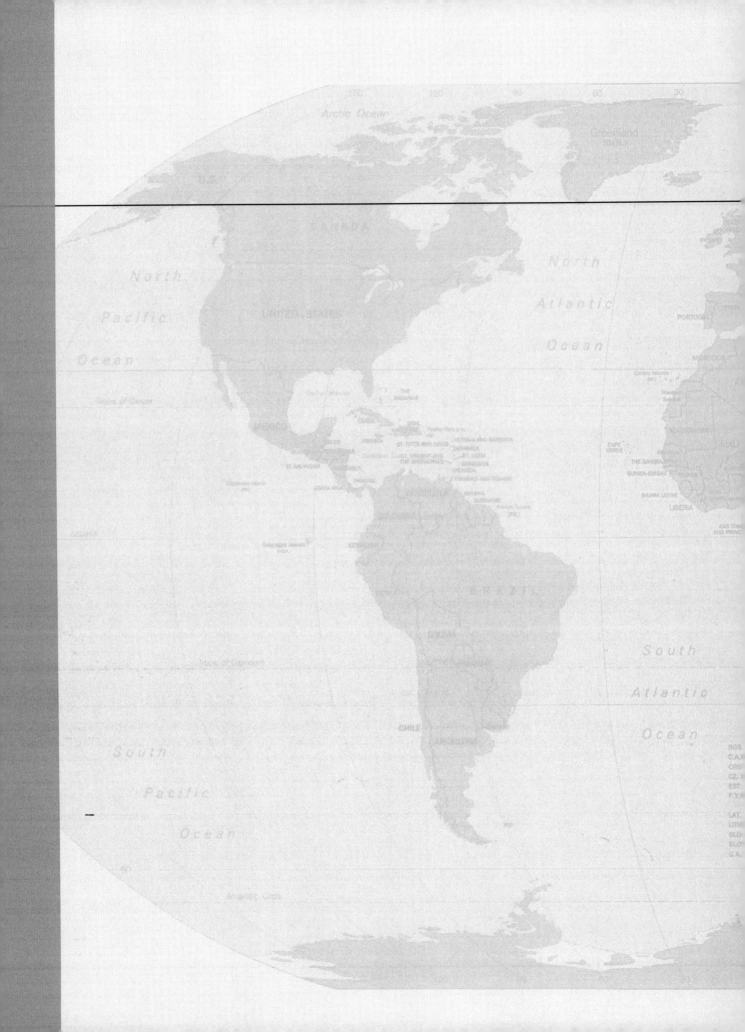

CAPÍTULO

4

Estratégias de Entrada e Operação em Mercados Internacionais: Ações Contemporâneas de Sucesso

OBJETIVOS DO CAPÍTULO

🌐 Apresentar e discutir as principais estratégias de entrada e operação em mercados internacionais.

🌐 Apresentar os consórcios de exportação como alternativa real de negócios para o Brasil.

🌐 Explicar como é formado, estruturado e quais as particularidades de um consórcio de exportação.

🌐 Discutir a importação da engenharia de exportação.

4.1 Introdução

Em razão de os diferentes mercados terem particularidades e características distintas e de as ações da empresa em relação ao mercado internacional envolverem compromissos de longo prazo, a empresa deverá selecionar as melhores estratégias de entrada e operação para que a introdução e a manutenção do negócio sejam as mais perfeitas possíveis. Muitas são as maneiras de entrar em um determinado mercado, dependendo da capacidade de a empresa estabelecer estratégias de marketing internacional e, ao mesmo tempo, uma análise de oportunidades. Desta maneira, vários produtos, como o Jack-Stick, a rede de cinemas Cinemark e o energético Flying Horse, comprovam a importância das estratégias de entrada e operação em mercados internacionais.

4.2 Estratégias de Entrada e Operação em Mercados Internacionais: *Merger, Acquisition, Franchising* Internacional e Investimento Direto

Como estratégias de entrada e operação em mercados externos, além dos processos citados anteriormente em exportação e importação, destacam-se os seguintes meios para penetrar em um novo mercado: *mergers, acquisitions, franchising* internacional, investimento direto e consórcios de exportação. É necessário analisar sob vários prismas a escolha do melhor meio. Vários fatores levam a empresa a constituir uma parceria, por exemplo: situação financeira da empresa no curto e no longo prazos, plano de investimentos e reinvestimentos, *market share* dos concorrentes (ou empresas de que ela deseja participar), ganhos de tecnologia, complementação de linhas de produtos, entre outros. O consumo de cigarros tem diminuído gradativamente e as empresas da área buscam sua sobrevivência por meio da compra de empresas (*acquisitions*) de outras áreas. É possível dizer que, assim como os seres vivos, os produtos e serviços possuem uma vida útil; a informação também pode ter fases distintas dentro do que chamamos ciclo de vida. Além disso, temos o investimento direto, em que a empresa investe seus recursos diretamente no país alvo (*target*), correndo todos os riscos. Outra forma é o sistema de parcerias (*mergers*), que tem se evidenciado como uma alternativa cada vez mais procurada de aliança estratégica, e o sistema de *franchising*. O conceito de franquia surgiu na Idade Média, mais precisamente na França, quando os senhores feudais concediam uma autorização ou privilégio para a utilização de suas terras.

Com o passar do tempo, ressurgiu de outra maneira nos Estados Unidos, com uma conotação mais econômica e estratégica, e foi denominada *franchising*. Sabe-se, por meio de vários estudos, que o sistema de franquias possibilitou que centenas de empresas crescessem sem grandes investimentos. Portanto, grande parte dos recursos volta-se para como administrar e desenvolver o negócio (missão da empresa), tornando-a mais orientada para o mercado. Grandes redes de *fast-food*, como McDonald's, Arby's, Pizza Hut e até grifes de roupas têm encontrado no sistema de franquias uma grande e estratégica alternativa para se tornarem globais. A franquia internacional de serviços tem crescido consideravelmente nos últimos anos, pois possibilita a comercialização de serviços de maneira global. Para que a empresa tenha sucesso é necessário o *know-how* de como fabricar um produto ou serviço e que este tenha um diferencial em relação às empresas concorrentes. O *know-how* deve ser sistematizado e controlado, para que a empresa franqueadora tenha a possibilidade de exercer um controle total sobre a qualidade e a quantidade dos serviços oferecidos. Existem várias formas de franquias, como de distribuição, de serviços, de produção, *corner* e outras modalidades, e depende muito do que o consumidor ou cliente percebe de diferente em relação ao oferecido pela empresa. O McDonald's é conhecido como especialista na fabricação de hambúrgueres. Portanto, adquirimos o direito de conhecer a franquia da tecnologia de como fabricar um hambúrguer ou fritar batatinhas no mínimo espaço de tempo. A Coca-Cola fornece o xarope para que seja adicionado à água e, posteriormente, gaseificado. Portanto, adquirimos o direito de conhecer a franquia da distribuição do produto, já que este já vem previamente fabricado. Existe, ainda, a possibilidade do *lifreding* ('li' de licença, 'fr' de franquia, 'e' de exportação, 'd' de direito, 'ing' de investimento), que envolve a transferência de tecnologia para outras empresas em diferentes mercados. Em suma, o *franchising* é uma forma de entrada em mercados internacionais, pois possibilita a entrada de empresas estrangeiras em países em que o parceiro é local, a custos e riscos reduzidos.

Outra forma de internacionalização é a formação de *joint ventures*. Nós a conceituamos como uma fusão de interesses entre uma empresa e um grupo econômico, entre pessoas jurídicas ou físicas que buscam o crescimento de sua base econômica com estratégias de expansão e/ou diversificação, buscando lucros ou benefícios, com duração permanente ou a prazos determinados. A constituição de uma *joint venture* representa uma forma especial de parceria de risco de recursos (financeiros, tecnológicos, produtivos, *know-how*, administrativos e mercadológicos etc.) consolidada em uma nova pessoa jurídica. De maneira contratual, as *joint ventures* prestam-se à contribuição dos sócios físicos ou jurídicos como parceiros de capital ou bens com direitos e deveres mútuos de controle na administração da empresa. Como toda empresa, existe uma expectativa de lucro e risco proporcionais à participação de cada um. Além disso, deve existir afinidade nos objetivos econômico-sociais para garantir e preservar os objetivos de crescimento das empresas. O risco de desapropriação ou confisco pode ser reduzido com uma negociação preliminar formal (contratual) entre as empresas que farão parte da *joint venture*. Há utilização de pessoal especializado local, recursos oriundos do país hóspede, *joint ventures* com entidades governamentais e, principalmente, bancos locais. É fundamental tomar cuidados especiais quanto à legislação das *joint ventures* e do país hóspede. A China e outros países oferecem muitos benefícios para a formação de *joint ventures*, mas existe a legislação do pais hóspede, que normatiza a entrada e, principalmente, a saída de capital. A *joint venture* pode se basear na transferência de tecnologia, produtos, serviços, marcas e patentes, mantidos os critérios de sigilo e proteção usuais e distribuição de dividendos e respectiva relação com os lucros. O sistema de *joint venture,* por unir empresas de procedências distintas, implica a observância de direitos e deveres oriundos da prática do comércio internacional, podendo existir uma terceira que tenha por objetivo arbitrar sobre as possíveis questões que gerem controvérsias entre as partes. O sistema possibilita a construção de um *budget* relativamente menor que o do investimento direto, pois a empresa não necessariamente investe recursos financeiros na instalação de filiais e operacionaliza linhas e diretrizes de reinvestimento e desenvolvimento. Pode haver a captação de financiamentos e investimentos estrangeiros de capital, tecnologia e administração, possibilitando novas fontes de recursos a taxas internacionais. Pode-se visualizar, na Figura 4.1, as diferentes estruturas departamentais e estratégicas envolvendo o marketing mix entre o país origem e o país destino.

FIGURA 4.1

Principais Estruturas das Empresas que Desejam Desenvolver Negócios em Base Internacional.

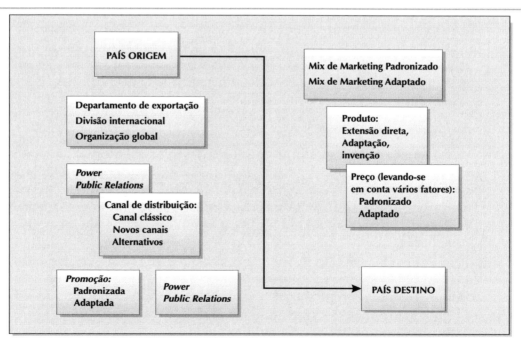

Fonte: Elaborada pelo autor.

A criação de uma *joint venture* é formal, isto é, constituída de documento contratual em que constem as condições da associação entre as partes envolvidas na distribuição de interesses e riscos. Constitui-se com base em vários acordos bilaterais, envolvendo assistência técnica, transferência de *know-how*, marcas e patentes, entre outros. As *joint ventures* são constituídas com o objetivo de formação de alianças estratégicas, a fim de expandir investimentos, ou seja, internacionalizar-se, aumentar o *know-how*, reduzir investimentos e dedicar-se à atividade delineada na missão da empresa. É fundamental considerar, antes da formação da parceria, o ponto de vista das autoridades *antitrustes* e a tributação legal dos impostos.

Em termos de empresas brasileiras, podemos citar o tradicional pão de queijo, que está no mercado americano há alguns anos, exportando a matéria-prima e produzindo o produto em solo americano. De outro lado, o conceito de churrascarias (marca devidamente registrada pelo governo brasileiro) ou mesmo a aguardente presente nos mercados europeu, americano e japonês, sem contar a comercialização de filmes do *cult* José Mojica Marins.

4.2.1 Consórcios de Exportação (Cooperativas Participativas de Negócios de Exportação)

O termo é muito utilizado em comércio internacional, em especial no mercado europeu. Consiste na união de pequenas empresas,[1] geralmente do mesmo segmento econômico, que buscam a prospecção em mercados internacionais. Com isso, ganham força competitiva e negociação no mercado externo. Embora, nos últimos anos, o conceito de consórcio esteja sendo mais divulgado pela mídia, inclusive como solução[2] para a morosidade e a inércia do comércio exterior no Brasil, o conhecimento da existência dos consórcios de exportação é bastante reduzido, pois não se trata de uma forma usual de comercialização de produtos e serviços, nem altamente sofisticada a ponto de levar à sua total desconsideração. Por meio de uma pesquisa disfarçada não estruturada realizada pelo autor com os entrevistados, em sua maioria gerenciadores de empresas ligadas à área de comércio exterior que responderam conhecer o assunto, percebemos uma certa superficialidade, confusão e imagem utópica sobre o assunto, confundindo-se, muitas vezes, com o termo consórcio (combinação de pessoas com patrimônio e interesses comuns em um negócio ou empresa, com o intuito de facilitar a venda de produtos de consumo, como residências, automóveis e eletrodomésticos) propriamente dito. Nas empresas que não participaram de nenhuma atividade em exportação, por meio da mesma pesquisa disfarçada não estruturada, notamos total receptividade em participar futuramente de consórcios de exportação, caso suas empresas aderissem ao comércio exterior. Dessas empresas, nenhuma participou de algum tipo de consórcio. No entanto, existe uma grande receptividade à idéia de participar dos consórcios por parte das empresas que já atuaram em exportação.

É possível, então, definir um 'consórcio de exportação' como uma terceira empresa que congrega grupos de empresas que fabricam e comercializam produtos e serviços similares, ou que atuam na mesma área de negócios e desejam entrar em mercados alternativos estrangeiros com o objetivo de crescer horizontal e verticalmente, aprimorando suas atividades, ganhando competitividade e incrementando o fator qualitativo dos processos administrativos, técnicos, produtivos e comerciais.

Por meio da formação de um 'consórcio de exportação', os participantes podem obter melhores resultados com a atividade exportadora, através de uma diversificação de mercados e riscos, envolvendo programas de curto, médio e, principalmente, longo prazos. Vale ressaltar que a atividade de importação também pode gerar altos ganhos para as empresas por meio do sistema de consórcios, porém só enfocaremos o mercado exportador. Para uma pequena visualização, é possível conseguir ganhos de escala e de preços por meio da importação cooperada de insumos. No Brasil, o Bradesco utilizou as cooperativas de importação de sêmen eqüino, favorecendo seus clientes: pequenos e médios criadores.

A utilização do sistema de consórcios de exportação torna a penetração em mercados estrangeiros mais rápida e fácil, particularmente na comercialização de produtos ou serviços não tradicionais. Na Europa, o termo e a forma de comercialização são bastante utilizados, tendo grande representatividade na balança comercial desses países. As vantagens são sinérgicas, se levarmos em consideração as vantagens de ganhos de escala e a redução de custos de exportação, pois estaremos utilizando os mercados interno e externo como propulsores de rentabilidade para a empresa. A rentabilidade pode vir de maneira indireta, através da troca salutar de conhecimentos técnicos entre os participantes do consórcio (pois deverá ocorrer uma certa homogeneização da qualidade dos produtos e serviços oferecidos ao mercado externo), além de um certo nivelamento da qualidade com os competidores externos, pois o consórcio será concorrente das empresas já estabelecidas externamente. Pode ocorrer a facilidade de entrada em mercados atípicos, como o governamental, e o equilíbrio com prováveis flutuações das vendas (devido à sazonalidade, típica de alguns produtos ou serviços).

QUADRO 4.1   Pontos Positivos e Negativos a partir de Experiências no Brasil.

Pontos Positivos	Pontos Negativos
• Sinergia entre a produção, distribuição e venda de produtos	• Receio na divulgação de informações internas dos componentes
• Capacitação profissional	• Conflitos originados pela busca de poder
• Capacitação tecnológica	• Falta de pensamento de longo prazo e de trabalho em equipe
• Acesso a novos mercados	
• Redução de riscos pela exploração desses novos mercados	
• Aumento e melhoria da rentabilidade	

Fonte: Quadro desenvolvido com base em entrevistas e discussões feitas pelo autor.

4.2.1.1 Como Desenvolver um Consórcio de Exportação?

Para que se desenvolva um consórcio de exportação com relativo sucesso, é necessária sua efetivação em etapas, em que cada uma possibilita a reflexão e os ajustes necessários conforme as características das empresas envolvidas e o mercado. O consórcio não surge do nada; ele advém da necessidade de uma ou mais empresas que atuam no mesmo segmento de negócios; algumas desistirão e outras se agregarão durante o processo de formação do consórcio, tornando-o mais forte e sinérgico quanto à sua missão e aos seus objetivos.

Um dos grandes erros é que a idéia da constituição de um consórcio de exportação geralmente se origina de uma necessidade individual e egoísta. Com o seu desenvolvimento, a empresa é obrigada a fornecer e partilhar dados e atividades, entrando em choque com os participantes e com a cúpula administrativa. Conforme pesquisa, seguem-se as etapas para a constituição de um consórcio de exportação:

a) **Vontade de crescer**   Em que o passo fundamental é a vontade de expandir as atividades para mercados externos, *dentro de uma ótica empreendedora e principalmente empresarial*, depois da conquista de certo *know-how* interno. Este passo se mescla a outros fatores, como a determinação de metas e objetivos alcançados internamente e as possibilidades reais de crescimento por meio de investimentos. Através do consórcio, é possível desenvolver negócios em base internacional sem comprometer todos os recursos da empresa, uma vez que será constituída uma outra que agregará as funções e responsabilidades de detectar oportunidades, pesquisar e efetuar estudos, desenvolver negócios, atividades de exportação, controle e serviços de pós-venda. Um dos grandes erros, além da questão egoísta, é a visão de curto prazo das empresas, pois os ganhos poderão advir de relacionamentos de longo prazo.

b) **Determinar a missão e a visão empresariais**   É fundamental verificar qual a real missão da empresa. O que ela realmente oferece ao mercado, que necessidades satisfaz, e não efetivamente o que vende como produto ou serviço. Às vezes, vendemos soluções, e não simplesmente produtos e serviços. Agindo desta forma, visualizaremos nosso universo competitivo e perceberemos quem serão nossos futuros parceiros ou concorrentes diretos e indiretos. Lembrem-se do caso da IBM: 'vendendo soluções, e não simplesmente aparelhos ligados ao *hardware*'. Pensando desta forma, onde gostaríamos de estar no futuro? E como conquistar esse futuro?

c) **Descobrir suas limitações como empresa e perceber o que os consumidores desejam**   Uma empresa tem determinada capacidade de produção, e o sistema de franquias, por exemplo, vem fortalecer a capacidade de a empresa oferecer produtos e serviços através de uma distribuição mais eficaz e intensa. Embora o termo geralmente seja associado à união de pequenas empresas, as grandes podem constituir um consórcio de exportação, aproveitando oportunidades de negócios inexploradas e, em alguns casos, esporádicas. Analogamente, um conjunto de empresas terá uma capacidade de produção maior e disponível. Porém, é importante atentar para o fato de que a capacidade de produção deverá ser maior, no intuito de oferecer produtos e serviços com uma certa homogeneidade de atributos percebidos pelos consumidores finais. Um grande erro é que as empresas desejam simplesmente estender seus produtos e serviços para o mercado internacional, em detrimento da adaptação de acordo com as características e particularidades regionais.

d) **Pesquisar as necessidades e desejos dos consumidores para montar um plano estratégico de marketing antes da entrada e operação, a fim de adequar sua capacidade de produção**   Os consumidores diferem conforme o país, região, costumes, tradições, renda e outros. A pesquisa de mercado é um importante instrumento quantitativo e qualitativo de reflexão sobre as necessidades dos diferentes mercados. Conforme o perfil de cada mercado, estaremos aptos a delinear linhas de ação específicas (traçadas no plano de marketing) para que os objetivos sejam alcançados em sua plenitude. Significa identificar quais empresas possuem a mesma missão e necessidade de expansão. Significa, também, atuar de maneira mais sinérgica em determinados mercados ou seus respectivos segmentos. O porte pode ser variado, porém uma homogeneidade é importante, desde que conservadas as respectivas participações e responsabilidades.

e) **Selecionar quem poderão ser os componentes do consórcio de exportação**   Identificar quem são os responsáveis pela tomada de decisão dentro de cada empresa. Através de um contato formal (que necessariamente deve ser feito por meio de uma comunicação impressa – carta, por exemplo), fazer uma breve explanação de quem somos e os objetivos a serem alcançados pelo consórcio de exportação. Os objetivos (e a respectiva missão) podem ser mencionados em uma carta de intenções. Depois, um contato informal (pode ser por telefone) e formal (um convite para participar de uma reunião esclarecedora sobre o assunto). Depois da reunião, na qual serão informadas as características, as vantagens, as desvantagens e os pontos de discussão sobre a atividade do consórcio, as empresas interessadas preencherão uma ficha de adesão, que será analisada por uma equipe técnica.

f) Identificar quais os pontos fortes e fracos de cada componente do consórcio de exportação (análise SWOT)   Depois de cada ficha ser analisada, é possível delinear os seguintes itens:

- **Crédito:** possibilidade de empréstimos e financiamentos, como ACCs, por exemplo, ocorrendo, em alguns casos, a necessidade de garantia individual das empresas ou do 'cabeça' do consórcio;

- **Risco:** em geral, é rateado por igual ou de acordo com a participação no negócio ou com as quotas adquiridas do consórcio;

- **Finanças:** o *cash flow* será alimentado pelos recursos provenientes do processo de comercialização ou do fundo formado pelos quotistas.

- **Orçamento:** os quotistas ou representantes legais deverão se reunir periodicamente para aprovação dos gastos e despesas da empresa;

- **Histórico:** constitui a *performance* comercial e a postura perante o mercado; e

- **Objetivos:** delineados em conjunto e de acordo com os propósitos de crescimento da empresa. Haverá um enquadramento do perfil de cada componente do consórcio de acordo com os objetivos e o perfil do consórcio.

g) Avaliar cada componente do consórcio de exportação   Avaliar de que modo cada componente poderá contribuir como peça interagente para a estrutura do consórcio e, depois, dentro de critérios preestabelecidos, aprovar ou não sua futura inclusão. É fundamental deixar transparentes os motivos da aprovação ou recusa por parte do consórcio de exportação, porém dentro das normas éticas de sigilo empresarial.

h) Convidar cada componente do consórcio de exportação   Fazer um convite formal para cada componente aprovado, contendo detalhes mais apurados de sua aprovação.

i) Reunir os componentes do consórcio de exportação   Reunir o(s) responsável(is) pelas empresas selecionadas em local de fácil acesso. É importante evitar reuniões quebradas em grupos, mas também evitar a formação de consórcios com grande número de integrantes. Um número aceitável fica em torno de vinte integrantes.

j) Convencer os componentes do consórcio de exportação   Transmitir aos participantes o espírito empreendedor da formação de um consórcio de exportação, suas vantagens, desvantagens, características, pontos fortes e fracos, mas, principalmente, a filosofia de trabalho em grupo.

k) Determinar a missão oficial do consórcio de exportação   Explicar o significado do consórcio de exportação, desenvolver e delinear, se possível em grupo, a missão do consórcio, isto é, a razão de sua existência. Sem dúvida, tanto para a constituição de uma empresa normal como para o consórcio, esta fase é muito importante, pois através da correta definição da missão o consórcio desenvolverá uma metodologia de trabalho e visualizará o universo competitivo.

l) Determinar os objetivos do consórcio de exportação   Determinar os objetivos principais e secundários do consórcio de exportação, dentro da realidade do mercado e de cada integrante. A partir da definição da missão e dos respectivos objetivos, poderá ser traçado o planejamento de como atingi-los (o Apêndice 4 ao final do livro o ajudará nisso). Delinear as funções de cada pessoa integrante do consórcio, evitando favoritismos ou conflitos de poder. Deve-se avaliar cada componente do consórcio de exportação, seu perfil e sua futura contribuição ao processo de formação do consórcio.

m) Determinar as responsabilidades de cada componente do consórcio de exportação   Delinear as responsabilidades de cada pessoa integrante do consórcio, dentro de suas funções e também restrito à participação de capital investido ou a investir (capital a integralizar, financeiro ou humano).

n) **Determinar os serviços a serem desenvolvidos no consórcio de exportação** Delinear os serviços a serem desenvolvidos pelo consórcio, dentro do *know-how* do grupo e baseados no planejamento do trabalho. Os serviços deverão ser especificados de acordo com as atividades do consórcio: exportação e importação, desembaraço, serviços de assessoria, assistência técnica, entre outros.

o) **Montar a estrutura organizacional do consórcio de exportação** Delinear a estrutura de cargos e funções de cada componente do consórcio, dentro da participação de cada empresa e do grau de responsabilidade. Deve ter uma estrutura flexível e ágil, no sentido de dirimir quaisquer eventualidades, problemas ou conflitos de poder.

p) **Levantar o *budget* de curto, médio e longo prazos do consórcio de exportação** Levantar e traçar o orçamento de curto, médio e longo prazos dentro dos objetivos traçados pelo consórcio e das disponibilidades de recursos, sejam financeiros ou materiais, do consórcio de exportação.

q) **Identificar as necessidades de *working capital* do consórcio de exportação** Dentro do item anterior, traçar as necessidades de capital de giro para funcionamento do consórcio de exportação. Sua origem serão os recursos provenientes da própria atividade do consórcio, do ingresso de divisas do mercado financeiro ou da contribuição variável das partes, conforme relação de participação e resultados.

r) **Prever os riscos do consórcio de exportação** Levantar, analisar e mensurar os riscos:

- **Pertinentes ao mercado interno:** advindos das *performances* individuais e do grupo no mercado interno;

- **Mercado externo:** as diferentes flutuações internacionais em consonância com os objetivos do consórcio formado;

- **Das empresas participantes**, frente aos resultados obtidos em conjunto; e

- **Do próprio consórcio:** não se esquecendo de que ele também é uma empresa, independentemente de ser gerenciado por um grupo de outras empresas. Além disso, projetar estrategicamente as relações internacionais, frente à constituição do consórcio de exportação.

s) **Formalizar o consórcio de exportação** Formatar por meio da legislação e das normas nacionais e internacionais. O International Trade Center, em Genebra, e a Secretaria do Comércio, Indústria e Turismo possuem informações e documentações sobre a constituição e a formalização de um consórcio de exportação.

t) **Identificar potenciais** Identificar o potencial interno (*staff*) do consórcio e desenvolvê-lo conforme os objetivos e a estrutura do consórcio. Deve existir um programa de treinamento específico, tanto de mercado como gerencial-administrativo, no intuito de solidificar as relações internas de trabalho.

u) **Planejar (6 P's)** Planejar cuidadosamente cada operação, considerando os 6 P's – (Produto, Preço, Ponto de distribuição, Promoção, Poder (Informação ou Power) e Relações Públicas (*Public Relations*)) –, prevendo os riscos inerentes a cada mercado abordado. Deve-se levar em conta a homogeneização e a racionalização dos processos de produção, administração, financeiro, fornecimento de matéria-prima, mercadização, comercialização, promoção, vendas e outros. Considerando a união de esforços, a racionalização dos processos dentro do escopo do planejamento e a escolha do padrão de qualidade a adotar, tudo leva a crer que os consórcios de exportação podem ser eficazes.

v) Estruturar um sistema de controladoria   Desenvolver um sistema de controles que possibilite o controle efetivo entre o planejado e o realizado, inclusive porque servirá como base para a distribuição dos lucros provenientes de cada operação. Sempre que nos referimos ao ato de planejar, devemos utilizar controles que possibilitem o acompanhamento das atividades e resultados alcançados, frente aos objetivos estipulados para o consórcio de exportação. A constituição de consórcios de exportação não é uma prática comum no Brasil, porém tem grande relevância em alguns países da Europa, por exemplo. O desenvolvimento desses consórcios proporciona às empresas participantes o contato e o desenvolvimento de negócios com diferentes culturas, além, é óbvio, da entrada de recursos financeiros e do aprimoramento do *know-how*.

4.2.1.2 Os Consórcios de Exportação Como Alternativa para o Mercado Internacional

Desde que bem constituídos e planejados, os consórcios de exportação tornam-se verdadeiros centros de prestação de serviços, possibilitando inúmeras vantagens para os participantes, como a capacitação gerencial, produtiva e tecnológica. Possibilita a otimização dos esforços de produção e comercialização, visando o aumento da competitividade com a economia de escala, o poder de barganha no canal de distribuição, o acesso a créditos, financiamentos e novos mercados.

Como exemplos, podemos citar as Agências de Promoção de Exportações:

- **Projeto Setorial Integrado (PSI)**   preparação de empresas, produtos e promoção comerciais voltadas para a exportação. Alcance setorial em âmbito estadual, regional ou nacional.
- **Projeto Horizontal (PH)**   multissetorial. Alcance setorial em âmbito municipal, regional, estadual ou nacional.
- **Projetos de Consórcio ou de Cooperativas (PCC)**   prevêem ações de um conjunto de empresas ou de cooperativas de produtores interessados em exportar.
- **Projetos de Formação de Consórcios (PFC)**
- **Apoio às Exportações de Consórcios (PEC)**
- **Projeto Isolado (PI)**   uma única atividade, podendo ser um estudo específico ou participação em feira, por exemplo.
- **Projeto Apex (PA)**   ações de iniciativa da agência com o objetivo de estimular o desenvolvimento da cultura exportadora e apoiar a realidade brasileira.

4.2.1.3 Como Viabilizar um Consórcio de Exportação?

De acordo com suas experiências de maneira empírica, o autor entende que existem grandes problemas e dificuldades na criação, formação e manutenção dos consórcios de exportação no Brasil. Desta maneira, recomenda-se, sob o ponto de vista do crescimento sustentável de um consórcio, que existam as *incubadoras*, que podem acompanhar os primeiros 12 ou 24 meses[3] de sua existência. As incubadoras podem ser de origem pública (como ocorre em Curitiba), ou privada, em que grupos de empresários podem acompanhar o trâmite no sentido de melhorar futuros negócios.

4.2.1.4 Tipos de Consórcios

Os mais comuns são aqueles que se referem à produção, porém outros tipos podem ser desenvolvidos no sentido de somar esforços e otimizar recursos e resultados, por exemplo:

- **Consórcios de marcas,** nos quais diversos fabricantes se unem no sentido de, além de obter ganho de escala, fortalecer uma marca única no mercado para conseguir maiores visibilidade e posicionamento competitivo. No Brasil, consórcios de autopeças estão em funcionamento, com diversos benefícios. Usualmente, neste caso, muitos clientes têm o hábito de comprar do mesmo fornecedor diferentes peças, aumentando o leque de itens a serem comercializados pelas empresas que fazem parte do consórcio de marcas. Uma pequena cidade do interior do Estado de São Paulo, que possui mais de 800 confecções de malhas, montou um consórcio de marcas com a filosofia de que *eles não são fabricantes de roupas, e sim de moda.*

- **Consórcios de consultoria,** nos quais pequenas empresas podem adquirir serviços de consultoria e assessoria, além de treinamento, unindo-se em grupos e obtendo serviços que dificilmente obteriam se negociados individualmente, pelas próprias características técnicas e valor agregado dos serviços a serem oferecidos.

  A marca país pode representar a estratégia do guarda-chuva, em que diferentes empresas podem estar dentro da *expertise* da nação. Conclui-se, então, que diferentes formatos e aplicações podem ser desenvolvidos a partir das premissas básicas de um consórcio de exportação.

- **Consórcios de importação** são grupos de empresas, também geralmente de pequeno porte, que se unem com o objetivo de adquirir matéria-prima e serviços. Com isso, obtêm economias advindas da economia de escala dos fornecedores e acesso a mercados aos quais talvez não tivessem acesso individualmente. Produtores da área de *agribusiness*, por exemplo, compram vacinas e sêmen de animais que possibilitarão uma melhoria e um ganho de competitividade interna e até internacional.

4.3 Engenharia de Exportação

Geralmente, as empresas que atuam em comércio internacional adotam uma estrutura e uma rotina administrativa e comercial nas quais, em muitos casos, há a inversão de procedimentos. Em outras palavras, em vez de a empresa prospectar negócios, fica esperando que os clientes retornem; daí o termo 'tirador de pedidos'. Não são todas as empresas que atuam desta maneira no Brasil, porém, por diversos fatores – como excesso de atividades e falta de tempo –, elas adotam esse tipo de comportamento, comprometendo os resultados comerciais. A *engenharia de exportação* consiste na construção de todas as variáveis possíveis que conduzirão ao fechamento do negócio e que possibilitarão o desenvolvimento sustentável. De maneira análoga, citamos o caso de um comercial para a televisão, que é uma das partes finais do processo. Em trinta segundos de comercial são materializados anos de pesquisa, criação, planejamento e desenvolvimento de um produto ou serviço. Na exportação ocorre a mesma situação, na qual a exportação é uma parte minúscula de todo o processo. Então, torna-se necessária a construção de um plano de negócios que envolva todas as variáveis que deverão ser identificadas, analisadas e colocadas em prática, adaptando cada uma delas aos resultados e às mudanças de mercado. Podemos citar, de maneira bastante sintética, a engenharia de exportação:

Mercado

- Análise quantitativa (potencial de mercado)
- Análise qualitativa (perfil do mercado)
- Fontes de informação (origem de dados e informações)
- Análise do ambiente de marketing internacional

Empresa

- Planejamento estratégico, tático e operacional
- Análise do marketing mix
- Capacidade de administração e gerenciamento

Portanto, a engenharia de exportação evidencia a necessidade de uma sólida estrutura que possibilitará a continuidade dos negócios de exportação com qualidade.

4.3.1 Como Construir uma Engenharia de Exportação nos Países Emergentes

- **Índia** O País possui oficialmente pouco mais de um bilhão de habitantes, distribuídos em uma área territorial de 3,3 milhões km². O PIB gira em torno de US$ 450 bilhões, com uma média de crescimento de 6% aa. Possui uma grande diversidade de religiões, compreendendo hinduísmo, islamismo, cristianismo, budismo, sikhismo e jainismo. Grande parte da população é analfabeta (em torno de 35%) e, ao mesmo tempo, ocupa o segundo lugar em títulos de PhD, o que se justifica pela histórica parceria com o mercado europeu, que fez do país um grande produtor e exportador de tecnologia – software e cinema comercial – em detrimento das exportações de pedras preciosas, peles e artigos de couro, produtos têxteis e vestuários. Além das fontes de informação de praxe (câmaras de comércio, por exemplo), o Reserve Bank of India (RBI), a Confederation of Indian Industries (CII), a Indian Chamber of Commerce and Industry (FICCI), e o Setor Comercial da Embaixada Brasileira (Secom) em Nova Délhi são importantes fontes de dados e informações. As feiras podem ser um valioso e poderoso instrumento de informação. A India Internacional Trade Fair e a International Exhibition for Food (AAHAR), Food Processing, Hotel and Restaurant Equipment & Supplies são bons exemplos de feiras periódicas. Grande parte dos acordos comerciais foi assinada em sua capital, Nova Délhi, como o Acordo de Comércio, de 03/02/1968; o Acordo sobre Cooperação nos Campos de Ciência e Tecnologia, de 22/07/1985; a Convenção Destinada a Evitar a Dupla Tributação, de 26/04/1988; e o Ajuste Complementar ao Acordo de Comércio sobre Medidas Sanitárias e Fitossanitárias, de 02/07/1997, além do Sistema Global de Preferências Comerciais (SGPC). Ao *trader*, além das recomendações que serão feitas em capítulo posterior, aconselha-se que as viagens sejam realizadas durante os meses de outubro a março, que compreendem o inverno na região. Como o período é concorrido, recomenda-se que as reservas de vôos e hotéis sejam feitas com uma antecedência de pelo menos 30 dias. A preocupação com o traje é bastante importante, mudando de região para região. Recomenda-se a chegada em território indiano algumas semanas antes, para se adaptar às diferentes dicotomias da região, estudar o ambiente de negócios e estabelecer contatos estratégicos. O governo e as indústrias são os maiores consumidores de produtos, e o inglês é o idioma preferencial.

- **República Popular da China** O País possui oficialmente cerca de 1.295.330.000 habitantes – quase 20% da população mundial – distribuídos em uma área territorial urbana e rural de 9,596 milhões km². O PIB vem crescendo nos últimos anos e gira em torno de US$ 976 bilhões. Participa da APEC e da OMC, depois de difíceis negociações.

Conclusão

Um dos principais desafios de uma empresa é, após a identificação e a avaliação do potencial de mercado, selecionar as principais estratégias de entrada e operação em mercados internacionais. Vários fatores interferem na análise e na avaliação, como fatores situacionais, estruturais e do mercado em que a empresa atua. A correta seleção e aplicação das estratégias implica o fortalecimento das relações com o mercado e, a partir de uma engenharia de negócios e de exportação, é possível a otimização de resultados.

Resumo

As estratégias de entrada e operação em mercados internacionais devem ser bem desenvolvidas, para que se introduza e mantenha relacionamentos de longo prazo. Desta forma, diferentes estratégias são pertinentes e, em especial, os consórcios de exportação despontam como uma das principais alternativas de sucesso no mercado brasileiro. Embora haja pontos conflitantes, a grande participação das micro, pequenas e médias empresas na economia brasileira é uma ótima justificativa para persistir nesse tipo de estratégia. Independentemente da estratégia utilizada, uma engenharia de negócios ou mesmo de exportação é fundamental no sentido de otimizar os recursos, obtendo eficácia, eficiência, efetividade e economicidade no negócio.

Estudo de caso

Um consultor, bastante motivado pela tendência do mercado brasileiro em recrudescer os consórcios, resolveu criar um consórcio de exportação de produtos artesanais. Em um primeiro momento, identificou no território brasileiro mais de 500 empresas que produziam diferentes produtos artesanais. Identificou que o mercado europeu é bastante favorável aos produtos artesanais brasileiros e, então, começou a contatar as empresas. Quais os pontos positivos e negativos que o consultor enfrentará na constituição desse consórcio? Que problemas e dificuldades poderão ser encontradas por esse novo consórcio?

Questões e exercícios para reflexão

1. Existe pouca literatura e também são poucas as empresas que conhecem ou já desenvolveram o conceito de 'consórcios de exportação'. Por inúmeros motivos, inclusive em virtude da falta de filosofia empresarial e de receios oriundos da perda de informações sigilosas, a prática da formação de consórcios tem sido pouco utilizada. De acordo com o Apêndice 4 (Modelo de Diagnóstico Empresarial – Quadro A.3), relacione e analise os pontos positivos e negativos quanto à constituição de 'consórcios de exportação' frente às alternativas apresentadas.

2. Elabore, em grupo, uma análise SWOT para a formação de consórcios de exportação.

3. De maneira vivencial, o autor tentou formar algumas cooperativas de exportação sem grande sucesso, porém em todas as experiências o autor foi detectada uma solução para que os consórcios se tornassem viáveis. Que solução é essa?

Atividades complementares

Realize uma pequena pesquisa exploratória junto a pessoas que fabricam e comercializam produtos artesanais. Identifique particularidades e características desse segmento de mercado. Posteriormente, complemente a resposta do estudo de caso.

Bibliografia recomendada

KUAZAQUI, Edmir. *Marketing internacional – como conquistar negócios em mercados internacionais*. São Paulo: Makron Books, 1999.

KUAZAQUI, Edmir & KANAANE, Roberto. *Marketing para o empresário do século XXI – desenvolvendo competências*. São Paulo: Nobel, 2004.

KOTLER, Philip. *Administração de marketing – análise, planejamento e controle*. São Paulo: Atlas, 1999.

_____. *Marketing para o século XXI*. São Paulo: Atlas, 1999.

Revista *Comércio Exterior* – Informe do Banco do Brasil.

Endereços eletrônicos

AAHAR – International Exhibition for Food, Food Processing, Hotel and Restaurant Equipment & Supplies: http://www.indiatradepromotion.org

India Internacional Trade Fair: http://www.indiatradepromotion.org

Notas

1. Embora também possam ser criados com grandes empresas.

2. O consórcio de exportação é uma importante forma de ingressar em mercados internacionais, porém longe de ser a solução definitiva para o recrudescimento da atividade exportadora brasileira.

3. Tempo médio em que os consórcios tendem a fracassar ou ter diferentes problemas.

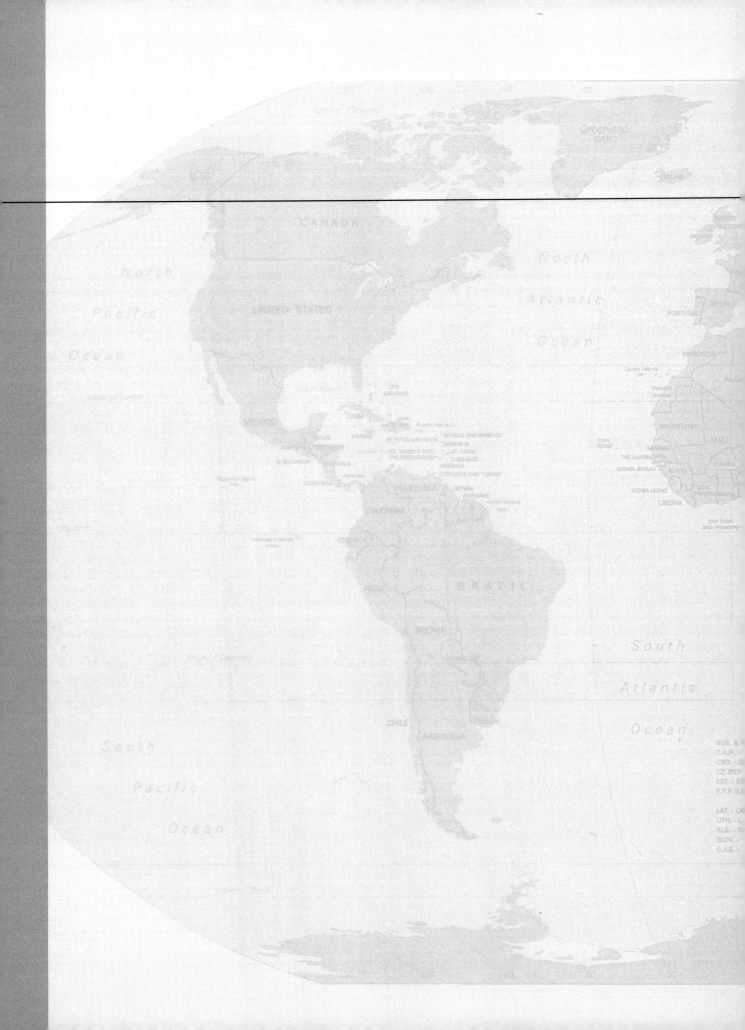

CAPÍTULO

5

Relações Internacionais: Gerência Multicultural e a Geografia Econômica Internacional

Quanto maior for a nossa percepção das diferenças culturais, maior será o nosso poder de adaptação e influência sobre a construção do negócio.

Dr. Edmir Kuazaqui

OBJETIVOS DO CAPÍTULO

- Apresentar a importância das relações internacionais e do conhecimento da geografia econômica internacional dentro do processo de diagnóstico e negociação.

- Explicar a importância dos blocos econômicos e explicar as raízes históricas, os motivos e os impactos da globalização econômica.

- Desenvolver o conceito de gerência transcultural e suas particularidades.

- Diferenciar cultura de país com cultura empresarial.

5.1 Introdução

Quando se estuda o processo de internacionalização, adentra-se nos mecanismos econômicos, políticos e sociais das diferentes nações. É importante se precaver contra os riscos cambiais, pois as flutuações nos mercados internacionais podem, de alguma forma, interferir nos resultados de uma empresa. Por outro lado, a existência de diferentes mercados e suas respectivas formas de financiamento possibilitam à empresa diferentes alternativas para a captação de recursos. O conhecimento dos blocos econômicos e de suas respectivas características nos possibilita usufruir dos benefícios oriundos dos acordos comerciais dos diferentes países e diferentes culturas, possibilitando um novo horizonte de negócios.

5.2 Relações Internacionais sob o Ponto de Vista Norte-Americano

Em agosto de 1941, foi firmada a Carta do Atlântico, cujo objetivo era aumentar a cooperação entre as grandes potências políticas e econômicas do mundo. Tal cooperação também tinha o objetivo de um melhor aproveitamento das nações – mercados – que possuíam economias de subsistência e semi-industrializadas, o que diminuía a dependência dessas nações. Três anos depois (por intermédio da Conferência de Bretton Woods), representantes dos 45 países mais significativos se reuniram com o objetivo de estabelecer uma nova ordem política e econômica, advinda, principalmente, dos resultados negativos e desestabilizadores na Alemanha e no Japão no pós-guerra. Foram criados, então, o BIRD (Banco Internacional de Reconstrução e Desenvolvimento) e o FMI (Fundo Monetário Internacional).

O BIRD tinha como objetivo principal a concessão de empréstimos de longo prazo a países subdesenvolvidos; e o FMI, a concessão de créditos de curto prazo para suprir as possíveis variações na balança de pagamentos. O padrão dólar-ouro (o dólar como divisa para mercados de câmbio equivalente a determinada quantidade de ouro) foi substituído *a posteriori*, em 1971, pelo dólar livremente flutuante de acordo com as outras moedas.

Em 1945, após nova reunião, foram delineadas e acrescentadas novas bases no sentido de diminuir o desemprego mundial e seus reflexos econômicos, políticos e sociais, tentando estabelecer um equilíbrio na base de produção, principalmente entre os países menos privilegiados em termos econômicos. Além disso, foi estabelecido um controle mais efetivo sobre as restrições advindas dos monopólios privados, refletindo uma economia mais centrada no aspecto da livre igualdade de concorrência entre as partes.

A Carta de Havana instituiu a OIC (Organização Internacional do Comércio), uma vez que havia uma necessidade de complementar as linhas de câmbio e financiamento ligadas às transações comerciais internacionais. Em negociações efetivadas entre 1945 e 1947 foi criado o GATT (Acordo Geral de Tarifas e Comércio), para estabelecer a preferência pelo produto de um parceiro de forma bilateral, estendida a outros países, uniformizando algumas regras de política comercial, existindo três princípios elementares: *most favored nation clause, open market e fair trade.*

Além disso, o GATT começou a desenvolver ações no intuito de liberalizar e incrementar as atividades comerciais entre as diferentes nações, alicerçadas principalmente nos aspectos da credibilidade entre os países envolvidos e perante o sistema econômico internacional, da estabilidade política e da capacidade de previsão política e econômica, utilizando todas as ferramentas disponíveis (características que são reconhecidas até hoje no processo da globalização econômica).

Dentro desse escopo, denominam-se relações comerciais as relações pessoais que visem a relacionamentos que conduzam a acordos. Os profissionais devem ter em seu perfil básico conhecimentos de negociação e marketing internacional, comércio exterior e internacional, além de especialização na cultura, economia, direito internacional, política e religião dos países destino que lhes interessem. Seu papel é a análise minuciosa das propostas e contrapropostas dentro do panorama internacional, evitando erros de interpretação, inclusive garantindo a liberdade contratual, seus aspectos técnicos e padrões éticos vigentes.

Em alguns países, o texto contratual deverá contemplar, na medida do possível, as soluções das hipóteses que podem ocorrer. Os contratos de comércio exterior e internacional, além dos interesses comerciais normais, devem contemplar os diferentes interesses em decorrência da situação, tradição, hábitos, costumes, idiomas e sistemas político-legais.

5.2.1 Globalização: um Conceito, um Paradigma

Da liberalização e incremento das atividades do GATT até os dias de hoje, podemos, então, conceituar de maneira mais clara o que é o fenômeno da globalização. De maneira simples, podemos conceituá-la como a diminuição das barreiras geográficas e econômicas, em que cada empresa poderá desenvolver negócios em qualquer país, usufruindo de mercados fornecedores produtores, comercializadores e respectivos consumidores e clientes, respeitando as características que formam a base cultural de cada nação, como a cultura, a língua, os costumes e as tradições.

A globalização econômica é o resultado das globalizações financeira e produtiva. As grandes navegações e as vendas de sabão, cerveja e pau-brasil, por exemplo, no século XV, foram as percussoras das tramitações físicas de produtos entre os continentes, gerando um fluxo financeiro (entrada e saída de capital). Com o incremento do comércio internacional, os sistemas e os controles foram evoluindo até a nossa realidade contemporânea.

A globalização equaliza as características de produtos e serviços de uma nação para consumidores e clientes de outras, envolvendo, então, sistemas de informação, administração e comercialização mais apurados. Por outro lado, o próprio fenômeno acentua as diferenças econômicas entre as nações, evidenciando as diferenças sociais. Então, tanto a ciência da Administração como os modelos empresariais devem se adaptar a essa realidade.

5.2.2 Razões pelas Quais uma Empresa Deve se Tornar Global

A empresa tem como alternativa novos mercados de consumo e acesso a novas tecnologias. Além disso, o fenômeno da globalização vem se acentuando e a concorrência aumentando, uma vez que é uma via de mão dupla. Então, empresas locais terão menos condições de enfrentar empresas globais, exceto aquelas que estabelecerem programas de segmentação e fidelização de clientes.

A globalização vem de encontro a determinados paradigmas. Um deles é referente à distribuição e à localização estratégica da empresa. Com certeza, a distribuição é uma das pilastras do sucesso de um negócio. Como considerar o fator distribuição (e localização da empresa) em mercados globalizados?

Além disso, a alocação de matéria-prima é muito importante, pois impacta diretamente nos custos e estratégias de um produto. A Kibon, por exemplo, possui sorvetes com sabores característicos de cada região. Adota, portanto, a facilidade e a abundância da captação de matéria-prima e os hábitos de consumo para a produção e comercialização de sorvetes com sabores diferentes.

A sazonalidade também deve ser considerada em relação ao produto, à empresa e ao mercado, pois interfere no que diz respeito à armazenagem e a outros custos. No Brasil, o consumo de leite diminui drasticamente na época de verão, devido ao próprio clima, ao deslocamento de pessoas às praias e outros fatores. Porém, o leite é fornecido por pequenos e grandes produtores, que, por sua vez, não têm condições de estocá-lo. Em sua maioria, são pequenas fábricas familiares, de onde advém toda a renda para a subsistência das unidades familiares. Não se pode cortar o fornecimento e a compra de matéria-prima, pois isso implicaria a quebra de receita por parte do produtor e a perda do fornecimento em épocas em que a demanda tende a ser maior.

Então, os beneficiadores compram o leite e transformam o excedente em queijo, obtendo *markup* reduzido ou igual a zero; porém, com essa prática, os beneficiadores mantêm os fornecedores cativos e atuantes e investem parte de seus recursos em um produto alternativo, que será consumido em épocas de sazonalidade. Com o aumento das vendas do leite nos meses subseqüentes, o queijo pode ser vendido, até de maneira 'casada', retornando o capital financeiro. Impactando os custos, os recursos financeiros podem ser captados pela rede bancária nos diferentes mercados financeiros internacionais, se facilitados internacionalmente.

Com as facilidades da comunicação global, as barreiras comerciais de implantação de uma empresa e seus respectivos pontos de produção, administração e distribuição têm diminuído significativamente, pois argumenta-se que a empresa não precisa estabelecer sua base em uma área distinta; pelo contrário, deve estabelecer uma base diversificada no intuito de aproveitar da melhor maneira possível os diferentes recursos oferecidos e tendo seu *home base* no país que melhor lhe convier estrategicamente.

A empresa deve manter certa proximidade com seus consumidores e clientes, pois cada mercado possui características próprias; e cada elemento, um perfil de resposta aos diferentes estímulos da empresa. Atuando em diferentes condições e com origens de recursos diferentes, a empresa deve possuir um sistema dinâmico de informações e respostas do mercado (neste ponto, considera-se o termo abrangendo consumidores, clientes, não-clientes, fornecedores de produtos e serviços, governo, enfim, os já denominados grupos de interesse).

Tudo isso implica uma filosofia de resultados e cultura global, através da criação de valores internos. Por exemplo, os funcionários devem estar integrados e identificados com as metas e objetivos da alta cúpula ou, melhor dizendo, com a missão da organização. Leva-se em consideração a integração hierárquica do ambiente interno da empresa. Não queremos somente 'tirar pedidos' de vendas ou simplesmente vender no mercado externo.

Devemos encarar o fenômeno da globalização como um processo irreversível sob o ponto de vista da empresa, da economia e dos mercados. Levando-se em conta tal afirmação, na questão da logística, podemos optar pelo transporte da matéria-prima (frutas da região, no caso do sorvete) para outro ponto de fabricação, porém isso implicará custos maiores. Podemos estabelecer como alternativa estratégica a localização de pontos de fabricação próximos ao ponto de extração da matéria-prima, ou a instalação em um ponto eqüidistante. É lógico que a estratégia deve levar em consideração, mais uma vez, características como a legislação local. Determinadas frutas possuem proteção de entidades governamentais ou possuem bactérias e condições de climatização diferentes, o que impossibilita o armazenamento da matéria-prima no local de produção.

Os recursos humanos podem advir do local onde serão efetuadas as tarefas ou do lugar de origem dos produtos e serviços. No Brasil, os serviços voltados à área de engenharia são realizados, em grande parte, por funcionários de empresas brasileiras em obras no exterior. A China, ao contrário, ocupa mão-de-obra no local da produção e exporta produtos e serviços. É curioso notar que, com o objetivo de reduzir custos de produção e mão-de-obra, as empresas chinesas realizavam parte do processo de fabricação dentro dos navios em que o produto era transportado, isto é, em vez de produzir e transportar, os produtos eram semifabricados durante o transporte, reduzindo custos e impactando o preço final das mercadorias. Porém, essa prática foi renegada pela maioria dos países ocidentais. Os Estados Unidos, inclusive, proibiram a compra de mercadorias manufaturadas dessa forma, a fim de impedir o *dumping social*.

Os aspectos de custo e preço devem ser levados em consideração, principalmente quando esses fatores são determinantes para o negócio. Lembrando o caso de operadoras turísticas, o enunciado se torna mais claro, pois análogo ao canal de distribuição e considerando que o *markup* de grande parte das operações turísticas é bastante reduzido, as negociações sempre envolvem grandes quantidades, aumentando a relação custo-benefício.

5.2.3 Principais Organismos Financeiros Internacionais

Influenciam sobremaneira a condução das políticas macroeconômicas dos países, e o profissional de marketing internacional poderá viabilizar suas operações por meio de *funding*. Citamos alguns organismos:

- *Fundo Monetário Internacional (FMI) – International Monetary Fund (IMF)* Organização financeira internacional criada em 1944, na Conferência de Bretton Woods[1], no intuito de socorrer os países com desajustes em suas balanças de pagamentos, evitar a instabilidade cambial, promover a cooperação monetária internacional e facilitar o crescimento do comércio internacional.

- *Grupo Interamericano de Desenvolvimento (BID) – Interamerican Development Bank Group (IDB)* Criado em 1959, em Washington, com o objetivo de financiar o desenvolvimento dos países subdesenvolvidos da América Latina. Atua nas áreas de desenvolvimento urbano, rural e agrícola, infra-estrutura física, atividades industriais e educação.

- *Banco para Acordos Internacionais (BAI) – Bank for International Settlements (BIS)* Criado em 1930, na Basiléia, com o objetivo de promover a cooperação entre os bancos centrais, *trustee*[2] e incentivar condições para a realização de operações financeiras internacionais.

- *Banco Internacional para a Reconstrução e Desenvolvimento (BIRD) – International Bank for Reconstruction and Development (IBRD) – World Bank* Também conhecido como Banco Mundial ou Banco Internacional, foi criado em 1944, na Conferência de Bretton Woods, com o objetivo de favorecer a reconstrução dos países devastados pelas guerras mundiais e promover o desenvolvimento das regiões mais pobres do planeta.

- *Exporter-Importer Bank (Eximbank)* Criado em 1934, nos Estados Unidos, com o objetivo de promover a exportação de produtos e serviços norte-americanos, concedendo empréstimos diretos, operações de desconto, financiamento consorciado, garantias a importadores e seguros de crédito.

- *Clube de Paris* Não é um organismo financeiro, mas, sim, um fórum internacional informal, no qual países credores se reúnem com um país devedor a fim de renegociar os pagamentos não realizados pontualmente.

5.2.4 Blocos Econômicos

Possibilita a análise das estratégias de expansão de negócios a partir da identificação de um *building block*, além da utilização das regalias oriundas dos tratados bilaterais e multilaterais. Seguem-se alguns blocos e intenções de organizações:

- **Associação Latino-Americana de Integração (ALADI)** Integrantes: Argentina, Bolívia, Brasil, Chile, Colômbia, Equador, México, Paraguai, Peru, Uruguai e Venezuela. Criada em 12/08/90, através da assinatura do Tratado de Montevidéu, tem por objetivos a criação gradual de preferências tarifárias e acordos regionais no âmbito latino-americano.

- **Grupo Andino ou Pacto Andino (GRAN)** Integrantes: Bolívia, Colômbia, Equador, Peru e Venezuela. Criado em 26/05/69, através da assinatura do Acordo de Cartagena, tem por objetivo principal a formação de um mercado comum aos países-membros.

- **Área de Livre Comércio das Américas (ALCA)** Integrantes: Antígua e Barbuda, Argentina, Bahamas, Barbados, Belize, Bolívia, Brasil, Canadá, Chile, Colômbia, Costa Rica, Dominica, El Salvador, Equador, Estados Unidos da América, Grenada, Guatemala, Guiana, Haiti, Honduras, Jamaica, México, Nicarágua, Panamá, Paraguai, Peru, República Dominicana, Santa Lúcia, São Cristóvão e Nevis, São Vicente e Granadinas, Suriname, Trinidad e Tobago, Uruguai e Venezuela. Em dezembro de 1994, os presidentes dos países-membros se reuniram durante a Cúpula Presidencial de Miami, no intuito de concluir as negociações para uma Área de Livre Comércio das Américas, a ser concluída em 2005. Embora ocorra a redução expressiva das tarifas de importação, quotas unilaterais e outras barreiras não-tarifárias, questionam-se os mecanismos de proteção, principalmente no caso dos produtos agrícolas. Principais pontos considerados na formalização da ALCA são: barreiras tarifárias, barreiras não-tarifárias, acessibilidade aos diferentes mercados, procedimentos alfandegários, regras de origem, subsídios, *dumping*, direitos compensatórios, desenvolvimento econômico sustentável, tecnologia, propriedade industrial, serviços, investimentos, concorrência, compras do governo, setor privado, energia, telecomunicações, transporte etc. Necessita de transparência nos regulamentos e procedimentos de formação do bloco econômico, para que se tornem instrumentos facilitadores do comércio internacional, possibilitando avaliações críticas quanto à qualidade das transações e uma hegemonia do comércio exterior de cada país.

- **Acordo de Livre Comércio da América do Norte (NAFTA) – North American Free Trade Association (NAFTA).** Integrantes: Canadá, Estados Unidos da América e México. Criado em 17/12/92, tem por objetivo criar uma zona de livre comércio até 2010, eliminando barreiras ao comércio de mercadorias, serviços e investimentos. Assim como o G-6, constitui um intervencionismo americano no comércio internacional, da mesma forma que a Alca, citada anteriormente.

- **União Européia (UE)** Integrantes: Alemanha, Áustria, Bélgica, Dinamarca, Espanha, França, Grécia, Holanda, Irlanda, Itália, Luxemburgo, Portugal e Reino Unido. Criada em 1957, por meio da assinatura do Tratado de Roma, tem por objetivo a criação de um mercado interno sem fronteiras, com livre circulação de bens, serviços, pessoas e capital, com moeda, políticas macroeconômicas, setoriais e sociais comuns até 1999. A partir de 1º de maio de 2004, mais dez países passaram a integrar o bloco: Chipre, Eslováquia, Eslovênia, Estônia, Hungria, Letônia, Lituânia, Malta, Polônia e República Checa.

- **Grupo dos Três (G-3)** Integrantes: Colômbia, México e Venezuela. Criado em 1º/01/95, tem por objetivo principal a criação de uma zona de livre comércio até 2005.

- **Mercado Comum Centro-Americano (MCCA)** Integrantes: Costa Rica, El Salvador, Guatemala, Honduras, Nicarágua e Panamá. Criado em 04/06/61, por meio da assinatura do Tratado de Integração Centro-Americana, tem por objetivo principal a formação de um mercado comum aos países-membros.

- **Mercado Comum do Caribe (Caribbean Common Market – Caricom)** Integrantes: Antígua e Barbuda, Barbados e Belize, Dominica, Granada, Guiana, Jamaica, Montserrat, Santa Lúcia, São Cristóvão e Nevis, São Vicente e Granadinas, Suriname e Trinidad e Tobago. Criado em 30/04/68, tem por objetivo principal a formação de um mercado comum aos países-membros.

- **Associação dos Estados do Caribe (AEC)** Integrantes: Antígua e Barbuda, Barbados, Bahamas, Colômbia, Costa Rica, Cuba, Dominica, El Salvador, Grenada, Guatemala, Guiana, Haiti, Honduras, Jamaica, México, Nicarágua, Panamá, República Dominicana, Santa Lúcia, São Cristóvão e Nevis, São Vicente e Granadinas, Suriname, Trinidad e Tobago e Venezuela. Criada em 24/07/94, através da assinatura de um convênio constitutivo. Tem por objetivos a criação de um órgão multilateral de consulta e a cooperação econômica-política.

- **Associação das Nações do Sudoeste Asiático (Asean)** Integrantes: Brunei Darussalam, Cingapura, Filipinas, Indonésia, Malásia, Tailândia e Vietnã. Criada em 1967, através da Declaração de Bangcoc. Tem por objetivos a defesa da região contra o comunismo, evoluindo para acordos nas áreas econômica e social, e a criação de uma zona de livre comércio até 2008.

⊕ **Fórum Econômico da Ásia do Pacífico (APEC)**   Integrantes: Austrália, Brunei Darussalam, Canadá, Chile, Cingapura, Coréia do Sul, Estados Unidos, Filipinas, Hong Kong, Indonésia, Japão, Malásia, México, Nova Zelândia, Papua Nova Guiné, Tailândia e Taiwan. Criado em 1989 com o objetivo de ser um órgão intergovernamental para consulta e cooperação econômica.

⊕ **Grupo dos 6 (G-6)**   Integrantes: Austrália, China, Cingapura, Estados Unidos, Hong Kong e Japão. Intenção de bloco econômico, equivalente asiático do Grupo dos Sete (G-7), também chamado de 'grupo dos seis mercados', se concentrará na política macroeconômica e no controle do desenvolvimento e da supervisão dos mercados financeiros e cambiais, no intuito de criar mecanismos para evitar possíveis futuras crises como a do México. Os países integrantes possuem substanciais reservas internacionais. Representa uma manifestação de urgência dos Estados Unidos em criar, fortalecer e estreitar vínculos com as economias asiáticas, cada vez mais importantes no contexto mundial. Constitui um meio para envolver a China em discussões econômicas e sociais; incluirá a participação dos presidentes dos bancos centrais de cada um dos países-membros.

⊕ **Grupo dos 7 (G-7)**   Integrantes: Alemanha, Canadá, Estados Unidos, França, Grã-Bretanha, Itália e Japão. O total das partes representa 12% da população mundial e 75% do PIB mundial. São os mais industrializados e praticamente definem a política e a economia mundiais e o destino do planeta. É composto das sete nações industrializadas mais ricas e importantes do planeta. Seu início se deu por meio do acordo Estados Unidos-Japão após a Segunda Guerra Mundial. Consistia em um acordo de cooperação socioeconômica para a reconstrução do Japão. Localiza-se em Lille, norte da França, próximo à fronteira com a Bélgica. O objetivo principal é dinamizar políticas e ações que visem o crescimento econômico.

⊕ **Grupo dos 8 (G-8)**   Integrantes do G-7 com a inclusão da Rússia, no sentido de monitorar as atividades da máfia russa e suas ramificações no mundo e nos países integrantes.

⊕ **Mercado Comum do Sul (Mercosul)**   Integrantes: Argentina, Brasil, Paraguai e Uruguai. Criado em 26/03/91, através da assinatura do Tratado de Assunção, tem por objetivos criar uma zona de livre comércio de bens, serviços e fatores produtivos, assumir posições conjuntas em foros internacionais e coordenar políticas macroeconômicas e setoriais, favorecendo as transações entre os países-membros e possibilitando uma força maior perante outros blocos e países, como o Nafta ou mesmo os Estados Unidos. A primeira tentativa de integração dos países da América Latina foi feita em meados de 1960 através da Associação Latino-Americana de Livre Comércio (ALALC), procedida pela Associação Latino-Americana de Desenvolvimento e Integração (ALADI). A primeira tinha como um dos objetivos a diminuição tributária dos produtos comercializados na região; e a segunda estava mais preocupada com os acordos bilaterais de caráter setorial. Desde a sua criação, vem ocorrendo a tentativa de substituição gradativa das fronteiras nacionais dos países-membros pela constituição de um mercado maior, que possibilitará ganhos de escala por meio da otimização da capacidade tecnológica das empresas, com a conseqüente redução de custos e preços no mercado internacional. As grandes flutuações econômicas internacionais, em especial aquelas que afetaram a Argentina, tornaram cada vez mais difícil a consolidação deste bloco.

⊕ **Tigres asiáticos**   Integrantes: Cingapura, Coréia do Sul, Hong Kong e Taiwan. Não se trata propriamente de um bloco econômico, mas um grupo formado por afinidades geográficas, cultura, política, língua e filosofias religiosas. Integra tecnologia, mão-de-obra barata, turismo e mobilidade de pessoas, possibilitando a produção e comercialização de bens e serviços a preços altamente competitivos.

🌐 **The Cooperation Council for the Arab States of the Gulf (GCC)**   Integrantes: Arábia Saudita, Bahrain, Emirados Árabes Unidos, Kuwait, Oman e Qatar. O Conselho de Cooperação para os Países Árabes do Golfo foi criado em 25/05/81, objetivando a cooperação e a coordenação em assuntos econômicos, políticos e sociais. Envolve questões como movimento de capital e pessoas, desenvolvimento de setores, transporte, cooperação tecnológica, finanças e comunicações. Os integrantes do grupo conseguiram a estabilização do crescimento de suas respectivas economias por meio de programas de industrialização, geração de empregos para as camadas mais jovens da população e diversificação dos componentes da renda.

5.2.5 *Agribusiness* e Sua Relação com o Mercado Internacional

O setor de *agribusiness* tem aumentado sua participação e importância no mundo. Se, por um lado, é constituído de produtos primários de baixo valor agregado, por outro, correspondem a uma comercialização contínua em detrimento aos bens de capital. Uma das principais preocupações brasileiras são os subsídios e as barreiras comerciais na área agrícola, que constituem um dos entraves às exportações agrícolas brasileiras para os Estados Unidos e a União Européia. A bem da verdade, o governo norte-americano sempre aplicou subsídios agrícolas no sentido de diminuir e eliminar a dependência do país às importações de *commodities*. Em tempos de pós-globalização, a terra não pode mais ser considerada um simples ativo especulativo, mas um recurso estratégico do qual o Brasil não tira proveito. O termo *agribusiness* transcende o significado do simples preparo e cultivo do solo e criação de animais. Na verdade, o termo abrange uma filosofia de negócios voltada para dentro e para fora da porteira; além das características usuais, como a produção de grãos e abate para comercialização de carne, leite e pele, a área oferece perspectivas em comércio exterior, por meio de exportação para países carentes de produtos primários, importação de insumos agrícolas e de sêmen por intermédio de cooperativas, equipamentos, entre outras atividades.

Grande parte das pessoas que trabalham diretamente com a terra desconhece sua potencialidade, pois detêm-se somente na atividade-fim, que é a extração advinda da agricultura e da indústria de criação de animais. Geralmente, o Brasil é lembrado pela comunidade internacional como produtor e exportador de café, soja e suco de laranja. Desconhecem a potencialidade do país em virtude da falta de política agrícola e de comércio internacional. Existem atividades isoladas que partem de poucas empresas, mas, se computadas sob a visão cooperativista, se tornarão uma grande fonte geradora de recursos. Cada atividade ligada ao *agribusiness* necessita de um planejamento envolvendo todas as esferas (estratégica, tática e operacional); portanto, *seus profissionais necessitam de uma especialização ainda embrionária no Brasil.*

Neste setor de crescente competição, em virtude inclusive do fenômeno da globalização econômica, na maioria dos casos o sucesso do negócio está intimamente ligado à redução de custos. Se, por um lado, a horizontalização dos negócios diminui consideravelmente os riscos, por outro, a verticalização reduz custos; ambas as hipóteses também possuem seus lados positivos e negativos. Na verticalização, mesmo que a matéria-prima seja produzida no local, seu custo deve ser considerado pelo valor de mercado, e não pelo custo de produção. Ou seja, o cômputo do valor do produto ou serviço final deve ser considerado pelo valor percebido de mercado, e não pela otimização dos ganhos de escala.

O *markup* será o referencial para o valor do desconto da negociação (*markdown*). Portanto, o produto se tornará rentável; e o preço final, flexível frente às constantes flutuações de mercado. Não podemos confundir horizontalização com diversificação; esta última faz com que o produtor tente desempenhar várias atividades, sendo que na maioria dos casos não consegue identificar e focar seus esforços em objetivos definidos. Não existe clareza em relação a qual negócio priorizar, impedindo-o de explorar as vantagens de escala e a sinergia de produção e assimilação de novas tecnologias. À medida que os sistemas de produção se tornam mais homogêneos e são utilizadas novas tecnologias, obtêm-se ganhos de escala, agregando valor ao produto ou serviço rural e, assim, tendo condições de competir com o similar internacional. Inicialmente complementar e depois uma nova forma de negócios (horizontalização), o turismo rural está mudando a mentalidade de muitos sitiantes do interior do Brasil. Juntamente com a produção agropecuária, a exploração turística rural vem sendo encarada como mais um produto capaz de gerar empregos e divisas locais. Como a demanda por essa atividade é grande, porém muito mal aproveitada, dúvidas pairam sobre a atividade e cabe às prefeituras a potencialização dos negócios, possibilitando o surgimento de microempresas no campo. Significa que *estaremos profissionalizando* outra atividade diferente daquela que é o *agribusiness*. A potencialização do negócio reflete o fato de, sinergicamente, estarmos utilizando recursos (atrativos) locais para a geração de receita. A formalização através de uma empresa vem obrigar o proprietário a profissionalizar o ramo de atividade, que muitas vezes é confundido com o turismo ecológico. Além disso, o turismo rural atrai turistas de outros países, pois as diferentes culturas, por exemplo, a européia e a japonesa, apreciam esse tipo de atividade.

Portanto, além dos atrativos naturais, é possível desenvolver serviços ampliados, como a gastronomia local, oferecendo pratos típicos, além de agregados, como *souvenirs*, artesanato, costumes e tradições, cultura (turismo cultural), pesca e caça (se a legislação permitir), entre outros. A hospedagem também constitui uma forma de entrada de divisas, porém muitas vezes os turistas preferem conhecer o local durante o dia e à noite pernoitar em ambiente mais ligado à cidade ou aos atrativos noturnos. O sucesso da atividade, além da profissionalização já citada, advém do envolvimento dos funcionários e de suas famílias na atividade turística local. As pessoas envolvidas não devem perder suas características, na vontade de satisfazer os turistas, uma vez que o principal motivo da visita é a própria característica local e a rotina diária. Existem diferentes formas de atuação nessa vasta área, que constitui uma forma natural e inteligente de desenvolvimento econômico, auferindo divisas locais e nacionais. *Pensando dessa forma, o* agribusiness *possui atrativos domésticos e internacionais.* O Brasil, por exemplo, conseguiu em 2004 um feito histórico ao ganhar junto à OMC uma ação de *dumping* contra os Estados Unidos no caso dos subsídios ao algodão. Tal feito poderá alterar a cadeia de produção e exportação, alavancando as operações internacionais do Brasil nos próximos anos.

5.2.6 Relações Internacionais e o Perfil do Profissional

O profissional de relações internacionais deve ser capaz de analisar, sob diferentes óticas, as relações interpessoais, comerciais, políticas, jurídicas, sociais e culturais e a inserção do país ou empresa no contexto internacional. Deve entender as questões geopolíticas e estratégicas que conduzam a uma postura diplomática equilibrada que visa a uma ótima negociação.

Na Índia, por exemplo, como em qualquer outro país estrangeiro, a pontualidade é vista como uma forma de respeito e aceitar um convite para um almoço ou jantar também. Se não houver talheres, utilize a mão direita para pegar os alimentos ou as louças.

O profissional de relações internacionais, dentro da realidade acadêmica brasileira e do mercado que desponta, deve possuir, ainda, as seguintes características:

- **Perfil comercial**   Para obter resultados, porém sem a conotação de curto prazo.
- **Estratégia empresarial**   Ou seja, conhecimentos e competências gerenciais, para obter negócios em conjunto com a realização dos objetivos empresariais.

Em suma, o profissional deve ter qualidades técnicas e funcionais, habilidades, qualidades e competências específicas.

5.3 Gerência Multicultural

A gestão de recursos, principalmente os humanos, sob a ótica multicultural exige a compreensão das diferenças e particularidades locais e, depois, a sua aplicação em nível global. Parte do pressuposto que todas as diferenças e características devem ser respeitadas e utilizadas como uma forma de trazer integração à empresa e aos negócios. Com o advento da globalização e a abertura das economias internacionais, aliadas às oportunidades de negócios advindas de diferentes mercados consumidores, as empresas começaram a expandir seus horizontes competitivos para além das fronteiras, deparando com oportunidades de mercado e desafios mercadológicos e gerenciais em decorrência da diversificação étnica, social, cultural e comportamental própria de cada nação. Desta maneira, relacionaremos as experiências vivenciais do autor e de outros profissionais da área de marketing internacional, não como uma opinião apenas, mas sob o prisma da comprovação científica, descritiva e dedutiva dos fatos reais.

5.3.1 Diferenças Comportamentais, Culturais e Hábitos de Grupos

As diferenças culturais, de costumes e hábitos de grupos advêm primordialmente dos comportamentos em grupo. Desta maneira, cada região se desenvolveu a partir de diferentes ancestrais e movimentos migratórios – emigratórios e imigratórios – que ajudaram a construir o alicerce da cultura pertencente à sua história. Tal assunto sempre se restringiu às ciências ligadas à sociologia, à psicologia e, de certa maneira, é explorado sob a ótica do turismo como um atrativo natural ou mesmo cultural. Nas últimas décadas, entretanto, o assunto começou a atrair um certo interesse em virtude dos diferenciais e das vantagens competitivas em relação às estratégias de entrada e operação em mercados internacionais. Entender as diferenças, nuanças e particularidades e adaptar as estratégias de marketing internacional tem se tornado uma forma inteligente e vitoriosa de conquistar novos mercados em detrimento do pensamento às vezes mecanicista de alguns empresários, que procuram a padronização no sentido de obter ganhos oriundos da economia de escala. O tema pode ser estudado e analisado sob diferentes perspectivas e situações. Nesta seção, o foco será em relação ao marketing internacional, envolvendo as estratégias de entrada e operação em mercados externos, tendo como país origem o Brasil. Consideramos estratégias de entrada e operação as ações e os procedimentos que visam eliminar os atritos e conflitos da empresa e de seu portfólio de produtos e serviços no mercado internacional, como as ligadas às franquias internacionais, *mergers, acquisitions, joint ventures* e outras formas de entrada e operação em mercados internacionais.

5.3.2 Modelos Mentais, Arquétipos e Orientações Sociais e Culturais

De maneira geral, as sociedades podem ser orientadas e analisadas sob diferentes aspectos, sendo os mais básicos ligados à iniciativa do indivíduo. Preliminarmente, a análise pode ser efetuada a partir de como as diferentes culturas encaram o relacionamento interpessoal em sua sociedade. Existem cinco dimensões:

a) A **dimensão universalista**, em que as regras são bem claras e aceitas pelo conjunto e não existe espaço para exceções. Questões maiores, ligadas às concepções sobre crimes e prostituição até os comportamentos cotidianos – como não atravessar a rua quando o sinal está vermelho para o pedestre mesmo sem nenhum trânsito de madrugada na Suíça e no Canadá –, são exemplos de sociedades que se regem pelo conjunto, dentro de padrões e normas preestabelecidos.

b) Na **dimensão individualista**, a empresa e outros fatores podem ser simplesmente veículos utilizados para caracterizar o sucesso pessoal. Dentro desta ótica, os indivíduos são orientados dentro de padrões de crescimento e sucesso, como a população norte-americana, que vende a idéia da evolução profissional e a democratização de oportunidades.

c) A **dimensão emocional** envolve aspectos ligados ao controle de sentimentos e emoções, dando espaço à razão ou a uma convenção social. Desta forma, os japoneses podem ser considerados insensíveis (e não o são) e os italianos altamente emocionais (e podem ser).

d) Finalmente, saindo um pouco das relações ligadas aos indivíduos, podem existir dentro das organizações diferentes **dimensões culturais**, ligadas à missão, à visão e aos valores culturais empresariais. Podem existir diferentes níveis e situações envolvendo relacionamentos profissionais advindos da hierarquia funcional, do sexo e do tipo de negócio. Essas dimensões culturais podem advir da empresa ou do país de origem.

Desta forma, podem existir dois tipos de sociedades:

- **Sociedade coletivista**, na qual o objetivo maior é o sucesso da sociedade e o bem-estar comum do grupo. Desta maneira, existe uma certa padronização de procedimentos e uma necessidade de força maior nos atributos em grupo. Países como o Japão, a China e a Suécia possuem este tipo de característica, e os programas de marketing internacional devem evidenciar os benefícios coletivos em detrimento da ascensão individual.

- **Sociedade individualista**, na qual os valores e ideais individuais são os itens mais valorizados, tendo como complemento os valores coletivos. Desta maneira, toda a estrutura educacional, social e profissional está alicerçada no sentido de vender a imagem do poder individual e da democratização de oportunidades, como nos Estados Unidos e na Inglaterra. Assim, sonhos são vendidos como possíveis e uma orientação para o sucesso é significativa.

Dentro dessas duas categorias existem certas divergências e dicotomias na arte do gerenciamento estratégico. Por um lado, fala-se na relação entre a importância da figura do líder e o fator liderança, na qual a organização pode ter uma espécie de referencial. Por outro lado, um negócio pode ter o sucesso esperado organizando-se em grupos orientados por uma visão. Neste último item, a necessidade da organização em grupos, podem ser utilizados o *coaching*, o *mentoring* e o *team working*,[3] por exemplo, técnicas contemporâneas de gerenciamento em ambientes competitivos e complexos. O assunto é tão importante que Max Pagan, espécie de *troubleshooter*[4] da AT&T, viveu vários anos em território japonês para poder entender e internalizar costumes, hábitos e pensamentos para introduzir a empresa no país e obter o sucesso desejado, diferentemente de algumas empresas japonesas que fracassaram nos Estados Unidos ao tentarem introduzir a cultura e o clima organizacional da qualidade nipônica por intermédio de práticas e ações isoladas, como a cerimônia do chá, por exemplo.

Sob a ótica da conveniência, valor do tempo, lógica, ordem e eficiência, as sociedades também podem ser classificadas em dois tipos de orientação:

- **Social monocrômica**, na qual as culturas possuem e seguem um raciocínio lógico dentro de uma ótica regular de pensamento. Em alguns países europeus, como Portugal, a existência e a orientação por filas é freqüente e faz parte de um processo incorporado à sociedade, na qual os procedimentos são formatados para atender este propósito; e

⊕ **Social policrômica**, na qual os determinantes maiores se referem ao coletivo e ao valor do tempo. Países como a Itália e os Estados Unidos possuem esta característica distinta, em que a sinergia, mesmo sem valor aparente, é necessária.

Muitos valores e crenças são internalizados, tornando-se parte do inconsciente coletivo, e transformados em atitudes e comportamentos. Desta maneira, *arquétipos* devem ser identificados e utilizados no plano de comunicação internacional da empresa, no sentido de franquear a entrada e facilitar as ações em mercados internacionais. A idéia de que produtos norte-americanos e japoneses possuem uma alta tecnologia e valor agregado pode ser uma forma de franquear a entrada ou a formação de *mergers*[5] em países estrangeiros, da mesma forma que o Brasil ainda é associado à questão do sexo fácil, principalmente no Carnaval, desfavorecendo o país em outros itens qualitativos de relevância e favorecendo a prática da prostituição (e da sua respectiva exportação!), além da questão nefasta da prostituição infantil.

A composição da população brasileira é bastante estratificada, e as oportunidades e posições de prestígio são oriundas do nível econômico e racial, tendo uma composição bastante eclética em decorrência da diversificação étnica proveniente principalmente de africanos, europeus e orientais. A presença de organizações e empresas internacionais multiplicou a diversidade de técnicas e formas gerenciais de trabalho e comercialização, deixando o País, de certa forma, vulnerável ao conhecimento externo e sem uma identidade gerencial brasileira. Fala-se muito no 'jeitinho brasileiro' como uma forma de trabalhar com criatividade, porém tal prática pode denotar um pensamento não-linear de curto prazo em detrimento do pensamento linear de longo prazo. Ainda é prática no país a utilização de ferramentas de curto prazo, como a promoção de vendas e a venda pessoal, em épocas de recessão ou diminuição de vendas, em detrimento da pesquisa e desenvolvimento de marketing, por exemplo.

Os fatores podem ser determinantes no resultado – fracasso ou sucesso – do negócio, havendo a necessidade de adaptação da empresa e de suas estratégias. Uma importante empresa européia de cosméticos, ao globalizar suas atividades, decidiu efetuar suas operações de maneira segmentada por país. Como tinha experiência anterior em países onde é hábito o pagamento a vista, montou uma equipe de vendedores e gerenciadores com um orçamento de manutenção de pouco mais de um mês. Ao entrar no Brasil, deparou com graves problemas orçamentários, inclusive a própria manutenção da equipe no País, onde o sucesso das vendas refere-se às vendas a prazo, inclusive com cheques pré-datados.

Um grande diferencial é a identificação dos *valores sociais e culturais emergentes*, pois sua existência pode significar um potencial de mercado ilusório que pode deturpar os resultados de médio e longo prazos. Uma empresa pode tentar introduzir um produto no Brasil com um conceito ou apelo sexual forte, entendendo que o brasileiro responderá ao estímulo em decorrência das experiências oriundas do Carnaval. No entanto, tais experiências não fazem parte do coletivo da população brasileira, ocasionando, então, uma falha da introdução do produto no País. Outro exemplo é a introdução da rede Kentucky Fried Chicken na Coréia. Foram os valores emergentes – a necessidade da população jovem de se identificar com os valores norte-americanos – que impulsionaram a rede na região, e não necessariamente o potencial de mercado de consumidores de carne de frango.

Finalmente, o profissional de marketing internacional deve entender a importância dos fatores e dos *modelos mentais* pertencentes a cada população, seja em nível geral ou empresarial. Tais modelos podem ser construídos a partir das diferentes percepções individuais e podem ser barreiras ou porteiros de entrada. A empresa deverá entrar, identificar, revisar, substituir ou fortalecer os modelos para o perfeito comprometimento da organização ou do negócio. Exemplos:

- No ambiente doméstico, uma multinacional financeira européia no Brasil resolveu introduzir o conceito dos *yuppies*[6] em seu quadro funcional. Inicialmente, houve uma grande resistência dos funcionários, perdendo vários talentos e, posteriormente, negócios e lucratividade. Depois, por vários motivos, desistiu do programa.

- No ambiente internacional, os produtos chineses ainda carregam o conceito básico de serem baratos e de baixa qualidade. A baixa qualidade tem como origem a antiga necessidade de a China obter um grande mercado consumidor e que gerasse grande receita a partir de um diferencial competitivo do país – baixo custo proveniente da população em massa.

Entendemos, então, que o profissional de marketing internacional não deverá somente adaptar seus programas de marketing, mas também os programas referentes à gestão de recursos humanos e talentos organizacionais.

5.3.3 O Perfil do Líder na Ótica da Gerência Multicultural

O perfil de um verdadeiro líder, além das qualidades já divulgadas em outros livros, deve ter, dentro da ótica da gestão multicultural, algumas características:

- Formação cultural e acadêmica que possibilite a percepção e o entendimento de situações específicas. O profissional deverá ter uma formação que possibilite sua rápida adaptação e inserção no ambiente da empresa e, principalmente, dos negócios internacionais. Para tanto, é necessário, por exemplo, um raciocínio lógico que vise entender as pequenas particularidades que provêm de diferentes situações que podem oferecer uma simpatia inicial, como a postura em um jantar ou almoço de negócios (conhecimentos prévios de gastronomia e etiqueta), domínio de idiomas ou expressões idiomáticas e comerciais pertinentes ou de nível cultural organizacional.

- Perfil sabático no sentido de poder identificar, discutir e explorar de diferentes maneiras os negócios da empresa e detectar oportunidades latentes de mercado.

- Capacidades cognitiva e de anagnose, no sentido de se posicionar e influenciar positivamente os membros do grupo dentro de um processo de negociação.

- Competência cognitiva de reduzir os níveis de incompreensão cultural e os conflitos em relação aos modelos mentais das diferentes culturas.

- Habilidades e competências necessárias para introduzir e gerenciar a empresa no sentido de trazer os resultados do negócio. Entendemos, então, que todos os esforços serão pertinentes e focados na satisfação do cliente, do profissional ou do público interno,[7] porém com o objetivo de sucesso e lucro financeiro.

Neste aspecto, é importante discernir o que é *cultura empresarial*, que difere enormemente da cultura de um país ou de um grupo de pessoas. A segunda se refere aos aspectos construídos, absorvidos e relevantes para o ser humano dentro de um ambiente incontrolável (conceito desenvolvido até o momento). A primeira se refere aos fatores do microambiente da empresa, em que o líder pode criar, mudar e desenvolver a cultura organizacional a partir da missão empresarial. Neste contexto, o perfil apresentado pode (e não necessariamente deve) existir, principalmente em decorrência de a cultura não poder ser administrada.

As diferentes características deverão ser consideradas e avaliadas para que os recursos e esforços sejam bem gerenciados. Neste importante aspecto, a empresa deverá desenvolver os sistemas de informação internos pertinentes, que possibilitem avaliar a cultura e o clima organizacionais.

5.3.4 A Segmentação Como Importante Ferramenta Estratégica de Gerenciamento

A segmentação de mercado sempre foi tratada como uma forma de análise para estudos qualitativos de potencial de mercado. Enquanto a pesquisa quantitativa sempre foi usada para verificar a demanda em potencial, a pesquisa qualitativa foi usada principalmente com o propósito de adequar as estratégias ao perfil característico de cada mercado. Então, o entendimento das diferentes nuanças qualitativas dos consumidores, como as de ordem psicográfica, tem sido utilizado para organizar e adaptar as estratégias de marketing internacional para a posterior venda.

A segmentação também pode ser uma importante ferramenta para que se estabeleça padrões e indicadores de comportamento que possam ajudar no gerenciamento de times em outras nações.

5.3.5 Características e Dificuldades na Gestão Multicultural

A gestão multicultural, em decorrência de sua riqueza de particularidades, possui algumas características que podem ser consideradas positivas ou negativas, dependendo do ponto de vista e dos objetivos da empresa:

- Altos investimentos em pesquisa de marketing internacional e recursos humanos, além de um investimento contínuo em sistemas de informação e de inteligência em marketing internacional. As pesquisas serão elaboradas no sentido de diagnosticar o mercado e delinear as estratégias de entrada e operação, enquanto os sistemas serão necessários no sentido de monitorar o *status quo*, suas mudanças e transformações.

- A identificação e manutenção de profissionais gabaritados que estejam comprometidos com os ideais e propósitos do negócio e com grande liderança, flexibilidade e agilidade interpessoal.

- Pensamento etnocêntrico, que parte do pressuposto que a nossa cultura é superior às outras e está no centro do universo. O 'jeitinho brasileiro' é considerado por nós um grande diferencial competitivo, porém denota um pensamento e uma orientação de curto prazo, e não necessariamente criatividade. Da mesma forma que hábitos de etiqueta à mesa podem ser considerados corretos, como o comer com garfo e faca; porém, outras culturas têm hábitos diferentes, comendo com 'pauzinhos' ou com as mãos, por exemplo.

- Pensamento e orientação baseados no paroquialismo, supondo que a nossa cultura é a única e correta forma de pensar e agir, podendo haver a transferência no caso em que determinados valores estejam sendo analisados sob diferentes óticas, como a necessidade premente de falar inglês em um mundo globalizado.

- Capacidade da empresa de fazer marketing internacional, isto é, *expertise* para atuar de maneira global em situações inusitadas e de alto risco, além de conhecimentos, habilidades e competências.

- Necessidade de alta tecnologia e comunicação no sentido de integrar de maneira rápida as equipes e as estratégias de marketing e suas respostas em tempo real.

- Falta de material que possibilite uma gerência mais eficaz.

Sobre este último e importante aspecto, existe pouco material publicado e muitos sucessos e fracassos fazem parte do histórico profissional resguardado em empresas e na experiência individual de alguns profissionais. Além disso, fatores ligados à globalização e à abertura dos mercados evidenciaram as diferenças e particularidades entre as nações. Algumas se adaptaram e sofrem grande influência, como a brasileira; outras se adaptaram parcialmente, como a japonesa, onde diversos produtos estrangeiros são comercializados; e outras se fecharam completamente, como Cuba e a Arábia Saudita. Desta forma, evidencia-se a complexidade – e a grande necessidade – do conhecimento e da atuação de profissionais que entendam a gerência multicultural.

Concluindo o aspecto da gerência multicultural, em decorrência da abertura das economias internacionais e da necessidade de expansão no mercado, várias empresas optaram pelo crescimento via mercado internacional. Desta forma, a expansão e o sucesso em mercados internacionais envolvem as competências e habilidades dos profissionais, além da complexa gestão proveniente das diferenças culturais, sociais e comportamentais de cada população. Entender e se adaptar é um importante diferencial competitivo, e a empresa poderá usufruir dos resultados de maneira plena, com os devidos cuidados de monitoramento e a capacidade de fazer marketing internacional. Para tanto, será necessário um líder visionário que possa conduzir e compatibilizar as diferentes metas e objetivos pessoais e profissionais.

Portanto, a gerência multicultural não significa que todos devem se adaptar, mas entender e se conscientizar das diferenças para que os propósitos e filosofias sejam conquistados.

5.4 A Geografia Econômica Internacional

Antigamente, o assunto geografia era abordado simplesmente em termos das características e particularidades físicas naturais do local, seu clima, rios e similares. Atualmente, a abordagem da geografia trata de questões que visam evidenciar as origens dos conflitos étnicos, a distribuição da riqueza e da pobreza, os movimentos migratórios e os fatores geopolíticos, por exemplo. Dentro do contexto do marketing internacional, a atual geografia trata dos seguintes assuntos:

- A *paisagem* trata da parte da realidade que nossos olhos captam. O somatório das várias realidades resulta na *configuração territorial*, que de certa maneira traduz as relações sociais, políticas e econômicas de uma região e população. O *espaço geográfico* traduz a compreensão que temos do total geográfico. Desta forma, a mescla das diferentes paisagens do Canadá, com extensas áreas verdes, construções modernas e casas com tetos de cobre, traduz um pouco a cultura, os valores e as características da população, fortalecendo os arquétipos do país.

- O espaço geográfico natural sofreu grandes transformações em decorrência das ações econômicas, principalmente do capitalismo. Com isso, houve uma distribuição de riqueza, pobreza e empresas em decorrência das capacidades individuais de cada país. A partir de uma avaliação prévia, o profissional poderá identificar as regiões em que poderá introduzir seus negócios e, posteriormente, outras que poderão ser abordadas, cruzando os dados com diferentes variáveis.

- Os fatores anteriormente citados referem-se, em grande parte, às particularidades econômicas de um país, que conduzem a uma avaliação parcial quantitativa. O *IDH* (*Índice de Desenvolvimento Humano*) avalia a qualidade de vida de uma população, considerando os indicadores sociais (expectativa de vida, mortalidade infantil e analfabetismo, por exemplo) e os indicadores políticos (direitos humanos, participação política da população, entre outros), mostrando que caminho o país terá de trilhar para obter uma média de vida de 85 anos para a população, acesso generalizado à educação e nível de rendimento satisfatório. O IDH é constituído de três componentes: *esperança de vida ao nascer*, *nível educacional* e *renda*; e não pode ser analisado de maneira única. O Brasil, por exemplo, possui índices diferentes dependendo da região (Nordeste e Sul), enquanto nos Estados Unidos as diferenças são de ordem étnica e racial (brancos, americanos e hispânicos). O IDH é um importante indexador para as políticas sociais e econômicas, uma vez que serve, também, como base para o fornecimento de empréstimos e doações internacionais, além de definir o perfil de consumo da população.

QUADRO 5.1 Distribuição de Renda no Mundo. (*World Development Report*, Unesco, 1998/1999)				
País	20% mais pobres	60% intermediários	20% mais ricos	10% mais pobres
Suíça	7,4	49,1	43,5	28,6
Noruega	10,0	54,6	35,3	21,2
Estados Unidos	4,8	50,0	45,2	28,5
Alemanha	9,0	53,9	37,1	22,6
Canadá	7,5	53,1	39,3	23,8
Espanha	7,5	52,2	40,3	25,2
Brasil	2,5	33,3	64,2	47,9
México	4,1	40,5	55,3	39,2
Rússia	7,4	54,5	38,2	22,2
Paraguai	2,3	35,3	62,4	46,6
China	5,5	47,0	47,5	30,9
Índia	9,2	51,5	39,3	25,0
Guiné-Bissau	2,1	39,1	58,9	42,4
Serra Leoa	1,1	35,5	63,4	43,6

Fonte: United Nations Development Programme, 2003.

As transformações e mudanças nos padrões do Comércio Mundial, os processos de internacionalização do crescimento econômico, os novos paradigmas tecnológicos e organizacionais, as novas regras das relações econômicas internacionais no mundo pós-globalizado, a necessidade de regionalização e suas formas de integração conduzem à idéia de que os profissionais que atuam no nível internacional devem conhecer e entender aspectos referentes à geografia política, geopolítica, as relações entre espaço e política e suas particularidades sobre a distribuição do poder mundial, inclusive as concepções liberais, marxistas e neo-marxistas do Estado e o conceito da mundialização contemporânea. Com isso, a empresa terá a possibilidade, por exemplo, de analisar a produção no espaço global, usar e delimitar os espaços marítimos e as diferentes formas de atuação no mercado internacional.

QUADRO 5.2   Índice de Desenvolvimento Humano.
(*Human Development Report*, Unesco, 2003)

	1975	1980	1985	1990	1995	2001
1 Noruega	0.858	0.876	0.887	0.900	0.924	0.944
2 Islândia	0.862	0.884	0.893	0.912	0.918	0.942
3 Suécia	0.862	0.871	0.882	0.893	0.924	0.941
4 Austrália	0.843	0.859	0.872	0.886	0.926	0.939
5 Holanda	0.863	0.876	0.890	0.904	0.925	0.938
6 Bélgica	0.840	0.857	0.871	0.892	0.923	0.937
7 Estados Unidos	0.864	0.883	0.896	0.911	0.923	0.937
8 Canadá	0.866	0.881	0.904	0.924	0.929	0.937
9 Japão	0.851	0.875	0.890	0.906	0.920	0.932
10 Suíça	0.872	0.884	0.891	0.904	0.912	0.932
11 Dinamarca	0.871	0.879	0.886	0.893	0.910	0.930
12 Irlanda	0.819	0.832	0.847	0.871	0.895	0.930
13 Reino Unido	0.840	0.847	0.857	0.877	0.916	0.930
14 Finlândia	0.835	0.854	0.872	0.894	0.907	0.930
15 Luxemburgo	0.835	0.849	0.864	0.886	0.913	0.930
16 Áustria	0.839	0.853	0.867	0.890	0.908	0.929
17 França	0.846	0.862	0.874	0.896	0.912	0.925
18 Alemanha	..	0.859	0.868	0.885	0.908	0.921
19 Espanha	0.834	0.851	0.865	0.883	0.901	0.918
20 Nova Zelândia	0.844	0.850	0.861	0.870	0.898	0.917
21 Itália	0.838	0.854	0.862	0.884	0.900	0.916
22 Israel	0.794	0.818	0.838	0.857	0.879	0.905
23 Portugal	0.785	0.799	0.821	0.847	0.876	0.896
24 Grécia	0.831	0.847	0.859	0.869	0.875	0.892
25 Chipre	..	0.800	0.820	0.844	0.864	0.891
26 Hong Kong, China (SAR)	0.755	0.794	0.821	0.857	0.875	0.889
27 Barbados	0.802	0.823	0.835	0.849	0.855	0.888
28 Cingapura	0.722	0.755	0.782	0.819	0.858	0.884
29 Eslovênia	..	..	..	0.843	0.851	0.881
30 Coréia, Rep. da	0.701	0.736	0.774	0.814	0.848	0.879
31 Brunei Darussalam	..	..	..	..	..	0.872
32 República Checa	..	..	..	0.835	0.843	0.861
33 Malta	0.716	0.751	0.778	0.812	0.835	0.856
34 Argentina	0.784	0.797	0.804	0.807	0.829	0.849

(continua)

QUADRO 5.2   Índice de Desenvolvimento Humano.
(Human Development Report, Unesco, 2003) (continuação)

	1975	1980	1985	1990	1995	2001
35 Polônia	..	..	..	0.794	0.810	0.841
36 Seychelles	..	..	..	..	..	0.840
37 Bahrain	..	0.742	0.773	0.796	0.823	0.839
38 Hungria	0.775	0.791	0.803	0.803	0.807	0.837
39 Eslováquia	..	..	..	..	..	0.836
40 Uruguai	0.756	0.775	0.779	0.799	0.814	0.834
41 Estônia	..	0.811	0.818	0.814	0.793	0.833
42 Costa Rica	0.749	0.774	0.776	0.794	0.815	0.832
43 Chile	0.700	0.735	0.752	0.780	0.811	0.831
44 Qatar	..	..	..	..	..	0.826
45 Lituânia	..	..	..	0.819	0.785	0.824
46 Kuwait	0.760	0.780	0.784	..	0.822	0.820
47 Croácia	..	..	..	0.801	0.794	0.818
48 Emirados Árabes Unidos	..	..	..	..	..	0.816
49 Bahamas	..	..	..	..	..	0.812
50 Letônia	..	0.791	0.803	0.803	0.761	0.811
51 São Cristóvão e Nevis	..	..	..	..	..	0.808
52 Cuba	..	..	..	..	..	0.806
53 Belarus	..	..	..	0.806	0.774	0.804
54 Trinidad e Tobago	0.733	0.765	0.784	0.787	0.788	0.802
55 México	0.684	0.729	0.748	0.757	0.771	0.800
56 Antígua e Barbuda	..	..	..	..	..	0.798
57 Bulgária	..	0.769	0.790	0.792	0.784	0.795
58 Malásia	0.615	0.658	0.692	0.721	0.759	0.790
59 Panamá	0.710	0.729	0.744	0.745	0.768	0.788
60 Macedônia, TFYR	..	..	..	..	..	0.784
61 República Arábica da Líbia	..	..	..	..	..	0.783
62 Maurício	..	0.654	0.684	0.720	0.744	0.779
63 Federação Russa	..	0.796	0.811	0.809	0.766	0.779
64 Colômbia	0.667	0.696	0.711	0.731	0.758	0.779
65 Brasil	0.643	0.678	0.691	0.712	0.738	0.777
66 Bósnia e Herzegovina	..	..	..	..	..	0.777
67 Belize	..	0.709	0.717	0.749	0.768	0.776
68 Dominica	..	..	..	..	..	0.776

(continua)

QUADRO 5.2   Índice de Desenvolvimento Humano.
(*Human Development Report*, Unesco, 2003)   *(continuação)*

	1975	1980	1985	1990	1995	2001
69 Venezuela	0.715	0.729	0.737	0.755	0.765	0.775
70 Samoa (Ocidental)	..	..	0.714	0.726	0.743	0.775
71 Santa Lúcia	..	..	..	..	..	0.775
72 Romênia	..	..	0.782	0.768	0.765	0.773
73 Arábia Saudita	0.596	0.656	0.679	0.716	0.746	0.769
74 Tailândia	0.612	0.650	0.673	0.705	0.739	0.768
75 Ucrânia	..	..	..	0.797	0.748	0.766
76 Cazaquistão	..	..	..	0.781	0.738	0.765
77 Suriname	..	..	..	..	..	0.762
78 Jamaica	0.690	0.693	0.695	0.723	0.736	0.757
79 Omã	..	..	..	..	..	0.755
80 São Vincente e Granadinas	..	..	..	..	..	0.755
81 Fiji	0.654	0.677	0.691	0.717	0.739	0.754
82 Peru	0.639	0.668	0.691	0.702	0.729	0.752
83 Líbano	..	..	..	0.678	0.728	0.752
84 Paraguai	0.674	0.708	0.714	0.726	0.744	0.751
85 Filipinas	0.647	0.680	0.684	0.713	0.731	0.751
86 Maldivas	..	..	..	..	..	0.751
87 Turcomenistão	..	..	..	..	..	0.748
88 Geórgia	..	..	..	..	..	0.746
89 Azerbaijão	..	..	..	..	..	0.744
90 Jordânia	..	0.637	0.659	0.675	0.702	0.743
91 Tunísia	0.514	0.572	0.620	0.654	0.693	0.740
92 Guiana	0.686	0.689	0.680	0.687	0.711	0.740
93 Granada	..	..	..	..	..	0.738
94 República Dominicana	0.625	0.654	0.675	0.683	0.703	0.737
95 Albânia	..	0.668	0.686	0.697	0.698	0.735
96 Turquia	0.589	0.612	0.649	0.681	0.712	0.734
97 Equador	0.627	0.672	0.694	0.704	0.720	0.731
98 Territórios Palestinos Ocupados	..	..	..	..	..	0.731
99 Sri Lanka	0.609	0.644	0.670	0.692	0.715	0.730
100 Armênia	..	..	..	0.756	0.709	0.729
101 Uzbequistão	..	..	..	0.728	0.712	0.729

(continua)

QUADRO 5.2 Índice de Desenvolvimento Humano.
(*Human Development Report*, Unesco, 2003) *(continuação)*

	1975	1980	1985	1990	1995	2001
102 Quirguistão	..	..	..	..	..	0.727
103 Cabo Verde	..	..	0.593	0.632	0.683	0.727
104 China	0.521	0.554	0.591	0.624	0.679	0.721
105 El Salvador	0.595	0.595	0.614	0.653	0.692	0.719
106 Irã, Rep. Islâmica do	0.562	0.566	0.607	0.646	0.690	0.719
107 Algéria	0.510	0.559	0.609	0.648	0.668	0.704
108 Moldova, Rep. da	..	0.718	0.739	0.756	0.704	0.700
109 Vietnã	..	..	0.582	0.603	0.646	0.688
110 República Árabe da Síria	0.536	0.578	0.612	0.632	0.664	0.685
111 África do Sul	0.660	0.676	0.702	0.734	0.741	0.684
112 Indonésia	0.464	0.526	0.578	0.619	0.659	0.682
113 Tadjiquistão	..	..	0.736	0.736	0.665	0.677
114 Bolívia	0.511	0.546	0.573	0.598	0.631	0.672
115 Honduras	0.522	0.571	0.603	0.626	0.648	0.667
116 Guiné Equatorial	..	..	..	..	..	0.664
117 Mongólia	..	..	0.647	0.655	0.634	0.661
118 Gabão	..	..	..	..	..	0.653
119 Guatemala	0.514	0.551	0.563	0.587	0.617	0.652
120 Egito	0.433	0.480	0.530	0.572	0.605	0.648
121 Nicarágua	..	..	..	..	..	0.643
122 São Tomé e Príncipe	..	..	..	..	..	0.639
123 Ilhas Salomão	..	..	..	..	..	0.632
124 Namíbia	..	..	..	..	0.677	0.627
125 Botsuana	0.509	0.573	0.626	0.674	0.666	0.614
126 Marrocos	0.427	0.472	0.506	0.538	0.567	0.606
127 Índia	0.416	0.443	0.481	0.519	0.553	0.590
128 Vanuatu	..	..	..	..	..	0.568
129 Gana	0.444	0.474	0.487	0.515	0.537	0.567
130 Camboja	..	..	..	0.512	0.543	0.556
131 Myanmar	..	..	..	..	..	0.549
132 Papua Nova Guiné	0.428	0.450	0.470	0.487	0.527	0.548
133 Suazilândia	0.510	0.541	0.567	0.611	0.606	0.547
134 Comoros	..	0.485	0.503	0.507	0.515	0.528
135 Laos, Rep. Popular Dem. do	..	..	0.422	0.449	0.485	0.525

(continua)

QUADRO 5.2   Índice de Desenvolvimento Humano.
(*Human Development Report*, Unesco, 2003) *(continuação)*

	1975	1980	1985	1990	1995	2001
136 Butão	..	..	..	..	..	0.511
137 Lesoto	0.477	0.517	0.542	0.565	0.558	0.510
138 Sudão	0.351	0.378	0.399	0.431	0.465	0.503
139 Bangladesh	0.336	0.352	0.384	0.414	0.443	0.502
140 Congo	0.462	0.506	0.553	0.538	0.517	0.502
141 Togo	0.402	0.450	0.449	0.480	0.491	0.501
142 Camarões	0.402	0.445	0.495	0.510	0.498	0.499
143 Nepal	0.287	0.326	0.368	0.413	0.451	0.499
144 Paquistão	0.344	0.370	0.403	0.440	0.472	0.499
145 Zimbabue	0.544	0.570	0.626	0.614	0.567	0.496
146 Quênia	0.440	0.487	0.510	0.535	0.519	0.489
147 Uganda	..	..	0.402	0.403	0.412	0.489
148 Iêmen	..	..	..	0.392	0.429	0.470
149 Madagascar	0.397	0.431	0.424	0.431	0.438	0.468
150 Haiti	..	0.446	0.461	0.457	0.456	0.467
151 Gâmbia	0.291	..	..	..	0.426	0.463
152 Nigéria	0.324	0.384	0.400	0.426	0.452	0.463
153 Djibuti	..	..	..	0.459	0.457	0.462
154 Mauritânia	0.346	0.369	0.387	0.399	0.427	0.454
155 Eritréia	..	..	..	..	0.419	0.446
156 Senegal	0.311	0.328	0.354	0.378	0.394	0.430
157 Guiné	..	..	..	..	..	0.425
158 Ruanda	0.349	0.394	0.405	0.359	0.343	0.422
159 Benin	0.286	0.322	0.348	0.352	0.378	0.411
160 Tanzânia, Rep. Unida da	..	..	..	0.408	0.401	0.400
161 Costa do Marfim	0.380	0.413	0.422	0.420	0.405	0.396
162 Malaui	0.314	0.341	0.355	0.365	0.404	0.387
163 Zâmbia	0.462	0.470	0.478	0.461	0.414	0.386
164 Angola	..	..	..	..	..	0.377
165 Chade	0.265	0.265	0.305	0.330	0.342	0.376
166 Guiné-Bissau	0.263	0.267	0.297	0.319	0.347	0.373
167 Congo, Rep. Dem. do	0.419	0.426	0.429	0.417	0.380	0.363
168 República Centro-Africana	0.339	0.356	0.378	0.379	0.370	0.363
169 Etiópia	..	..	0.281	0.305	0.322	0,359

(continua)

QUADRO 5.2 Índice de Desenvolvimento Humano.
(*Human Development Report*, Unesco, 2003) *(continuação)*

	1975	1980	1985	1990	1995	2001
170 Moçambique	..	0.309	0.295	0.317	0.325	0,356
171 Burundi	0.287	0.312	0.338	0.343	0.317	0.337
172 Mali	0.231	0.261	0.268	0.287	0.308	0.337
173 Burkina Faso	0.237	0.260	0.286	0.301	0.313	0.330
174 Nigéria	0.243	0.262	0.254	0.264	0.270	0.292
175 Serra Leoa	..	..	..	..	..	0.275

Fonte: United Nations Development Programme, 2003.

Conclusão

A globalização e a formação de blocos econômicos é um fator irreversível que influencia sobremaneira a comercialização de produtos e serviços, uma vez que otimiza os procedimentos internos de logística, por exemplo. Muitos profissionais que atuam na área desconhecem, por culpa própria ou do governo, dos tratados bilaterais e multilaterais e, conseqüentemente não usufruindo dos possíveis benefícios que poderão existir.

A cultura não pode ser administrada, pois ela é decorrente do ambiente incontrolável, porém as empresas devem procurar mecanismos de adaptação.

Resumo

O capítulo desenvolve o conceito e a importância da gerência multicultural dentro do cenário contemporâneo internacional, evidenciando suas características básicas e como elas podem influenciar nas estratégias de marketing internacional da empresa. Oferece ao leitor importantes conceitos e aplicações de modelos mentais, arquétipos, orientações sociais e culturais dentro do processo de gestão estratégica de empresas internacionais.

Estudo de caso

Uma pequena confecção decidiu oferecer seus produtos (maiôs) em diferentes mercados. Após a consulta de diversas entidades ligadas à consultoria e assessoria em comércio, resolveu enviar amostras a potenciais compradores, constituídos por grandes redes de varejo internacionais. Discuta que estratégias de entrada e operação poderiam ser utilizadas pela empresa para ingresso em diferentes mercados, que precauções ela deveria ter e ao mesmo tempo, que posturas atitudinais deverão ser incorporadas pela empresa no sentido de melhor ofertar seus produtos na comunidade internacional.

Exercícios de fixação e reflexão

1. O fator globalização afetará o valor sócio-econômico-cultural de uma nação? Explique.

2. Quais as vantagens e desvantagens da união comercial entre países vizinhos (ou mesmo a constituição de blocos econômicos)?

3. Como a globalização afetará as nações em economias de subsistência?

4. Até que ponto a globalização afeta a soberania de país? Explique.

5. Como a globalização afetará as relações trabalhistas? O processo da globalização e mercado de trabalho pode ser revertido?

6. Cada bloco econômico possui características e incentivos que, se conhecidos, possibilitam à empresa alternativas e oportunidades de negócios. Dos blocos abaixo, verifique os acordos comerciais bilaterais e multilaterais e avalie os benefícios em relação ao Brasil.

- Associação Latino-Americana de Integração (ALADI)
- Grupo Andino ou Pacto Andino (GRAN)
- Área de Livre Comércio das Américas (ALCA)
- North American Free Trade Association (NAFTA)
- União Européia (UE)
- Grupo dos 3 (G-3)
- Mercado Comum Centro-Americano (MCCA)
- Mercado Comum do Caribe (Caribbean Common Market – CARICOM)
- Associação dos Estados do Caribe (AEC)
- Associação de Nações do Sudeste Asiático (ASEAN)
- Fórum Econômico da Ásia do Pacifico (APEC)
- Grupo dos 6 (G-6)
- Grupo dos 7 (G-7)
- Mercado Comum do Sul (MERCOSUL)

Atividades complementares

Exiba aos participantes assistirem os filmes:

- Fábrica de loucuras (título original: Gun Ho): produção de 1986 dirigido pelo diretor Ron Howard e estrelado por Michael Keaton.
- Três Reis (título original: Three Kings): produção de 1999 dirigido pelo diretor David O. Russel e estrelado por George Clooney.

Solicite para cada filme uma pequena análise comparativa, evidenciando as dimensões, orientações e arquétipos.

Dica: o primeiro filme trata da implantação de uma equipe japonesa em uma montadora localizada nos Estados Unidos e o segundo mostra soldados americanos à caça do tesouro de Sadam Hussein.

Visite uma Câmara de Comércio. Estude suas particularidades, características e principais benefícios que podem ser conseguidos a partir dos dados e informações obtidas.

Bibliografia recomendada

KANAANE, Roberto. *Comportamento humano nas organizações - o homem rumo ao século XXI.* 2. ed. São Paulo: Atlas, 1999.

KANAANE, Roberto & ORTIGOSO, Sandra Aparecida Formigari. *Manual de treinamento e desenvolvimento do potencial humano.* São Paulo: Atlas, 2001.

KUAZAQUI, Edmir. *Marketing internacional – como conquistar negócios em mercados internacionais.* São Paulo: Makron Books, 1999.

_____. *Marketing turístico e de hospitalidade – fonte de empregabilidade e riquezas para o Brasil.* São Paulo: Makron Books, 2000.

KUAZAQUI, Edmir & KANAANE, Roberto. *Marketing e desenvolvimento de competências.* São Paulo: Nobel, 2004.

_____. *Gerência multicultural.* São Paulo: Revista Estudos em Liderança, 2004.

MINGST, Karen. *Essential of international relations.* Nova York: W.W. Norton & Company, 2003.

MOTTA, Fernando C. Prestes & CALDAS, Miguel P. *Cultura organizacional e cultura brasileira.* São Paulo: Atlas, 1997.

SEMENIK, Richard. J. & BAMOSSY, Gary J. *Princípios de marketing – uma perspectiva global.* São Paulo: Makron Books, 1996.

WIGHT, Martin. *A política do poder.* 2. ed. São Paulo: UnB, 2002.

Endereço eletrônico

www.academiadetalentos.com.br

Notas

1. Onde representantes de 45 países, a convite dos Estados Unidos, reúnem-se com o objetivo de se estabelecer uma nova ordem econômica mundial em decorrência da prevista derrota da Alemanha e do Japão.

2. Administrador ou agente com relação a ajustes financeiros internacionais.

3. Termos relacionados à Administração Estratégica sob o ponto de vista de Recursos Humanos e a ótica de talentos organizacionais.

4. Executivo que tem como missão primordial diminuir os atritos e conflitos na abertura de uma nova empresa em solo estrangeiro. Geralmente o termo tem conotação de curto prazo, idéia que Max Pagan rejeita.

5. Parcerias estratégicas geralmente originadas a partir de uma oportunidade de negócios e envolvendo empresas de segmentos diferentes.

6. *Young People in a Professional Job With a High Income.* No Brasil, diferentemente dos Estados Unidos, o termo foi utilizado para conceituar um jovem profissional recém-formado, com determinadas características como inglês fluente e proveniente de universidades de primeira linha, que seriam treinadas e que seriam inseridas posteriormente na organização como subgerentes de área. O grande problema foi que o Programa de Jovens Profissionais foi criado no sentido de obtenção de mão-de-obra de baixo custo em detrimento aos profissionais de carreira com grande tempo de casa.

7. Dependendo da ótica de Marketing ou Recursos Humanos.

Negociação, Comunicação e Formação de *Traders*

Para continuar no jogo, basta simplesmente chegar onde os outros já estão, mas acredito que os vencedores, em última instância, serão todos aqueles com capacidade de inventar jogos fundamentais novos.

Gary Hamel

OBJETIVOS DO CAPÍTULO

- Introduzir os conceitos de negociação e comunicação nacional e internacional, enfatizando a importância do conhecimento das características de cada negociador de cada nação.

- Desenvolver habilidades, competências e influência interpessoal na negociação internacional, apresentando técnicas e estilos de negociação internacional.

- Recomendar ações básicas para quem desejar negociar em mercados internacionais.

- Mostrar o perfil e a importância do conhecimento para o negociador internacional.

- Mostrar algumas características dos diferentes países, envolvendo a negociação.

- Explicar a importância da comunicação verbal e não-verbal e como os diferentes costumes e tradições interferem em marketing internacional.

- Discutir a identificação e análise de talentos humanos em marketing internacional.

- Apresentar e discutir as habilidades e competências necessárias para um gerente multicultural e um *trader* internacional.

- Apresentar algumas oportunidades que se apresentam no cenário internacional.

6.1 Introdução

No mundo contemporâneo, onde todos os recursos são escassos e muitas vezes podem se constituir como diferenciais e vantagens competitivas, a negociação assume um importante papel no sentido de eliminar os conflitos e aumentar o poder de barganha junto a fornecedores e prestadores de serviços, além da importante função dentro do processo de negócios internacionais da empresa. A arte de negociar é composta por diversas particularidades, ou seja, o artista deve saber com precisão aplicar cores e técnicas para obter os melhores resultados. Este capítulo, então, tratará da negociação sob a ótica empresarial, descartando o nível interno da empresa ou as relações contratuais e de recursos humanos.

6.2 O Que Significa Negociação no Mundo Atual?

Pode-se definir a negociação como um processo analítico-prático, às vezes simbiótico, que objetiva tomar as melhores decisões e otimizar os interesses entre as partes envolvidas, obtendo um consenso que conduza aos melhores resultados. O processo é formado por diferentes técnicas, posturas e ações que podem influenciar comportamentos, atitudes e decisões. A negociação é algo implícito na própria característica do ser humano. Do nascimento ao crescimento e evolução do indivíduo e das organizações, o processo de negociação vai tomando aspectos mais complexos, respeitando-se as questões legais e éticas pertinentes ao momento histórico e à situação. Preliminarmente, implica compradores e vendedores de insumos, produtos e serviços, porém sua amplitude é bem maior, caracterizando a criação e desenvolvimento de técnicas advindas do processo decisório e sistemas de informações. Com certeza o ato de negociar envolve todo o acompanhamento do processo, eliminando ou solucionando os conflitos e interesses. De maneira geral, então, a arte da negociação implica obter acordos favoráveis em relação à utilização de recursos de diferentes níveis e categorias, como os humanos e financeiros, por exemplo.

6.2.1 A Negociação sob o Ponto de Vista Empresarial

Todos os processos existentes dentro e fora das empresas, implicam negociação, uma vez que um produto, para ser vendido, obriga a empresa a negociar com seu cliente, da mesma forma que, para adquirir algo, a empresa precisa negociar com um ou vários fornecedores. Mesmo os processos internos da empresa, ou seja, aqueles que envolvem funcionários, também exigem negociação de diferentes pontos de vista. Dá-se o nome de *conflito* a estas situações de confronto, cujas modernas técnicas comportamentais visam, através da negociação, solucionar estes conflitos da melhor maneira possível, a fim de reduzir as conseqüências negativas, pois toda negociação faz com que alguém perca ou deixe de ganhar algo.

Tal situação, caso não seja convenientemente resolvida, pode, a longo prazo, minar as relações entre a empresa e seus clientes, fornecedores e colaboradores e envolve os seguintes componentes:

- **Negociador:** aquele que exerce a atividade negocial de maneira diplomática. Pode ser um *trader*, profissional de Relações Internacionais, de comércio exterior ou marketing internacional, porém o importante é que ele conheça o produto e serviços ofertados pela empresa e mercado, cenários[1] e tenha condições, responsabilidades e poder de decisão sobre o negócio – autonomia plena.

- 🌐 **Negociante:** aquele que trata dos negócios comerciais da empresa, envolvido no processo de compra e venda de matéria-prima, por exemplo, entre as empresas no mercado interno e externo. Pode ser um administrativo, operacional ou mesmo o negociador já descrito.

- 🌐 **Negociar:** fazer negócio, comercializar, ato ou efeito de comprar ou vender. É o ato que busca o equilíbrio entre as partes envolvidas, sem constituir em prejuízo e sempre espelhando relacionamentos comerciais e pessoais de longo prazo.

- 🌐 **Conflitos:** sempre que falamos no ato da negociação, envolvemos conflitos oriundos de interesses e vontades adversas e contrárias, porém sempre com preocupação de evitar a entropia[2] e conseguir a equifinalidade[3]. Na melhor das hipóteses, envolvemos o simples conflito daquele comprador que quer adquirir algo com o menor preço possível e, de outro lado, um vendedor que deseja transferir algo a um preço maior possível. Quando as duas partes chegam a um consenso, temos então o que é chamado de *acordo*.

FIGURA 6.1

Componentes e
Características
do Processo de
Negociação.

*Fonte: Elaborada
pelo autor.*

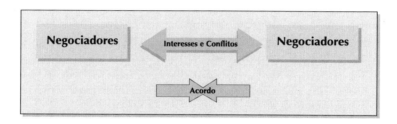

Portanto, a negociação envolve critérios racionais e emocionais, que devem ser utilizados em prol da empresa por meio de uma avaliação pormenorizada e principalmente do negócio em questão.

6.2.2 Elementos Básicos de uma Negociação

Para que o processo de negociação ocorra de maneira satisfatória, para a obtenção dos melhores resultados, é necessário que existam alguns elementos básicos, como:

- 🌐 **Um banco de dados atualizado que possibilite a formação de um sistema de informação e inteligência.**   Para a formulação básica de uma proposta de negócios, é necessário ter um sistema de informações que possibilite obter dados e informações de mercado para monitoramento e avaliação, em especial das empresas e pessoas envolvidas. Será constituído pelo sistema formal de informações, da pesquisa e dos sistemas de inteligência da empresa. A partir de então, a empresa terá condições de melhor avaliar o mercado e desenvolver uma argumentação de negócios eficaz.

- 🌐 **Um nível de comunicação adequado,** um amplo entendimento de comunicação e de intenções mútuo e também da eficiência do processo. Negociações que ocorram com culturas de outros países geralmente envolvem grupos de assessoria local, no sentido de eliminar ruídos[4] e conseqüente ruptura do entendimento.

- 🌐 **Possibilidade da criação, manutenção e continuidade de relacionamentos,** onde antes, durante e depois do processo de negociação, haja a possibilidade de continuidade dos relacionamentos pessoais e profissionais, além de não haver desvios em relação a hierarquias, sejam elas quais forem. As empresas devem negociar com a perspectiva de que haverá outras situações de negociação.

🌐 **Percepção da efetivação de compromissos legítimos,** em que as partes entendam que o acordo é justo e de forte credibilidade (oriundo do processo de negociação) e haja a clara expressão formal ou documentada, evidenciando direitos e deveres.

🌐 **Possibilidade e clareza das opções, caminhos e alternativas reais,** claras para as partes, em que haverá possibilidade de ajustes dentro dos limites do negócio e dos interesses empresariais, determinando uma posição e reivindicações legítimas.

🌐 **Possibilidade de um acordo justo para ambas partes,** em que haja a percepção da eqüidade moral, ética e comercial do acordo.

🌐 **Alternativas:** o que poderá acontecer se a negociação não se efetivar em um negócio?

Desta forma, o conhecimento de tais elementos possibilitará o crescimento e aprofundamento das relações entre as partes envolvidas. Complementarmente, existem os requisitos gerais para uma boa negociação.

6.2.3 Requisitos da Negociação

Para que o processo de negociação ocorra de maneira satisfatória de modo a atender as partes envolvidas, é necessário o atendimento de diferentes particularidades qualitativas que possibilitem uma condução clara de intenções. Planejar, informar, flexibilizar e argumentar são pontos fundamentais a serem analisados detidamente antes do início efetivo da negociação. O bom negociador estuda todas as alternativas viáveis antes de planejar a melhor maneira de informar seus interlocutores, flexibilizando posições para obter o melhor nível de acordo possível. O bom negociador procura conhecer todos os ângulos envolvidos em uma negociação, pois desta forma sua argumentação terá muito mais chances de ser aceita e compreendida por todos, tendo como recomendações de perfil:

🌐 **Autoconhecimento real[5]** O negociador deve conhecer-se muito bem (até por meio de análise SWOT) e aos outros, de forma a não permitir que suas fraquezas sejam utilizadas pelos negociadores adversários. Saber identificar e analisar seus pontos fortes e fracos, isto é, uma análise swot. Deve ter o perfil GTTP, procurando conter sua tendência a querer resolver rapidamente uma questão, enquanto que um negociador com dificuldade em ouvir a outra parte deve se esmerar em prestar atenção total aos argumentos dos oponentes.

🌐 **Capacidade de comunicação verbal, diálogo e argumentação plausível** O negociador deve ter habilidade para de maneira racional (e até mesmo emocional) e justa, atingir os objetivos traçados. Dá-se através do discurso, falado ou escrito, que constitui um conjunto de modelos, símbolos e representações que possuem um certo significado dentro de certa comunidade ou cultura. Cada pessoa usa um conjunto de palavras de determinada maneira, que a torna única. O hábil negociador utiliza este conhecimento para tornar seus objetivos mais claros e compreendidos por todos os interlocutores.

🌐 **Comunicação não-verbal** (*body language*) Outro ponto fundamental do processo de comunicação é a comunicação não-verbal, isto é, aquela que é emitida através do corpo e gestos, em que o corpo pode falar inconscientemente. As pessoas, embora talvez não entendam suas palavras, recebem algum tipo de *input* e *output* nas emoções e sensações que você projeta instintivamente. Se nos mostramos inseguros, transmitiremos insegurança; se nos mostrarmos felizes, transmitiremos felicidade; portanto, as reações dos receptores serão o reflexo de nossos atos não-verbais, de nossa linguagem corporal. Em um primeiro contato, os olhos podem facilitar a simpatia e criar um vínculo mais forte e exprimir mais força aos nossos argumentos. Desvios evasivos de nossos olhos podem exprimir insegurança e medo perante o receptor. Da mesma forma que olhos cansados podem exprimir antecipadamente derrotas.

A linguagem corporal deve ser utilizada conforme o público em questão. Deve ser um processo natural, porém controlado, que o próprio receptor perceba. O corpo fala por si mesmo. Um conjunto de gestos pode, em certo momento, apoiar certa idéia como pode indicar que o negociador não confia em seus argumentos. É de conhecimento geral que um interlocutor que ouve as idéias de outra pessoa não olhando em seus olhos, realizando outras atividades ou cruzando os braços, está pouco propenso a entender o que o outro está dizendo. Assim sendo, o bom negociador não apenas ouve seus interlocutores, mas também demonstra que está ouvindo. Sabe-se que apenas 7% do conteúdo da mensagem é enviado através de palavras e os restantes 93% por meio de linguagem não-verbal, como gestos, postura, tom de voz, olhar e expressão facial.

Um grande negociador, em posição extremamente privilegiada, deverá escutar os integrantes de menor porte, para dar a impressão verdadeira de eqüidade de condições e, a partir de então, dialogar para conseguir um resultado equilibrado para todas as partes. Entretanto, todos os integrantes deverão ter a postura e a maturidade necessárias para a boa condução de processo de negociação.

6.2.3.1 Programação Neurolingüística (PNL) – *Neuro Linguistic Programming*

A programação neurolingüística possui grande aplicabilidade dentro do marketing internacional, em especial à comunicação e propaganda. Embora a associação de marketing e a PNL ainda não estejam sistematizadas em teoria mais sólida, o ponto de partida é que através dos elementos visuais, auditivos e cinestésicos a concepção do produto ou serviço seja oferecida ao público-alvo. Notamos que os elementos possuem grande associação com as ferramentas de promoção. A teoria surgiu no início da década de 1970 na Califórnia, quando Richard Bandler e John Grinder começaram uma série de pesquisas sobre psicoterapia e, posteriormente, foram testadas em pacientes e analisadas com o método de observação indireta. Com isso, obtiveram resultados relevantes, associando a cura por meio da comunicação com pequenos gestos, tom de voz e similares. Então, através de determinados estímulos visuais, auditivos e cinestésicos (inclusão à percepção dos órgãos internos), a mensagem é efetuada e transmitida, no intuito de informar e proporcionar o efetivo ato da venda. A PNL teve suas raízes na Califórnia em 1975, através de estudos experimentais e psicoterapia, de Richard Bandler e John Grinder. Utiliza-se a linguagem como uma das formas que representam o raciocínio e o pensamento de acordo com a percepção de mundo de cada um. Usa a generalização como ponto de partida e considera o visual, o auditivo e o cinestésico. Quando consideramos o visual, devemos atentar aos detalhes de cenários e cores; o auditivo, aos sons mais apurados; e o cinestésico, em determinadas situações que nos remetem a fortes emoções.

6.2.4 Estratégias e Princípios de Negociação

São orientações que podem ser analisadas e realizadas com o objetivo de obter, por meio de ações e técnicas, uma ótima negociação que conduza aos melhores resultados, envolvendo os seguintes graus:

- **Grau de necessidade do outro lado** – em que todo o processo da negociação envolve níveis de necessidades diferentes de ambas as partes. Neste caso, quanto maior a necessidade, mais vulnerável é a posição a ser defendida. Uma boa avaliação inicial pode conduzir a composição de determinadas posturas de negociação. No final da década de 1980, a China necessitava da entrada de capital estrangeiro para equilibrar suas políticas estruturais econômicas. Neste sentido, abriu diferentes vantagens para empresas estrangeiras que tinham a intenção de investir em solo chinês.

- **Grau da produção intensiva ou seletiva** – em que cada mercado terá diferentes necessidades e características de acordo com os aspectos de produção envolvidos. Empresas que obtêm um diferencial por meio da economia de escala terão de comercializar seus produtos em grandes volumes, em detrimento aos de produção seletiva.

- **Grau do nível da concorrência** – em que a quantidade de empresas concorrentes influencia no aumento de opções e diminuição do poder de barganha dos participantes. Cada um deles terá um poder de fogo e geralmente estímulos de curto prazo são necessários, como ações de vendas – descontos, prazos de pagamentos e similares. Um dos mercados mais visados é o americano, onde várias empresas estrangeiras desejam desenvolver seus negócios. Com esta situação, geralmente as empresas americanas têm um poder de negociação maior. O grau do nível de concorrência é importante mesmo para situações em que não haja concorrentes e seja necessário criá-los. A Johnson & Johnson, ao lançar os absorventes internos no mercado brasileiro na década de 1980, preocupou-se em lançar uma marca e posteriormente uma segunda marca para fazer concorrência e movimentar o mercado para criação de hábito.

- **Grau de medida de tempo** – geralmente, em processos iniciais de negociação, o fator tempo pode se tornar um ponto importante para o fechamento do negócio. É comum em negociações no mercado japonês, onde os visitantes têm um prazo de permanência limitado, os japoneses estenderem as reuniões ao máximo, próximo à data de saída dos visitantes, para fazer com que eles percam o poder de barganha.

- **Grau de ética, posturas e condutas** – nos últimos anos, a tendência de preocupação com o social tem-se tornado um argumento que visa contribuir votos ou influência à negociação. Em casos de empresas estrangeiras que necessitam ingressar no mercado doméstico, uma grande e importante argumentação é a contribuição social a ser conquistada pelos novos empregos e impostos constituídos.

- **Grau do nível de relacionamento** – parte do nível de percepção da empresa em quão necessários são os relacionamentos e sua intenção de continuidade, indicando até onde avançar dentro do processo de negociação.

A questão racional é importante porém a emoção também faz parte do processo. Os princípios e os estilos são bastante importantes e levados em consideração, havendo empresas e profissionais habilitados em levantar informações a respeito de quem está negociando. A questão da importância e às vezes da precariedade de informações pode ser evidenciada em um caso relatado há muito tempo, onde dois grupos – um de origem americana e outro de origem nipônica – se encontraram pela primeira vez para negociar. O de origem americana baixou instintivamente a cabeça e o de origem japonesa estendeu a mão!

6.2.5 Desenvolvimento de Negócios em Mercados Internacionais

Para compreender melhor o processo da negociação, como conceito de negócios e, depois, no âmbito internacional, é necessário termos como definições:

- **Negociação internacional:** ato ou efeito de negociar, entendimento entre empresas de países diferentes ou até mesmo nações. Grosso modo, significa dizer que existe uma parte envolvida no processo que deseja vender ao maiores preço e freqüência, menores prazos e riscos e uma outra que deseja exatamente o contrário. O sucesso variará segundo o grau de dependência de ambas as partes em relação ao negócio a ser efetuado e base cultural advinda do ambiente[6]. Embora muitos associem o termo negociação como advindo do meio jurídico, ele advém de maneira própria através do próprio crescimento comercial e necessidade das empresas em competir globalmente.

- **Acordos comerciais internacionais entre países:** advêm de longas negociações, em que ambas as partes desejam uma troca comercial e geralmente são subsidiadas, intermediadas ou acompanhadas por um organismo internacional. Existem diversas estratégias, táticas ou técnicas, para convencer a outra parte a concordar com nossos interesses. Empresas de grande porte geralmente possuem maior poder de negociação frente a empresas menores; ou então, empresas oriundas de países mais industrializados têm maior poder de barganha que empresas de menor desenvolvimento industrial. Portanto, critérios e controles no comércio internacional são desenvolvidos pelos respectivos organismos internacionais competentes (como a OMC, por exemplo) a fim de minimizar os conflitos nas relações de troca. Caracteriza-se como ponto fundamental os contatos e relacionamentos internacionais, que auxiliam, em um determinado momento, a efetiva concretização dos negócios.

Com a globalização, deixaram de existir fronteiras geográficas e afins. Acelera-se os processos de trocas de produtos e serviços entre países, em decorrência dos avanços tecnológicos, transmissão mais rápida e eficiente de informações nacionais e internacionais e a diminuição de preços em virtude de ganhos de escala pela produção e informatização. Mas ainda persistirão as fronteiras políticas. Daí o grande papel do negociador e de seus respectivos contatos e conhecimentos, que levarão a empresa a uma posição mais confortável perante seus concorrentes. Devemos esquecer, porém, determinados conceitos de que 'os fins justificam os meios'[7]. Caminhamos para uma realidade de *marketing social*, em que as empresas desenvolvem produtos e serviços para pessoas, com a preocupação de não agredi-las e também ao meio ambiente. Não existe uma teoria que contenha os passos para que uma empresa tenha sucesso na negociação, pois ela varia de empresa para empresa, situação e mercado. Porém, alguns pontos podem ser abordados:

- **Conhecimento do ambiente internacional:** o negociador deve conhecer o ambiente sob todos os aspectos (sócio-econômico-político, por exemplo) e ser capaz de fazer um diagnóstico mutável a cada situação. Deve, portanto, ter conhecimentos de planejamento estratégico e ter poder de decisão, dentro dos objetivos organizacionais de crescimento da empresa dentro de um determinado mercado.

- **Comunicação:** como visto anteriormente, utilizar todos os meios, inclusive os neurolingüísticos, para obter de maneira racional e justa, os objetivos traçados.

- **Conhecer o outro lado:** reconhecer e conhecer a existência do outro. Ser passivo e ativo dentro do processo de negociação, sem, no entanto, impor e, sim, negociar. Grosso modo, os primeiros contatos geralmente ocorrem por meio de telefone ou e-mail ou comunicação escrita, como uma carta-proposta. Utiliza-se linguagem comercial simples e objetiva, contendo as informações necessárias sobre os produtos e serviços ofertados na língua do país destino. Pode-se complementar com a comunicação por telefone, levando-se em consideração a língua do país destino. Deve-se sempre fazer referência à comunicação por escrito e ratificar os contatos telefônicos também por escrito. Deve-se, portanto, planejar os contatos verbais, no intuito de minimizar a quantidade de papel e possíveis contratempos e desinformações. Formalizam-se as operações via contrato ou carta-proposta. Deve-se atentar às características legais de cada país e conhecer o *direito internacional*, em especial àquelas que se referem ao que já ocorreu e que pode servir como jurisprudência. Não existe uma minuta de contrato. Varia de acordo com cada país, produto ou serviço oferecido e características mercantis. Deve constar a modalidade de pagamento e os documentos exigidos. Antes dos contatos diretos, deve-se ter em mente os objetivos da empresa, respectivas ferramentas e conhecer todas as variáveis que envolvem o aspecto da negociação. Deve-se conhecer 'as regras do jogo' e também as formas indignas de vencer o jogo (não para utilizá-las e sim para se proteger). Nunca se deve abrir os flancos ou pontos fracos e sim se apegar aos aspectos gerais do negócio (que o outro deve ter conhecimento). Exercer pressão, quando necessário e ter, enfim, o sentimento e a vontade de vencer. Não se deve esquecer que a negociação envolve sempre um confronto salutar de forças opostas e que o tempo caminha junto com o grau de necessidade e urgência de ambas as partes. Após o período transitório da negociação, existe o acordo e sua respectiva formalização. Se ambas as partes querem a concretização do negócio, o acordo é fechado dentro das garantias que cada parte interveniente achar necessário. Embora os acordos verbais sejam o primeiro nível do acordo, é prudente a formalização por escrito, para se evitar algum tipo de mal-entendido das cláusulas advindas da negociação. Neste aspecto, a existência do fax, correio eletrônico, Internet e até o dinheiro virtual, facilitaram em muito as transações entre as diferentes empresas dispersas geograficamente no globo.

6.2.6 *Check-list* para uma Ótima Negociação Internacional

Segue um breve *check-list* para quem deseja desenvolver negócios em mercados internacionais:

- 🌐 **Ter um pensamento de longo prazo.** O empresariado brasileiro, até pouco tempo atrás, considerava o mercado externo como uma forma casual e esporádica de negócios. Porém, com o aumento da concorrência interna e externa e diminuição da demanda por produtos e serviços, tornou-se necessária uma profissionalização das atividades comerciais envolvendo o mercado internacional. Sempre que efetuamos negócios com o mercado internacional, falamos em relacionamentos de longo prazo. Por exemplo, temos as decisões de entrada e operação em mercados internacionais, que envolvem o delineamento de estratégias empresariais e compromissos de longo prazo, em se tratando, neste caso, da formação do canal de distribuição. Portanto, não se deve atentar para resultados de curto prazo, mesmo que o negócio não se concretize no momento, podendo haver outras possibilidades futuras.

- 🌐 **Ter em mente uma filosofia voltada ao marketing internacional.** A filosofia de marketing internacional envolve conhecimentos do mercado e de suas possibilidades; além da superação de paradigmas criados a partir de uma filosofia voltada às vendas e ao mercado interno.

- 🌐 **Ter uma cultura organizacional voltada ao marketing internacional.** A procura de constantes desafios no mercado internacional induz à tentativa de uma sinergia dos profissionais que nela atuam. Portanto, 'mentes' voltadas à realização de negócios em base internacional tornam as empresas mais adaptadas à realidade comercial mundial. Além disso, empresas que atuam em base internacional necessitam de estrutura e profissionais competentes e qualificados, com custos e despesas proporcionais.

- 🌐 **Ter em mente o espírito empreendedor.** A busca de novos desafios e possivelmente maiores margens de realização e rentabilidade constituem-se em uma das características mais aceitáveis do negociador internacional, pois cada negócio em base internacional se constitui em um 'negócio único'.

- 🌐 **Estar motivado a quebrar barreiras.** Significa não estar simplesmente envolvido, mas, sim, comprometido com a filosofia, cultura e participar dos resultados em base internacional.

- **Estar disposto a novos desafios.** Significa dizer estar apto a aceitar os riscos e desenvolver novos negócios e aproveitar as diferentes oportunidades do mercado.

- **Ir em busca de informações.** Utilizar a pesquisa secundária para delimitar e racionalizar a busca de informações, porém, sempre que possível, utilizar a pesquisa primária como fonte única e confiável para a formação de uma base que gere negócios em mercados internacionais. Nada substitui a pesquisa '*in loco*'!

- **Conhecer o comércio exterior,** ou ter um ótimo grupo de assessoria, para ter um suporte que possibilite a negociação, a tomada da melhor decisão e conseqüentes resultados.

- **Estudar o mercado interno,** avaliando todas as suas possibilidades. Muitas vezes, o potencial interno é atraente, porém, a empresa, dentro de uma idéia de modismo ou imediatismo, não aproveita em todo o potencial interno do país onde realiza suas operações. Portanto, deve-se em primeiro lugar aproveitar em sua totalidade o potencial de mercado interno.

- **Estudar e analisar as possibilidades de ingresso no mercado internacional.** O estudo visa medir o potencial externo, barreiras de entrada e saída, concorrência, recursos disponíveis e implicações na vida da empresa, entre outros dados.

- **Estudar as atitudes em relação às compras internacionais.** Conhecer profundamente as atividades, atitudes e características mercantis de cada país enfocado, por meio do estudo do mercado e do monitoramento freqüente da concorrência. Toda solicitação comercial deve ser respondida, independentemente do porte da empresa ou interesse comercial, por escrito. Devem constar, em caso positivo, informações corretas sem duplo sentido. Geralmente as primeiras compras são menores e com pagamento *at sight*[8], para 'testar' as características do exportador e dos produtos e serviços ofertados.

- **Conhecer o mercado a ser explorado.** Significa ter conhecimento das características quantitativas e principalmente qualitativas do mercado a ser explorado e esquecer a sempre e constante filosofia de 'eu sei tudo'! ou 'se deu certo aqui, por que não lá?'

- **Conhecer as exigências específicas de cada país.** Cada país possui exigências específicas para cada produto ou serviço ofertado pela empresa e a empresa deve se adequar às mudanças se quiser conquistar o mercado. Geralmente, problemas de assistência técnica e até voltagem interferem no processo da comercialização do produto.

- **Conhecer os costumes e as tradições do país avaliado.** As características intangíveis como os costumes e as tradições podem se constituir em barreiras ou facilidades de entrada, se forem de conhecimento e pleno domínio das empresas que desejarem desenvolver negócios em base internacional.

- **Adequar produtos e serviços conforme o país enfocado.** Como dito anteriormente, a empresa e seus produtos e serviços devem se adequar às características do país enfocado e não o contrário, pois tais mudanças acarretam em altíssimos custos e, em caso de sucesso, dificilmente a empresa conseguirá coibir a entrada de concorrentes no mercado a ser desenvolvido, arcando com a maioria ou a totalidade dos custos de introdução. Durante muitos anos, a Kibon tentou, sem sucesso, alterar o conceito do sorvete, tentando passar de sobremesa consumida durante o verão para uma alternativa de alimento que pode ser consumida o ano inteiro, tal qual nos países nórdicos, onde existe uma cultura de sorvete como alimento.

- **Adequar produtos e serviços dentro dos padrões de qualidade mundial.** Não devemos nos esquecer de que o conceito de 'qualidade' é algo subjetivo, intangível e passível de diferenciações dentro da ótica de cada país. Pode ser associado tanto às características físicas, como desempenho ou serviços como pós-venda, por exemplo.

- **Verificar as cores predominantes e características de cada um.** Muitas pessoas desconsideram tal item, porém em determinadas regiões do mundo algumas cores representam determinadas coisas. O branco, no Japão, significa morte.

- **Adequar a linguagem usual e comercial ao país avaliado.** Embora os *incoterms* tenham padronizado a comunicação e as transações internacionais, algumas empresas ainda se prestam à informalidade, podendo causar conseqüências às transações comerciais. Expressão como '*FOB* Guarulhos' ou mesmo contratos de *joint ventures*[9] em diferentes línguas podem desequilibrar qualquer acordo comercial.

- **Utilizar sempre os termos técnicos utilizados em comércio exterior.** Como dito anteriormente, sempre os utilize, para que tenha argumentos plausíveis em possíveis futuras discussões, até envolvendo a legislação nacional ou internacional.

- **Não usar gírias, mesmo aquelas utilizadas no país avaliado.** Utilize sempre termos formais, evitando a informalidade na comunicação.

- **Sempre** que consultado, **responder a todas as solicitações** de futuros importadores, como dito anteriormente, mesmo aqueles que, a princípio, não agreguem benefícios comerciais no curto prazo.

- **Ser responsável.** Cada atitude deve ser desempenhada da melhor maneira possível, de maneira eficaz, eficiente e efetiva[10], independentemente do nível de retorno financeiro ou responsabilidade.

- **Ser humilde,** onde determinados modelos mentais devem ser revistos e modificados.

- **Nunca se comprometer com algo, se realmente não tiver condições de atender.** É melhor declinar uma operação do que cumpri-la parcialmente ou com atrasos e denegrir sua imagem perante a empresa no mercado exterior.

- **Conhecer os benefícios fiscais do país origem.** Pesquisas bem-elaboradas conduzem a resultados que podem tornar seu produto ou serviço mais competitivo no mercado internacional.

- **Conhecer os custos e as despesas do produto e serviço oferecido.** Ao comercializar produtos em base internacional, é muito importante elaborar todos os custos, despesas e 'gorduras', para não ter nenhuma surpresa desagradável no final do processo da venda.

- **Conhecer o importador.** O comprador deve ser estudado e avaliado em relação à potencialidade de compra e riscos envolvidos presentes e futuros, pois pode se caracterizar como *light* ou *heavy user*, ou se constituir em alto risco de inadimplência.

- **Conhecer o país onde reside o importador.** O conhecido *country exposure*, mas, em caso de risco, verifique alternativas de pagamento, como tratados bilaterais, multilaterais e possíveis compensações.

- **Conhecer a propaganda**, que deve estar de acordo com as normas e legislação do país analisado. Lembrem-se daqueles famosos comerciais no formato *one shoot*[11], exibidos no Brasil e que são uma verdadeira afronta à racionalidade e ao bom senso do telespectador! Além disso, algumas redes de televisão possuem normas diferentes e próprias, como as alemãs, que são do governo.

- **Conhecer os preços da concorrência e praticar preços coerentes.** Através do monitoramento da concorrência é possível estabelecer estratégias de preços compatíveis com os objetivo, recursos da empresa e características do mercado e concorrência.

- **Exportar produtos e serviços com as mesmas características do anunciado.** Muitas vezes, catálogos antigos ou falta de informações mais precisas podem levar importadores a adquirirem produtos não desejados, causando constrangimento e quebra futura de qualquer relacionamento futuro.

- **Cumprir os prazos de entrega e embarque.** Deixar uma 'gordura' no tempo, como garantia de qualidade na entrega e atendimento pré e pós-venda.

- **Utilizar o tempo como instrumento de sucesso.** Realizar em minutos o que a concorrência faz em horas, com melhor qualidade percebida, presteza e bom atendimento. Em tempos de globalização e competição acirrada, até mesmo os bancos federais e estatais devem ser bons prestadores de serviço!

- **Saber utilizar o tempo.** Instrumento de sucesso e, efetivamente, nada mais é que a busca do perfeito equilíbrio entre o planejado, recursos absorvidos e resultados conseguidos. O tempo, embora intangível, pode ser quantificado e qualificado de muitas maneiras, inclusive financeira. O tempo pode ter diferentes valores, conforme o estágio entre os objetivos delineados e o concretizado. A presteza no atendimento e recebimento de produtos nos tempos corretos ou serviços solicitados e plenamente atendidos constituem-se não mais como um diferencial, mas como uma regra básica para a competição global.

- **Ter aparência.** A imagem é muito importante, pois você representa a sua empresa dentro e fora do ambiente geográfico, além do seu país.

- **Ter presença.** As atitudes individuais e em grupo no ambiente internacional são muito avaliadas, pois não se esqueça de que você é representante de outra cultura e, com certeza, será visto com 'outros olhos'.

- **Ter postura.** Refere-se às atitudes pessoais e profissionais frente às características do país envolvido.

- **Voz e respiração de acordo com o momento,** tendo e transmitindo a segurança necessária.

- **Ótima dicção.** Em se tratando de negócios em base internacional, não se acanhe, caso haja insegurança no idioma do país visitado, de contratar um tradutor ou intérprete.

- **Boa elocução.** Voz firme, direta e bem entonada geralmente causa boa impressão em qualquer lugar do mundo.

- **Modulação de voz** de acordo com o momento ou fase da negociação.

- E, principalmente, ter a **capacidade de manter um nível de neutralidade**. Todas as posturas e ações deverão estar em um nível de profissionalismo e limitadas às posturas morais e éticas vigentes.

Negociar em grupos maiores que o do oponente geralmente dá resultado, principalmente entre os japoneses, desde que todo o grupo esteja em consonância com os objetivos, características e aspectos da negociação. Geralmente, poucas pessoas têm o direito de negociar pela empresa. O restante serve como meros ouvintes e para fazer 'quantidade' numérica, dando a impressão de superioridade e hierarquia.

Um empresário japonês que nasceu no Brasil e viveu dez anos no Japão conta que, trabalhando em uma grande montadora, em uma manhã, foi chamado para participar de uma reunião. Foi obrigado a trocar de roupa – macacão para roupas de escritório – e foi instruído a sentar-se junto aos seus amigos sem esboçar nenhuma emoção ou palavra. No meio de 20 pessoas aproximadamente, viu um grupo de americanos adentrar a sala e três ou quatro japoneses que estavam sentados na frente conduziram todo o processo de negociação. Após a reunião, trocou de roupa e voltou a sua rotina diária.

6.2.7 Negociando com o Mundo

Cada país e cada negócio envolve características distintas e nunca são as mesmas, porém, de maneira geral, pode-se enfatizar algumas características básicas:

Japoneses Uma das primeiras barreiras facilmente transponível sob o aspecto negocial com os japoneses é a língua, uma vez que o inglês é ministrado desde o nível básico de ensino e, também, porque o país sofreu, nos últimos anos, um ocidentalização maior que nas décadas anteriores, transformando parte das características internas. Contudo, isso não interferiu na questão da soberania e patriotismo interno. As comunicações verbal e não-verbal são parte integrante e importante da negociação e se refletem, muitas vezes, em um sentimento recíproco de respeito e consideração, facilitando as relações de troca. Pede-se que a cultura do país visitado seja respeitado e que, em um primeiro encontro, o grupo estrangeiro deve expor suas razões em primeiro lugar. Uma forma de familiarizar-se com a harmonia nipônica consiste em, no início da visita ao Japão, conhecer o comércio local, mídia, hábitos e costumes. Embora seja feita uma investigação preliminar, esta atitude tem o intuito de aclimatação. Portanto, nunca tente fazer os contatos comerciais logo ao chegar, nem em feriados ou datas especiais, pois interferem na reflexão do 'clima' do País. Além disso, o grupo estrangeiro deve conhecer os pontos e as características principais da empresa japonesa, seu histórico, pontos fortes e fracos.

Os japoneses nunca tomam a decisão no primeiro encontro. Mesmo que tendenciosos a uma recusa, por vários motivos (inclusive educação e consideração), a negativa nunca é tomada de imediato. Não se deve pressionar o grupo japonês em hipótese alguma. Por precaução, a cada reunião, confirme o que foi discutido e negociado por escrito em inglês ou, preferencialmente, em japonês. É uma forma ocidental, mas bastante polida de realmente saber se ambas as partes tiveram a mesma visão e compreensão sobre o assunto.

O *aisatsu* (*greeting*) é uma palavra japonesa que deve ser pronunciada pela empresa estrangeira, pois tem um significado mais profundo do que um simples cumprimento, estabelecendo vínculos entre as empresas. Embora não seja tão necessária sua utilização, dependendo dos volumes transacionados, seu uso eleva o nível de relacionamento e possibilita a expansão dos contatos futuros.

Os cartões de visita têm uma conotação mais comercial no mercado internacional, diferente do Brasil. Representa uma forma polida de reconhecimento e convite para um novo contato e é muito utilizado pelos homens de negócios no exterior. Recomenda-se que o cartão de visitas seja confeccionado na língua de origem do país enfocado, neste caso, o Japão. É de praxe um cartão em inglês (ou língua de origem do país) e do outro lado, inscrições na língua do país objeto das negociações. Completa-se a utilização de 'catálogos inteligentes', que facilitam as boas relações de negócio. Costuma-se, não somente no Japão como em outros cantos do planeta, dobrar a ponta do cartão ao oferecê-lo com a mão direita ao outro. Tal hábito se refere ao fato simbólico de que o cartão de visitas está sendo inutilizado para uso posterior e somente consulta. A outra pessoa, que está recebendo o cartão, não poderá utilizá-lo como sendo dele.

Em uma primeira visita a um país estrangeiro, recomenda-se que a reverência seja efetuada em primeiro lugar pelas pessoas do país hóspede, pois existem modificações de país para país. No caso do Japão, uma leve inclinação da cabeça em retribuição à reverência inicial do japonês é suficiente. O aperto de mãos, embora tenha conotação mais ocidental, está se tornando comum no Japão. No caso do vestuário, recomenda-se a utilização de roupas sóbrias, sem cores chamativas e nem objetos que possam representar ostentação de poder. Cuidado especial com as cores!

FIGURA 6.2   Exemplo de Cartão de Visita.

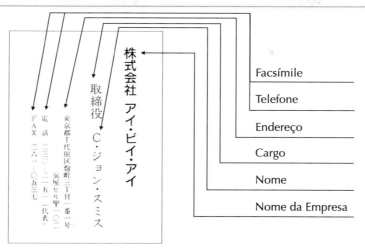

As boas maneiras são bastante importantes e conforme o nível da gafe e de quem a executa pode gerar conflitos até diplomáticos. É famoso aquele caso em que o nosso presidente solicitou um brinde logo no momento em que era executado o Hino Nacional do Japão. Em tempos globalizados e a suposta ocidentalização, muito do que foi exposto aqui torna-se irrelevante, dependendo do grau do relacionamento de ambas as partes, porém causa uma boa impressão à comunidade local.

Europeus   Países como a Romênia, Holanda e Portugal possuem uma *orientação monocrômica*, isto é, as atividades seguem uma seqüência constante e linear de trabalho. A Itália possui uma *orientação policrômica*, isto é, as atividades seguem uma orientação coletivista. Tais orientações devem ser respeitadas, uma vez que são aceitas pela sociedade em geral. Em outros países da Europa, como a Noruega, Dinamarca e Suécia, por exemplo, uma certa aura revestida de aventura e romantismo é clara, por refletir até uma verdade e imagem vendida pela indústria cinematográfica americana. Os dinamarqueses preservam hábitos de amizade e estão predispostos ao desenvolvimento de negócios que envolvam o mercado internacional, embora não haja grande tradição nas relações entre o Brasil e estes países. Ao contrário dos países árabes, na Escandinávia e na Suécia é comum presentear com flores ou chocolates a esposa do anfitrião, seguida de uma nota de agradecimentos no dia seguinte ao evento.

Árabes   Ao negociar com os árabes, deve-se levar em consideração o fato de que eles se mantiveram totalmente isolados do resto do mundo, abrindo-se mais recentemente ao mundo exterior. Não há mudanças significativas em sua cultura milenar que é o Islamismo, por exemplo, a sua principal base de sustentação religiosa. Neste contexto, os negócios formatados na região árabe se constituem em desafios e curiosidades, porém agregadas a um mercado com alto potencial de consumo por produtos de todos os gêneros, em decorrência das suas características econômicas advindas das riquezas minerais e alta concentração de renda.

A tradição mercantil advém de Maomé, pois este era um comerciante e, portanto, o ato de saber conduzir uma negociação é uma característica de virtude cultivada pelo árabe, que vê 'motivos de orgulho e de prazer', satisfazendo uma necessidade de grande alcance espiritual.

FIGURA 6.3	Calendário Islâmico.

Fonte: HTTP://www.ccab.com.br/download/calen_islamico06.pdf, acessado em 14/10/06.

O desenvolvimento e a condução de negócios no mundo árabe seguem preceitos de cunho religioso, de costumes e de tradições que deverão ser prospectados, analisados, compreendidos e entendidos por todos aqueles que pretendem realizar operações comerciais na região.

Lembra o autor que, certa vez, em uma reunião de negócios efetuada com árabes, notou que alguns dos componentes da mesa desapareciam e depois de alguns momentos retornavam como se nada tivesse acontecido. Depois é que autor soube que as pessoas que se retiravam e depois retornavam estavam se dedicando às orações diárias.

Deve existir a confiança mútua, conquistada através do fortalecimento da sinceridade e harmonia no relacionamento comercial e interpessoal, ambos necessários para o início de uma série de contatos com o objetivo de concretizar os negócios com os eventuais clientes do mundo árabe.

A identificação e seleção de um *sponsor*[12] é uma das mais importantes formas de iniciar o processo de negociação, pois identificando os canais adequados, o negociador estará abrindo sólidos compromissos de negociação a longo prazo. Para as empresas brasileiras que desejam conhecer e desenvolver negócios no mundo árabe, a *Brazilian Arab Chamber of Commerce* fornece desde dados estatísticos até a organização de missões comerciais.

FIGURA 6.3	Horário das Orações Diárias.

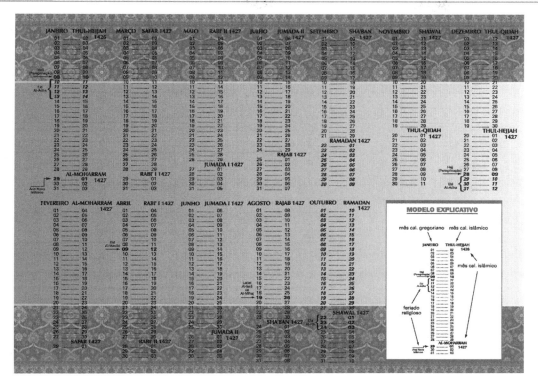

Fonte: HTTP://www.ccab.com.br/download/calen_islamico06.pdf, acessado em 14/10/06

Várias organizações estabelecem seus escritórios nos principais centros comerciais do mundo árabe, facilitando o desenvolvimento de negócios, pois o contato local é de extrema importância e o relacionamento pessoal é vital, dando maior credibilidade e possibilidade de sucesso nos negócios. A nomeação de representantes locais necessita de uma prévia investigação, em qualquer negócio no mundo, envolvendo o *background* comercial, idoneidade moral e financeira e propósitos futuros. Não se deve nomear o mesmo representante legal para os vários países da Península Árabe, pois cada área possui suas regras próprias de comercialização.

Após a escolha do *sponsor* local é necessário que a empresa delegue aos componentes de seu canal de distribuição condições para que ele possa operar como o representante legal da empresa, atuando com a comunidade.

Viajar para qualquer país, em especial à Arábia Saudita e Kuwait, por exemplo, sem o aviso e a confirmação prévias das visitas é sempre visto como uma espécie de descaso e podem ser tomadas como ofensas. São necessários o aviso e a confirmação antecipada nos hotéis e empresas.

Da mesma forma como os japoneses, a troca de cartões de visita é muito importante, pois pode significar o início do relacionamento entre as partes. Os assuntos relacionados a negócios não devem ser efetuados durante as refeições, nem tampouco devemos pressionar para que isto ocorra. Caso um ou mais dos envolvidos desapareçam por alguns instantes, recomenda-se não questionar, pois há os horários certos de reza, que devem ser respeitados por ambas as partes.

É considerado de bom tom o anfitrião oferecer uma bebida, como chá ou café, assim como é de bom tom o visitante aceitá-la e repeti-la no mínimo duas vezes. As bebidas alcoólicas são terminantemente proibidas em jantares que envolvem a negociação. Em outras regiões, como a Índia ou mesmo no nordeste brasileiro, a recusa pode se constituir como sendo descaso e, em algumas vezes, como ofensa a quem oferece. Embora haja diferenças em relação aos hábitos de alimentação, recomenda-se não recusar qualquer alimento, mesmo os mais exóticos (pelo menos na nossa concepção). Caso haja dúvidas sobre como proceder, deixe o anfitrião tomar as rédeas do evento.

As despedidas devem ser efetuadas de maneira bastante formal, constituindo-se apenas de um aperto de mãos, porém esteja preparado para os famosos beijos na face. É este mesmo aperto de mãos que pode se constituir na celebração formal de um acordo comercial, portanto, cuidado!

Os árabes geralmente usam roupas de tons claros, ternos e camisas brancas em virtude da temperatura, porém as túnicas ou similares são proibidos nos ambientes comerciais. A questão climática interfere nos hábitos de conservação dos alimentos, por exemplo. Além do ritual *Halal*, as aves para lá exportadas devem ser sangradas ao máximo, para que as bactérias que possam existir na carne delas não se desenvolvam e diminua o tempo de exposição do alimento.

Cuidado com os presentes: não se deve presentear a mulher do anfitrião, pois constitui em ofensa grave. A mulher, na sociedade árabe, tem uma posição subalterna e não participa das negociações. Ofereça peças de artesanato ou pedras semipreciosas como agradecimento ao anfitrião. Na dúvida, verifique junto à Embaixada Brasileira no país estrangeiro algumas recomendações.

A mão direita é utilizada pelos árabes para cumprimentos, alimentação, entregar o cartão de visitas ou documentos. Nunca utilize a mão esquerda nestas situações, pois ela geralmente é utilizada para a higiene pessoal e nunca mostre a sola dos sapatos ao árabe, nem fale alto ou gesticule muito, para não ter futuros constrangimentos. Os relacionamentos comerciais duradouros com os árabes se assemelham, de certa forma, com os dos alemães, pois leva-se muito tempo à base de muito trabalho, respeito mútuo, cuja confiança é conquistada passo a passo.

De maneira geral, os alemães são muito rígidos, formais, leais e responsáveis em relação a sua atividade profissional, e bastante orientados para o raciocínio lógico e análises construtivas baseadas em decisões concretas, tal qual os ingleses, cuja pontualidade é vista com naturalidade e o atraso como uma grande falha. Nunca chame um escocês de inglês, pois é um erro grave referir-se à Ilha Britânica como Inglaterra, pois poderá incitar a discórdia dos gauleses e dos escoceses. Os ingleses são rígidos e polidos, portanto uma certa postura por parte do visitante deve ser cultivada. Preservam muito a lealdade com a empresa para a qual trabalham e são muito ligados à questão do organograma.

Em um almoço de negócios, o convidado é chamado pelo primeiro nome, o que a princípio pode parecer uma certa informalidade, porém a polidez e a postura são uma constante.

Os chineses mantêm ainda suas tradições, costumes e utilização de seu idioma de forma uniforme. As viagens – missões de negócios – podem ser apresentadas como o início do desenvolvimento de negócios, uma vez que o mercado chinês oferece grande potencial de negócios e grande receptividade comercial, porém, com a real preocupação em conhecer os trâmites burocráticos complicados, inclusive em decorrência do difícil idioma e, também, pela possibilidade de baixa qualidade de alguns produtos que porventura seriam comercializados pelas empresas chinesas.

As missões de negócios devem ser constituídas de várias pessoas, pois os chineses gostam de fazer negócios em grupo, tal qual os japoneses. O povo chinês é constituído por pessoas alegres e servis, buscando sempre melhorar o relacionamento e causar boa impressão. No desenvolvimento de negócios chinês, as negociações podem ser feitas por estrangeiros, porém recomenda-se a utilização de pessoas do país. Lembro-me muito bem de um caso que ocorreu com um amigo, filho de chineses, que nasceu e vivia no Brasil. Toda a negociação foi efetuada por ele, mas, no momento do fechamento do negócio, houve a necessidade da interveniência de seu pai, residente no País.

E por último, mas não menos importante, é ter informações sobre o povo, seus costumes e tradições. Pois, nos dias de hoje, quem tem informação e sabe utilizá-la, tem o poder (de negociação).

Vale ressaltar que, complementando com o item sobre Gerência Multicultural, que todas as diferenças e semelhanças devem ser respeitadas e utilizadas dentro do processo de negociação internacional.

6.3 Comunicação Internacional

A comunicação internacional envolve emissores e receptores de mensagens com particularidades bastante distintas, com características pessoais e empresariais. De certa maneira, podem existir situações e particularidades que podem promover ou não o entendimento do processo de comunicação.

6.3.1 As Quatro Barreiras na Comunicação de Negócios Internacionais

O problema do processo comunicativo aumenta quando a comunicação é efetuada por pessoas de regiões geográficas ou países distintos, dentro do contexto da negociação internacional. Detectam-se quatro barreiras básicas quando nos referimos ao mercado internacional.

FIGURA 6.5

Barreiras na
Comunicação
Internacional

*Fonte: Elaborada
pelo autor.*

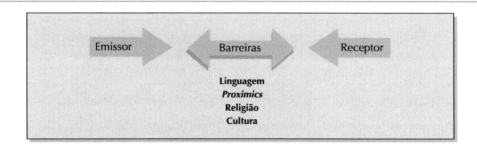

Podem existir ainda as barreiras invisíveis, como as barreiras psicológicas, advindas do prévio conhecimento e do preconceito que podem advir das diferentes culturas.

Linguagem   Deve-se entender que a língua nativa do país com o qual queremos efetuar operações comerciais deve ser bem estudada e analisada, a fim de evitar problemas de entendimento. Embora exista uma certa uniformidade nos termos técnicos utilizados nas transações internacionais, como nos *incoterms*, devemos considerar que pode haver vieses no processo de comunicação por meio de linguagem verbal, ou até por escrito, dadas as variantes de cada país e cultura. A empresa deve levantar, através de projeto exploratório, características quanto à língua e adaptar seu plano de negócios, conforme as nuances de cada região. Um dos exemplos é o utilitário *Besta*, lançado no Brasil. O termo, utilizado como marca tem uma série de significados do exterior, mas diferentes no Brasil. No exterior significa força, vigor, vitalidade, pois advém de um animal forte. Além disso, pode representar um instrumento de guerra medieval, que arremessa flechas com extrema rapidez.

Além disso, designa um automóvel *Best A*. No Brasil, tem conotação vulgar e pejorativa. A Chevy lançou o *Nova* e a GM, o caminhão Fiera, na Espanha. Infelizmente, no País, os termos significam 'não anda' e 'velha feia', respectivamente. O *Comet* foi lançado no México como *Caliente*, que é uma gíria local, que significa 'prostituta'.

🌐 ***Proximics*** Tratam-se de gestos, movimentos e atitudes características de cada cultura. Deve-se respeitar, pois muitas vezes reflete a base cultural de cada país, interferindo na Gestão Multicultural. Existe uma certa distância física que você deverá ter em relação à outra pessoa, dependendo de vários fatores como cargo, sexo e tempo de conhecimento e intimidades. Americanos, alemães e japoneses não admitem muitas intimidades ou aproximação física; portanto, nada de abraços, 'toques' (como abraços e tapinhas nas costas, por exemplo), diferentemente dos indianos que são bastante hospitaleiros.

🌐 **Cultura** Pode-se definir como um conjunto sistêmico de significados e símbolos onde grupos de pessoas compreendem, analisam e interpretam seu ambiente, gerando uma visão particular de mundo.

🌐 **Religião** Pode ser uma grande barreira, dependendo dos aspectos históricos e situacionais que envolvem as partes.

6.3.1.1 *Letterese* e *Plain English*

Quando utilizamos a linguagem escrita, devemos nos ater aos termos e à quantidade de palavras utilizadas, para que não haja dispersão no processo da comunicação. Chamamos de *letterese* toda comunicação escrita usada em redundância, que poderia ser utilizada como *plain English*, que é a racionalização dos termos, visando a uma melhor compreensão do conteúdo da mensagem. Exemplifica-se:

Letterese: 'Having received your letter,..'

Plain English: 'We received your letter...'

Letterese: 'I wish to express my gratitude'

Plain English: 'Thank you'

Embora cada organização tenha uma linguagem própria empresarial, a correta e racional utilização de termos, mesmo os mais usuais, economiza e diminui a incidência de erros, facilita e agiliza o processo de comunicação, demonstrando inclusive um certo nível de racionalidade e clareza. Além disso, a utilização de sinônimos pode favorecer o entendimento e a absorção da mensagem: Exemplifica-se:

Endeavor = *effort*

Optimum = *best*

Subsequent to = *after*

GTTP ou KISS significa *Get To The Point* ou *Keep it Simple and Short* e são expressões americanas do tipo 'direto ao ponto'. Utilizadas principalmente na comunicação e na escrita informal refletem bem o padrão americano de ir direto ao ponto, ao assunto principal, sem rodeios.

6.3.1.2 Acrósticos e Acrônimos

Considera-se como acróstico palavras iguais em diferentes países. Embora originadas em determinado local, sua utilização proliferou-se, tendo significado similar em outras culturas.

Exemplos: Visa, Taxi, Baby, Passport, Hospital, Mouse, Hotel, Super, Idea, Marketing, Extra, Market, Radio, Formica, Light, Diet, Capital, Velcro, Cinema, Champagne.

Consideram-se acrônimos palavras originadas de siglas, entendidas globalmente de simples abreviações e muito usadas atualmente na Internet em linguagem HTML. Exemplos: IBM, Yuppie, WC, PC, CD, TV.

A linguagem pode se refletir em hábitos e na própria paisagem do local. Devemos considerar e respeitar as características próprias de cada cultura. O Canadá, por exemplo, devido a suas vastas regiões constituídas por matas é propenso a atividades turísticas, possuindo uma linguagem geográfica personalizada. O verde faz parte da paisagem, assim como parte dos telhados das casas do país possui coloração verde, por causa da oxidação das telhas de cobre. Palavras originárias de povos diferentes podem ou não ter o mesmo significado, embora possam soar de maneira similar. Através da tecnologia da comunicação, as barreiras estão diminuindo gradativamente e grandes progressos já foram obtidos. Podem existir palavras, que embora parecidas, têm conotações diferentes dependendo do local (ou vice-versa). Podem existir palavras que, embora parecidas, têm conotação diferente dependendo do local (ou vice-versa). "Push" não é puxar em português; bergamota é o mesmo que tangerina, no Brasil.

Sentem-se os impactos no nosso dia-a-dia: utilizamos o telefone para nos comunicarmos; no passado usamos o telex, o fax, os correios eletrônicos e outros meios que derrubam as barreiras entre as nações. Portanto, o profissional deverá estar adaptado em relação ao mercado tecnológico de comunicação e conhecer as particularidades de cada população e empresa.

6.3.1.3 Costumes e Tradições

Em muitos casos, a empresa desenvolveu produtos e serviços dentro de um planejamento inserido em uma estratégia de crescimento. Porém, vários fatores interferem no processo de comercialização. A empresa conhece o perfil do consumidor/cliente, mas se esquece de determinados fatores, como os costumes e tradições de um país. Tais itens são considerados por muitas empresas como aspectos supérfluos no processo da negociação, mas já inviabilizaram várias operações em comércio internacional. Considerados como simples 'perfumaria' ou detalhe, os costumes e tradições devem ser reconhecidos e valorizados, pois representam a cultura do país a quem queremos direcionar nossos esforços mercadológicos. Tais aspectos devem ser considerados barreiras não-tarifárias (para aquelas empresas que os desconhecem) e como porteiros (para aquelas empresas que os conhecem).

O *Halal*, por exemplo, é um ritual obrigatório destinado ao abate de animais ou aves domésticas para consumo muçulmano. Os animais considerados absolutamente vivos devem ser abatidos por cristão, judeu ou muçulmano sadio, que não deve proferir outra palavra exceto o nome de ALLAH para cada abate ou grupo de abates. O abatedor deve estar voltado para o Santuário *Kaba-Macca (QIBLAH)* e não se deve misturar locais de abate entre os diferentes animais (aves e porcos, por exemplo). O ritual origina um documento comprobatório que atesta que os procedimentos foram realizados. Passos:

a) O verdadeiro abate de animais ou aves domésticas deve ser empreendido por um abatedor muçulmano, cristão ou judeu sadio.

b) Os animais e as aves domésticas devem estar absolutamente vivos no momento do abate. Esta vivacidade poderia ser notificada por um movimento normal do animal depois do abate.

c) Durante o abate, o abatedor não deve dizer nada além do nome de ALLAH para cada abate. Deve dizer o nome de ALLAH pela primeira vez para um grupo e abater um após o outro continuamente. Se interromper o processo por algum motivo ele deve dizer o nome de ALLAH de novo, assim que recomeçar o abate.

d) É preferível que o abatedor se vire para o QIBLAH (Santuário Kaba-Macca) durante o abate.

e) A máquina ou o instrumento de abate precisa estar afiado o suficiente para deixar o sangue escorrer. O abatedor deve dizer o nome de ALLAH enquanto a máquina opera.

f) Os animais ou aves domésticas são abatidos cortando-lhes a traquéia, o esôfago e duas veias jugulares rapidamente abaixo da laringe. O sangue deve escorrer abundantemente para garantir morte rápida.

g) É indesejável cortar o pescoço completamente ou quebrá-lo durante o abate porque isto poderia causar morte instantânea.

h) Evitar o corte em qualquer parte do animal ou ave antes da morte completa.

i) O choque elétrico (deixando o animal sem sentido) ou aplicar um golpe em sua cabeça antes do abate não deve ser praticado se esta conduzir a morte do animal ou ave. Mas isso pode ser usado para enfraquecer o animal ou ave para prevenir uma resistência anormal para abate.

j) A máquina e o equipamento usados para abater ou matar porcos nunca devem ser usados para o abate *Halal*. O lugar do abate *Halal* deve ser completamente livre de contaminação de carne de porco ou não *Halal*.

k) A carne *Halal* nunca deve entrar em contato ou ser contaminada com carne de porco ou carne não *Halal* na casa de abate, freezer, refrigeração ou na hora da embalagem, na carga, descarga e transporte.

Exemplos de Outros Costumes e Tradições

Durante toda a sua experiência no mercado internacional, o autor compilou diversas curiosidades. As flores e as frutas, por exemplo, constituem-se em arquétipos, com as devidas adaptações locais. Por exemplo:

- flores brancas no Brasil representam saudade e constantemente são utilizadas em enterros e cemitérios;
- flores brancas no México representam boa sorte;
- flores vermelhas têm o significado de amor e sexo em muitos países, inclusive no Brasil e na Itália;
- flores amarelas representam morte ou desrespeito no México;
- flores amarelas representam infidelidade na França;
- quando uma mulher convida um homem para um jantar, por exemplo, deve-se retribuir com flores acompanhadas de um cartão pessoal contendo nome e endereço, sem mencionar o telefone;
- quando se trata de uma mulher, o cartão deverá conter somente seu nome;
- no Brasil, ainda existe uma certa insegurança e falta de tradição ao mandar flores a um homem; porém, pode acontecer em determinadas ocasiões e eventos específicos, como uma exposição em uma galeria de arte, por exemplo;
- se o convite contiver a sigla *RSVP*[13] deve-se respondê-la, positiva ou negativamente, no máximo em 48 horas.

Além disso:

- animais são considerados elementos sujos no Oriente Médio;
- chapéus verdes têm conotação de ignorância na China;
- cegonhas representam morte materna na Indonésia;

- cegonhas brancas representam nascimento nos Estados Unidos;

- a cor branca representa morte no Japão;

- em muitos países, é hábito a utilização da mão esquerda para higiene pessoal. Portanto, evita-se oferecer cartões de visitas, dar catálogos de produtos e listas de preços com a mão esquerda;

- no Brasil, o polegar levantado tem o significado de 'o.k.';

- no Brasil e em outros países, o dedo médio levantado tem conotação vulgar;

- o gesto o.k. americano tem conotação vulgar no Brasil;

- o número cabalístico 4 representa morte em algumas culturas. Portanto, verifica-se antes da compra de um imóvel, por exemplo, se a somatória não totaliza o número 4 (13, 31, 22, 1111, 40, por exemplo);

- o número cabalístico 7 representa dinheiro e sorte;

- os buquês devem ser ofertados em número ímpar (exceto o 13) na Itália, para trazer boa sorte;

- alguns prédios nos Estados Unidos não possuem o 13° andar;

- em alguns países asiáticos, é comum fazer barulho ao comer;

- não se deve cruzar as pernas, expondo a sola do sapato ao cliente. Significa insulto e rejeição em países árabes;

- os gatos no Egito são animais valorizados, enquanto no Japão as raposas são temidas por representarem maus espíritos;

- os gatos são reverenciados no Japão;

- deve-se comer carne de porco no 1° dia útil de cada ano, pois estes animais ciscam para a frente;

- não se deve comer galinhas no 1° dia útil de cada ano, pois estas aves ciscam para trás;

- geralmente os estrangeiros gostam de ser presenteados com produtos típicos, como pedras semipreciosas e peças de artesanato;

- bebidas geralmente são bem aceitas, principalmente uísque de boa qualidade ou vodca acompanhada de duas latas de caviar;

- as figas significam representações fálicas no Japão. Portanto, preste atenção especial para não oferecê-las como presente;

- a questão da adaptabilidade do produto, serviço ou mesmo da própria empresa é uma condição para a entrada e desenvolvimento em novos mercados. Em Boston, por exemplo, o logotipo do *McDonald's* é verde e amarelo, devido à proximidade do Canadá e das extensas áreas verdes.

- deve-se efetuar, antes de o produto ser lançado no mercado, uma pesquisa que envolvam fontes do país onde o produto será comercializado. Preferencialmente, contrata-se um instituto local para efetuar a adaptação das características do produto (cor, formato e outros), além da adaptação da linguagem de propaganda e técnica.

6.3.2 Recomendações Gerais para Quem Vai Participar de um Processo de Negociação e Como Reduzir os Erros e Conflitos na Negociação Internacional por meio da Comunicação

A priori, seria muito pretensioso estabelecer uma fórmula para conduzir processos de negócios com a eficácia necessária. Além dos temas abordados e do conhecimento necessário, três pontos são bastante convergentes nos processos realizados com sucesso:

- **Neutralidade:** É imprescindível a imparcialidade dos participantes, independentemente de cargo, situação ou valores individuais. A concentração deverá ocorrer com o objetivo de obter os melhores resultados no processo negocial.

- **Articulação:** Capacidade de criar e gerenciar parcerias formais e informais, estabelecendo vínculos e relacionamentos dentro de uma condução digna e ética.

- **Flexibilidade:** Capacidade de o indivíduo entender e se posicionar de maneira diferente em cada situação ou evento, porém sempre em uma posição positiva de negócios.

Percebe-se então que o ato de negociar significa, em muitos casos, uma articulação artística e técnica, que possibilita o dinamismo da área de negócios em base internacional.

6.4 Vendas Internacionais

Embora a humanidade esteja caminhando para a mecanização e o aumento do desemprego estrutural, esta com certeza percebe e identifica a importância do capital intelectual na empresa. E como recurso estratégico, a empresa deve identificar, analisar e manter seus talentos humanos para a melhoria contínua dos negócios. Mais do que uma simples necessidade, torna-se um importante fator de diferenciação e posicionamento competitivo. Algumas empresas visualizam o público interno como um ativo da organização; neste capítulo discutiremos como o público interno poderá se desenvolver e se tornar um talento humano na obtenção de novos negócios para a empresa e não simplesmente um ativo intangível da empresa.

6.4.1 Identificação e Análise de Talentos Humanos

Além dos conhecimentos desenvolvidos e discutidos até agora, o profissional deverá ter habilidades e competências, sendo cosmopolita[14], sabático, versátil em ações ativas e proativas em relação a eventos que podem alterar situações positivamente. Para tanto, são necessárias algumas condições essenciais:

- **Propostas acadêmicas consistentes**, entendendo que a academia neste caso é o nível de conhecimento aplicado, isto é, um profissional que tenha conhecimento da teoria e da prática. O profissional deverá ter o conhecimento técnico e a capacidade de aplicá-los nos negócios.

- **Infra-estrutura pessoal**, em que o indivíduo tem o equilíbrio pessoal, social, familiar, psicológico, entre outros. A integração do indivíduo e sua capacidade de adaptabilidade são bastante recomendáveis.

- **Infra-estrutura financeira**, em que o indivíduo possa ter uma estabilidade econômica, além de fontes alternativas de receita, que possibilitarão que ele esteja em consonância com o que faz por vontade e não por necessidade;

🌐 **Vínculos com o mercado**, em que tenha ativos de relacionamentos e capacidade cognitiva de criar e estabelecer vínculos pessoais e comerciais.

Com essas características, o profissional terá uma grande possibilidade de sucessos no mercado internacional.

6.4.2 *Trader*, um Talento e um Negociador Internacional

Como o processo investigativo internacional é um processo relativamente caro e muitas vezes redunda em resultados contrários aos objetivos das empresas, muitas delas rejeitam a idéia e preferem enviar um *trader* para abrir mercado. Um *trader* era considerado uma espécie de vendedor internacional, que, analogamente a um vendedor interno, determinava quais clientes visitar em mercados internacionais. Porém, a concepção atual de um *trader* pode ser avaliada como um Gerente de Produto é para o Marketing; possui conhecimentos técnicos sobre o produto e serviços agregados, além de técnicas de Marketing e Comércio Exterior. Pontos importantes a observar:

🌐 Ele não é simplesmente um vendedor internacional. Durante muitos anos (e infelizmente em várias empresas brasileiras ainda o é) a figura foi muito relacionada somente à função de vendas, tendo o *trader* uma grande mobilidade (*turn-over*) em empresas.

🌐 Ele é um negociador com o seguinte perfil:

🌐 **Empreendedor:** aquele que é persuasivo, social e se valoriza. Utiliza-se das palavras de maneira hábil, porém pode ser impulsivo e superficial de acordo com o grau de disciplina e responsabilidade que possuir.

🌐 **Compreensivo:** aquele que é prestativo e amável, buscando seu apoio em amizades. Porém, pode ser por demais agradável e concordar sob determinada pressão e tensão. Deve fortalecer a autodisciplina e ser mais racional.

🌐 **Racional:** aquele que é extremamente organizado e se atém aos detalhes. Por isso, um dos pontos negativos é o apego exagerado aos detalhes que tornam sua decisão mais demorada.

🌐 **Controlador:** é voltado para resultados e detentor de todo o processo. Porém, pode ser impaciente e indulgente. Precisa saber equilibrar o poder que tem em suas mãos.

Portanto, o *trader* deverá possuir habilidades e competências pessoais bem articuladas que possibilitem a construção de relacionamentos de longo prazo.

6.4.3 Oportunidades (Empregos) Internacionais

Além dos cargos gerenciais, relações públicas, pesquisa de mercado, consultoria, assessoria e de *trader*, o mercado internacional oferece outras oportunidades, por exemplo:

🌐 *Troubleshooters:* alto executivo não necessariamente pertencente ao organograma funcional, especialista em dirimir problemas e conflitos quando da entrada da empresa em mercados externos. Descentraliza as decisões da empresa e tem ao seu alcance o poder de interferir nas nuances econômicas e financeiras do processo de internacionalização. Possui visão macro e age como um estrategista de negócios globais.

⊕ **Headhunters:** profissional especializado na identificação, seleção, alocação e intermediação de *staff* no mercado interno e externo. Diminui o tempo de contratação de profissionais, facilitando e agilizando a entrada em novos países de empresas. Sua função, igualmente à do *troubleshooter*, tem crescido muito, na medida da globalização.

Além disso, serviços de consultoria e assessoria surgem de forma segmentada, no sentido de atender as diferentes demandas internacionais, desde a tradicional pesquisa de mercado até a assessoria de eventos internacionais, gastronomia e turismo de negócios.

6.4.4 Algumas Características e Curiosidades das Diferentes Culturas e Como Interferem na Elaboração de um Documento ('Dicas' na Elaboração do Currículo e Como Proceder em Entrevistas)

⊕ Não abreviar as palavras, exceto aquelas de clara compreensão, como estado (SP, por exemplo). O nome da cidade deve vir por extenso (São Paulo, por exemplo).

⊕ Elaborar um currículo para cada empresa. Pressupõe-se que o candidato deve conhecer a empresa na qual está se candidatando. Inclusive em uma entrevista, ajuda na interação do selecionador com o entrevistado.

⊕ Documentos e respectiva numeração não são aconselháveis. No caso de órgão de classe, se julgar necessário, pode-se mencionar que possui filiação, mas não citar o número.

⊕ Currículos não devem ser assinados; se a empresa o solicitar, favor assinar com caneta azul. É falta de educação assinar em vermelho (por exemplo, na Coréia) e em alguns países assinar em preto significa traços negativos de personalidade.

⊕ No caso de carta de apresentação, seguem-se as mesmas normas.

⊕ Os currículos são vistos de diferentes formas, conforme a cultura de cada país e empresa. Os espanhóis preferem um documento mais formal, enquanto que os americanos querem documentos mais objetivos. Os alemães preferem currículos mais detalhados, inclusive com fotos (sem prévia solicitação de quem está contratando e anexos de documentos comprobatórios, por exemplo da formação acadêmica.

⊕ Evitar fazer aquelas famosas 'dobrinhas' no cartão de visitas, ao desejar anexá-lo ao currículo. Não é necessário anexá-lo, pois as principais informações devem estar salientadas no currículo.

⊕ Não grifar nomes ou eventos com canetas coloridas; em tempo de globalização, use os estilos disponíveis na informática para evidenciar alguns termos ou palavras de maneira mais suave.

⊕ Nunca chegue atrasado a um compromisso; falte se necessário e justifique antecipadamente, principalmente se o atraso for nos Estados Unidos, Inglaterra ou Japão.

⊕ Compareça à entrevista dignamente vestido; não estamos indo a um desfile de modas ou jogando futebol com os amigos. Vista-se de maneira apropriada. Por exemplo: nunca use ternos pretos ou escuros de manhã, chinelos, camisas de bolinhas e gravatas espalhafatosas no caso de homens; no caso de mulheres, evitem decotes, minissaias e penteados ousados. Usem maquiagem sóbria.

⊕ Um aperto de mão forte sempre é bem-vindo; demonstra características de personalidade. Olhos nos olhos também ajudam desde que não denotem extrema superioridade ou desafio.

- Em uma troca de cartões, deve-se recebê-lo com as duas mãos no Japão; portanto, tenha sempre um estoque de cartões, de preferência um na língua nativa e outro no idioma do país hóspede.

- Muitas entrevistas são realizadas durante almoços ou jantares. É de praxe em alguns países orientais fazer barulho ao tomar sopa; portanto, não se impressione se isso ocorrer em um jantar de negócios. O inverso também é verdadeiro. Em alguns países evita-se fazer barulho ao comer; nos Estados Unidos, por exemplo.

- Evite solicitar pratos exóticos; espere o entrevistador sugerir algo, inclusive a bebida e, se achar conveniente, sugira ou comente a escolha (a marca ou safra do vinho, por exemplo).

- Nunca esqueça o nome do entrevistador quando o mesmo já tiver te dado um cartão de visitas ou se identificou. Procure ter boa memória!

- Em muitos casos, o cartão de visitas é dado no final da negociação; portanto, preste atenção às apresentações.

- Nunca boceje durante uma entrevista.

- O entrevistador deve iniciar o processo da entrevista, nunca o entrevistado.

- Não seja radical no seu ponto de vista; procure atenuar seus comentários, sendo objetivo em suas respostas.

- Não cobre respostas periodicamente após entrevistas. Procure dar tempo ao tempo e se habilite a outras entrevistas. Não crie falsas expectativas: seja racional.

Conclusão

Para o bom desenvolvimento das relações comerciais entre as nações, é necessário conhecimento, compreensão e adaptabilidade das empresas em relação aos seus mercados-alvo. A comunicação torna-se essencial para que produtos e serviços sejam comercializados nas diferentes partes do mundo. Tal sucesso é conseqüência da habilidade do profissional de marketing em transpor e posteriormente utilizar as barreiras da comunicação como forma de entrada em mercados internacionais.

Resumo

Para que haja uma ótima negociação internacional, é necessária a manutenção de bons relacionamentos que se originam na descoberta dos diferentes interesses e objetivos das partes envolvidas direta e indiretamente. Por meio desta descoberta, é possível a elaboração de diferentes acordos e possibilidades, eliminando ou reduzindo os conflitos, em que credibilidade, ética e justiça sejam respeitados. O processo de negociação deverá envolver uma análise pormenorizada de aspectos pessoais e de grupo, em que diversos princípios e técnicas devem ser respeitados.

O conhecimento e a aplicação da comunicação verbal e não-verbal são importantes no processo de negociação, podendo facilitar o processo cognitivo e fechamento do negócio.

Estudo de caso

Empresarial – na mesa de negociações

Dentro de uma grande organização multinacional européia instalada no Brasil, em processo de reengenharia, o vice-presidente da empresa agendou uma reunião com a cúpula para a formulação de novas estratégias. Dentro da empresa havia diferentes grupos de interesses e um deles de menor força, e era quase certo que haveria perda de força após a reunião, pela redistribuição de responsabilidades. Neste aspecto, dentro de uma calorosa discussão com diferentes pessoas, o grupo de menor força iniciou sua fala e foi rapidamente cortado pelo vice-presidente. Sem condições de retrucar, o argüidor do grupo menor voltou-se ao presidente da empresa e pediu permissão para que seu grupo se retirasse, pois partia do pressuposto de que o encontro seria unilateral (deixando a entender que o vice-presidente estava direcionando a reunião). O presidente, perplexo, solicitou que o vice-presidente interrompesse sua fala e deixasse o grupo fazer uma exposição. Esta exposição 'batia de frente' com os argumentos do vice-presidente e alcançaram importantes alianças internas. Analise sob o ponto de vista da negociação e seus princípios. Quais foram utilizados? Quais os riscos incorrentes ao caso?

De mercado – negociando com os árabes

Uma pequena empresa de consultoria foi contatada pela presidente de uma empresa brasileira para uma prospecção no mundo árabe. A empresa brasileira tinha a intenção de fazer uma viagem com a proprietária e, dentro do seu planejamento, um jantar de negócios envolvendo os dirigentes da empresa árabe, a empresa de consultoria, além da presidente e dos assessores. Sobre o exposto, analise:

a) Você acredita que haverá algum problema nesse jantar de negócios?

b) Que cuidados a empresa de consultoria deveria ter ao iniciar seu plano de contato e comunicação?

c) Se os árabes solicitassem que você sugerisse o local do jantar, que local seria indicado?

d) Quais procedimentos poderiam ser feitos durante o jantar de negócios?

e) Se o jantar fosse no Brasil, haveria alguma mudança no estudo de caso?

f) O que você serviria aos empresários árabes?

Durante vários jantares de negócios no Brasil, entre cinco árabes e quatro brasileiros, periodicamente os árabes solicitavam individualmente uma breve retirada e voltavam depois (o hábito da reza). Um dos brasileiros, bastante curioso, perguntou diretamente a um dos árabes o que estava acontecendo. Na sua opinião:

a) O brasileiro agiu corretamente ao perguntar diretamente ao árabe o que estava acontecendo?

b) Se a sua resposta foi negativa, qual o melhor procedimento?

Atividades complementares

a) Divida a sala em grupos e solicite que cada um deles visite uma câmara de comércio e identifique padrões de comportamento de negociação, hábitos e costumes. Compare-os aos brasileiros e identifique possibilidades de conflito e respectivas soluções.

b) Exiba o clássico *A noite do demônio* (*Night of the demon*), produção americana dirigida pelo diretor Jacques Tourner, em 1950. Solicite uma pequena discussão e análise e:

- Compare como houve a construção da solução que redundou no final do filme.
- Trace a evolução de personalidade do protagonista e associe com os resultados da negociação.
- Por quais razões o protagonista obteve os resultados no final do filme?

Exercícios de fixação e reflexão

1. Qual a diferença entre Marketing Internacional e Negociação Internacional?

2. Qual o perfil de um bom negociador? Enumere sob o ponto de vista de quem está exportando e de quem está importando.

3. O perfil do negociador muda conforme o país onde ocorre a negociação? Explique.

4. A Negociação Holística pode ser desenvolvida em todas as empresas de diferentes mercados? Explique.

5. Quais as barreiras mais comuns encontradas no processo de comunicação internacional? Explique e exemplifique.

6. Quais os pontos positivos e negativos da Internet e Intranet? Justifique.

7. Qual a diferença entre *acronym* e *acrostic*? Pesquise e liste novos exemplos.

8. Segundo Aristóteles, quais os três pontos principais que convergem para o sucesso na comunicação? Explique.

9. Quais as vantagens e desvantagens da comunicação oral?

10. Enumere e analise os diferentes grupos de interesse existentes dentro do setor em que sua empresa atua.

11. Até que ponto os tipos de barreiras podem interferir (ou auxiliar) no processo de comercialização de uma empresa no mercado externo? Explique.

12. De que forma pode-se obter um programa eficiente de comunicação com o mercado internacional?

13. Utilizando as fontes de dados secundários (pesquisas efetuadas por institutos de verificação de circulação ou audiência), calcule os custos de mídia e avalie a relação custo-benefício.

14. Identifique os tipos e veículos de mídia que facilitarão a introdução, comercialização e manutenção das vendas dos seus produtos e serviços no mercado internacional, conforme 'Diagnóstico Empresarial'.

15. Estruture um catálogo comercial eficiente, complementando o 'Diagnóstico Empresarial'.

16. Complete o 'Diagnóstico Empresarial', enumerando os públicos de interesse e respectivas estratégias.

17. Ainda sobre o 'Diagnóstico Empresarial', analise os principais itens sobre a Comunicação Internacional, que podem se tornar problemas ou facilidades para a sua empresa.

Bibliografia recomendada

ALBRECHT, Karl; ALBRECHT Steve. *Agregando valor à negociação*. São Paulo: Makron Books, 1995.

ALMEIDA, Ana Paula de & MARTINELLI, Dante P. *Negociação e solução de conflitos*. São Paulo: Atlas, 1998.

AXTELL, Roger E. *Gestos*. Rio de Janeiro: Campus, 1994.

BAZERMAN, Max H.; NEALE, Margaret A. *Negociando racionalmente*. 2. ed. São Paulo: Atlas, 2000.

BIRKER, Klaus; SCHOTT, Barbara. *Negociar com competência*. São Paulo: Cultrix, 1995.

BROWN, Stanley A. *CRM – Customer relationship management*. São Paulo: Makron Books, 2001.

Bibliografia recomendada

CHRISTOPHER, Elizabeth M. *Técnicas de negociação.* São Paulo: Clio, 1996.

COHEN, Herb. *Você pode negociar qualquer coisa.* Rio de Janeiro: Record, 1994.

COVEY, Stephen R. *Os 7 hábitos das pessoas altamente eficazes.* São Paulo: Best Seller, 1989.

FISHER, Roger; PATTON, Bruce; URY, William. *Getting to yes.* Nova York: Hoyghton Mifflin, 1991.

FISCHER, Roger; URY, William. *Como chegar ao sim – as negociações de acordos sem concessões.* Rio de Janeiro: Imago, 1985.

HIAM, Alexander; LEWICKI, Roy J. *The fast forward MBA in negotiating and deal making.* Nova York: John Wiley, 1998.

KARRASS, Gary. *Negocie para fechar.* São Bernardo do Campo: Bandeirante, 1988.

KEEGAN, Warren J.; GREEN, Mark C. *Princípios de marketing global.* São Paulo: Saraiva, 2000.

KENNEDY, Gavin. *The new negotiating edge.* Londres: Nicholas Brealey, 1998.

KOTLER, Philip. *Marketing para o século XXI.* São Paulo: Futura, 1999.

KOTLER, Philip; JATUSRIPITAK, S.; MAESINCEE, Suvit. *O marketing das nações.* São Paulo: Futura, 1997.

KOTLER, P.; JAIN, Dipak C.; MAESINCEE, Suvit. *Marketing em ação.* Rio de Janeiro: Campus, 2002.

KUAZAQUI, Edmir; Kanaane, Roberto. *Marketing para o desenvolvimento de competências profissionais.* São Paulo: Nobel, 2004.

MARTINELLI, Dante; VENTURA, Carla; MACHADO, Juliano R. *Negociação internacional.* São Paulo: Atlas, 2003.

MATTAR, Fauze N. *Pesquisa de marketing.* São Paulo: Atlas, 2001.

McKENNA, Regis. *Marketing de relacionamento.* Rio de Janeiro: Campus, 1997.

PINHO, J. B. *O poder das marcas.* São Paulo: Summus Editorial, 1996.

SHELL, G. Richard. *Negociar é preciso.* São Paulo: Negócio, 2001.

TROMPENAARS, Fons. *Riding the waves of culture – understanding cultural diversity in business.* Nova York: Nicholas Brealey, 1997.

VAVRA, Terry G. *Marketing de relacionamento – after marketing.* São Paulo: Atlas, 1993.

WHITAKER, Leslie; AUSTIN, Elizabeth. *Guia de negociação para mulheres.* Rio de Janeiro: Sextante, 2002.

Endereços eletrônicos

Câmara Americana de Comércio: www.amcham.com.br
Câmara Argentina de Comércio: www.camarbra.com.br
Câmara Brasileira de Comércio na Grã-Bretanha: www.brazilianchamber.org.uk
Câmara Canadense de Comércio: www.ccbc.com.br
Câmara de Comércio Árabe Brasileira: www.ccab.com.br, acessado em 30/04/2004
Câmara Espanhola de Comércio: www.ecco.org.br
Câmara Francesa de Comércio: www.ccfb.com.br
Câmara Internacional de Comércio: www.acii.com.br
Câmara Italiana de Comércio: www.italcam.com.br

Notas

1. Situações e critérios de uma possibilidade futura.

2. Desordem ou caos a que pode ser submetido um sistema, seja ele qual for.

3. Mesmo resultado final, através de diferentes 'caminhos', condições e meios.

4. Ocorrências que desviam a atenção e o processo de comunicação.

5. Ver, perceber e entender como as pessoas nos vêem, como nos vemos e como realmente somos.

6. Fatores dentro de um limite específico.

7. *Machiavel*, em 'O Príncipe'

8. Condição de venda a vista.

9. Antigamente, como a China necessitava de capital estrangeiro, favoreceu a constituição de *joint ventures* e os contratos eram redigidos na língua do investidor estrangeiro. Hoje, como o investimento de capital estrangeiro na China pode se constituir em uma decisão estratégica de desenvolvimento de negócios em base internacional, geralmente as empresas chineses solicitam que os contratos sejam feitos em chinês. Uma dica: ao se deparar com um documento em outro idioma, peça para um tradutor juramentado a tradução para o idioma pátrio; depois, a (re)tradução para o idioma estrangeiro.

10. Eficácia: refere-se ao rendimento global de todo o sistema, relacionada à contribuição nos resultados obtidos em relação aos objetivos e missão de empresa.

Eficiência: refere-se ao rendimento individual, otimizando a melhor utilização dos recursos da empresa.

Efetividade: relação entre os resultados obtidos e objetivos propostos.

11. Comerciais com duração fora do padrão, extensos e cansativos, mostrando atores e atrizes estrangeiros demonstrando o produto como se fosse a maior invenção do mundo!

12. Cabeça, responsável pelos negócios em nível regional.

13. *Répondez s´il vous plais* – responda, por favor.

14. Definir.

CONSIDERAÇÕES FINAIS

Vivemos no início de uma época que será marcada por inúmeros contrastes. Se, por um lado, a tecnologia proporcionou à população uma sensível melhoria, por exemplo, na área médica, também influenciou sobremaneira a geração das taxas crescentes de desemprego e diminuição do emprego formal. Além disso, a realidade do mercado aberto vem acentuando as diferenças econômicas entre as nações, gerando conflitos e, ao mesmo tempo, uma necessidade dos governos em dependência de outros, ao tentarem otimizar suas políticas e práticas comerciais.

Embora seja um fenômeno que dificilmente se reverterá, cada país deve preservar sua identidade e soberania, e não simplesmente abrir suas fronteiras às estrangeiras. Muito pelo contrário: devem procurar acentuar suas características e deixar que as empresas interessadas em atuar no seu mercado se adaptem.

Para que as empresas tenham sucesso, é necessária a constituição de *talentos humanos* empreendedores e criativos, compromissados com padrões éticos que atuem no propósito de desenvolvimento e sucesso pessoal e familiar, possibilitando a exploração de todas as suas potencialidades e refletindo nos negócios da empresa. E, para tanto, o *comprometimento com a informação* e a *preocupação com o social* e respectiva transformação em ações tornam-se fortes aliados a todos aqueles que necessitam desenvolver negócios no mercado interno e internacional. Para tanto, é necessário refletir sobre a possibilidade de eliminar os sistemas e modelos (sejam eles mentais, econômicos, sociais e similares) que não deram certo e aplicar os que realmente funcionam, criar e desenvolver programas sociais que visem ao bem-estar da coletividade em geral, investindo em alimentação, educação e saúde. Todos os países e respectivas empresas têm habilidades e capacidades de gerar dados e informações que redundem em estratégias sustentáveis, em detrimento a programas emergenciais de curto prazo.

Espero que este trabalho contribua de maneira positiva para o fortalecimento individual – e posteriormente em grupo – de todas as pessoas e profissionais que procuram, de uma forma ou de outra, o pleno sucesso em suas atividades e que gere, no decorrer do tempo, outras ações que visem ao *fluxo contínuo da qualidade de vida*.

Um abraço,

*Edmir Kuazaqu*i

APÊNDICE

1

Modelo de Questionário

Este é o questionário utilizado para a elaboração deste livro e posteriormente atualizado com entrevistas qualitativas de profundidade.

Instruções aos Entrevistadores

Geralmente o entrevistador participa de uma reunião inicial antes da aplicação dos questionários e entrevistas, recebendo uma carta de instruções conforme se segue.

1. O questionário não deverá ser por autopreenchimento.
2. Nenhuma questão deverá permanecer em branco.
3. Todas as questões abertas e semi-abertas deverão ser bem exploradas.
4. Os objetivos da pesquisa têm como fundamento o aprimoramento acadêmico e não têm nenhuma conotação profissional. Frise a afirmação ao entrevistado.
5. O questionário deverá ser aplicado até o dia ___/___/___.
6. O material proveniente do campo será analisado pelo pesquisador.

Questionário

Empresa:_____

Cargo:_____ Tempo de permanência:_____

Tel. para contato: (11)_____Idade:_____ Sexo: ( ) M ( ) F

Endereço:_____

Bairro:_____ Segmento de negócios:_____

Estamos realizando uma pesquisa cujo objetivo principal é levantar informações e analisar como as áreas de marketing e recursos humanos identificam e analisam os talentos humanos das empresas em relação ao fenômeno da globalização econômica. Frisamos que os resultados serão utilizados para fins meramente acadêmicos. Responda estas questões.

1. Quais os principais problemas que afetam a sua área de negócios?

    _____
    _____
    _____
    _____
    _____

2. Qual a sua opinião sobre a globalização econômica?
    (   ) Positiva
    (   ) Negativa
Justifique sua resposta.

    _____
    _____
    _____
    _____
    _____

3. Como você relaciona as atividades de sua empresa com a globalização econômica?

    _____
    _____
    _____
    _____
    _____

4. Na sua opinião, a globalização diminuirá o nível de empregos no Brasil?
    (   ) Sim
    (   ) Não
Justifique sua resposta.

    _____
    _____
    _____
    _____
    _____

5. Na sua opinião, a concorrência internacional influencia a estratégia de negócios de sua empresa?
    (   ) Sim
    (   ) Não
Justifique sua resposta.

    _____
    _____
    _____

_____
_____

6. Qual a importância da área de marketing de sua empresa frente ao fenômeno da globalização?

_____
_____
_____
_____
_____

7. Qual a importância da área de recursos humanos de sua empresa frente ao fenômeno da globalização, no tocante à identificação e à análise de talentos humanos?

_____
_____
_____
_____
_____

8. Como você relaciona a área de marketing com a de recursos humanos, no tocante à formação de estratégias de negócios?

_____
_____
_____
_____
_____

9. Quais os critérios que sua empresa adota para identificar os talentos humanos que comporão a organização?

_____
_____
_____
_____
_____

10. Quais as condições que a área de recursos humanos de sua empresa oferece para manter e aprimorar seus funcionários?

_____
_____
_____
_____
_____

11. Que tipo de avaliação de desempenho/potencial é realizada por sua empresa, no sentido de mensurar e controlar a *performance* dos funcionários?

( ) Aberta   ( ) Desempenho administrativo

( ) Fechada   ( ) Escalas gráficas

( ) Escalonamento   ( ) Escolha forçada

( ) Listas de verificação   ( ) Comparação por pares

( ) Objetivos   ( ) Técnico

( ) Outros:_____

Por quê?

_____

_____

_____

_____

_____

12. Qual a periodicidade?

( ) Mensal   ( ) Bimestral

( ) Trimestral   ( ) Semestral

( ) Anual   ( ) Outros:_____

13. O que os funcionários devem fazer para serem reconhecidos pela organização?

_____

_____

_____

_____

_____

14. Enumere, por ordem de importância, as características para que os profissionais de uma empresa tenham condições de ser empreendedores.

( ) Criatividade   ( ) Competência profissional

( ) Adequação vocacional   ( ) Idoneidade

( ) Dinamismo   ( ) Saúde física

( ) Voltado para resultados   ( ) Saúde mental

( ) Voltado para o processo   ( ) Reservas financeiras

( ) Simpatia   ( ) Habilidade no trato social

( ) Empatia   ( ) Disposição

( ) Racionalidade   ( ) Capacidade de liderança

( ) Emotividade   ( ) Capacidade de cumprir prazos

( ) Motivação   ( ) Outros:_____

15. O que você considera como aspectos motivacionais?

_____
_____
_____
_____
_____

16. Quais as influências da motivação no comportamento/desempenho do executivo?

_____
_____
_____
_____
_____

17. Enumere, por ordem de importância, os benefícios que você considera mais significativos para os funcionários de uma organização.

( ) Assistência médica   ( ) Seguro de vida

( ) Seguro contra acidentes   ( ) Restaurante interno

( ) Vale-refeição   ( ) Empréstimos

( ) Bolsa de estudos   ( ) Transporte

( ) Assistência odontológica   ( ) Outros:_____

18. Enumere, por ordem de importância, os incentivos que você considera mais significativos para os funcionários de uma organização.

( ) Prêmios de produção   ( ) Programa de bônus

( ) Viagens   ( ) Comissões progressivas

( ) Plano de sugestões   ( ) Outros:_____

19. Qual a sua opinião sobre a administração participativa?

( ) Positiva

( ) Negativa

Justifique sua resposta.

_____
_____
_____
_____
_____

20. Você conhece 'endomarketing'?

( ) Sim

( ) Não. Pule para a pergunta seguinte.

Qual a sua opinião sobre o tema?

_____
_____
_____
_____
_____

21. Quais são as soluções para otimizar o nível de empregos na sua área de negócios?

_____
_____
_____
_____
_____

22. Quais as ações a serem utilizadas para incrementar os negócios de uma empresa?

_____
_____
_____
_____
_____

23. Qual o perfil ideal de um profissional integrante de uma organização?

_____
_____
_____
_____
_____

24. Você tem algum comentário adicional ou assunto que não foi explorado nas questões anteriores?

_____
_____
_____
_____
_____

Agradecemos sua participação e reiteramos que a pesquisa tem como objetivo o desenvolvimento acadêmico.

Grato

Entrevistador:_____ Verificador:_____ Data: ___/___/___

Após a apresentação formal ao entrevistado, é solicitado ao entrevistador que explique as razões da pesquisa por meio de frase impressa no próprio formulário de pesquisa. Exemplo:

'Estamos realizando uma pesquisa sobre exportação e gostaríamos de contar com sua colaboração. Todas as informações aqui colhidas serão tratadas de maneira confidencial.'

E, ao final da pesquisa, a ratificação dos objetivos e agradecimentos:

'Lembramos que as informações aqui contidas somente serão utilizadas de maneira confidencial. Agradecemos pela sua colaboração.'

APÊNDICE

2

Projeto de Distribuição em Mercados Internacionais

Dados estáticos da empresa

Razão social

Endereço

CNPJ

Histórico

Descrição dos produtos fabricados

Catálogos

Especificações técnicas

Descrição dos serviços oferecidos

Assistência técnica

Garantia

Outros

Descrição dos preços dos produtos

Tabela de custos

Política de preços

Mercado

Potencial de mercado

Área geográfica

Distribuição por estados e municípios

Potencial relativo

Descrição dos consumidores de cada produto ou serviço

Concorrentes diretos e indiretos

Canais utilizados

Políticas de comercialização

Market share

Canal de distribuição

Histórico

Tipo de distribuição e razões para a utilização

Direta

Indireta

Níveis

Estratégias de distribuição

Intensiva

Seletiva

Exclusiva

Análise e conclusões

Sugestões

Recomendações

Instruções

Normalmente, alguns canais de distribuição são desenvolvidos a partir da constituição inicial de um negócio. Sob o ponto de vista do planejamento estratégico e de marketing, qualquer negócio deve derivar da identificação das necessidades latentes de mercados e, posteriormente, da elaboração de uma empresa e respectivo mix. Um de seus componentes, a distribuição, deve ser bem analisada, pois interfere sobremaneira nas decisões de produto (embalagem e logística de transporte, por exemplo), preço (custos e despesas) e promoção (intensidades em detrimento da exposição do produto no ponto de venda).

APÊNDICE

3

Projeto 1 (Análise do Mercado e Negócio)

No sentido de consolidar os conceitos desenvolvidos neste livro, recomenda-se um projeto que vise alinhavar na prática e remeter à reflexão de como proceder em relação ao mercado internacional. A partir do Projeto 2 (Diagnóstico Empresarial), desenvolva:

Nome: _____

Capital: _____

Principais cidades: _____

Tipo de governo: _____

Área: _____

Densidade demográfica: _____

População: _____

Etnia: _____

Idioma: _____

Moeda: _____

PIB: _____

Origem do PIB: _____

Evolução do PIB (últimos 5 anos): _____

PIB per capita: _____

PNB: _____

Origem do PNB: _____

Exportações: _____

Composição: _____

Importações: _____

Composição: _____

Taxa de desemprego: _____

Tributação: _____

Categorias: _____

Organizações internacionais a que pertence

Comércio exterior

Programas que o país possui

Movimentos
- Emigratórios

- Imigratórios

- Imigratórios internos

Tratados bilaterais e multilaterais

Ambiente político legal

Costumes e tradições

Geografia econômica e política

Outros

Fontes de informação

Referências

Projeto 2
(Modelo de Diagnóstico Empresarial)

QUADRO A.1 Missão da Empresa.

Missão

Objetivo principal

Objetivos secundários

QUADRO A.2 Análise de Mercado.

Fatores Ambientais Externos	% de Crescimento ao Ano	Participação de Mercado	Em Valores Monetários	Projeções

QUADRO A.3   Tendências de Mercado.

Total do mercado em unidades	Oportunidades	Ameaças	Impactos (curto e longo prazos)	Linhas de ação

QUADRO A.4   Análise dos Concorrentes

Fatores	A empresa		Concorrente I		Concorrente II	
	Pontos fortes	Pontos fracos	Pontos fortes	Pontos fracos	Pontos fortes	Pontos fracos
Produtos						
Serviços						

QUADRO A.5   Produtos e Serviços.

Ameaças	Oportunidades _

QUADRO A.6   Análise de Produto.

	Produtos	Novos produtos
Mercado atual		
Novos mercados		

QUADRO A.7   Ciclo de Vida do Produto.

QUADRO A.8   Matriz BCG.

Estrelas	Oportunidades
Vacas leiteiras	Cachorros

QUADRO A.9 Estratégias de Preços.

Produtos e serviços	Orçamento	Margem de lucratividade	Retorno sobre o Investimento	Retorno sobre Vendas

QUADRO A.10 Plano de Comunicação.

Ameaças / Pontos fracos	Oportunidades / Pontos fortes

QUADRO A.11 Canal de Distribuição.

Ameaças / Pontos fracos	Oportunidades / Pontos fortes

QUADRO A.12 Plano de Ação.

Procedimento	Data	Custos	Responsável	Observações

QUADRO A.13   Opções de Crescimento.

Merger

Acquisition

Joint venture

Franchising

Investimento direto

Oportunidades locais

Marca global

Marca local

Outros

SOBRE O AUTOR

Edmir Kuazaqui é Doutor e Mestre em Administração (com ênfase em Comércio Exterior, Marketing e Recursos Humanos) pela Universidade Mackenzie e pós-graduado em Marketing pela Escola Superior de Propaganda e Marketing (ESPM). Graduado em Administração com habilitação em Comércio Exterior. Consultor Organizacional Internacional. Consultor Presidente da Academia de Talentos. Coordenador dos Programas de Pós-Graduação em Marketing Internacional, Administração Geral, Liderança, Gestão de Talentos e *Coaching*, Gastronomia, Administração Contábil Financeira e Secretariado Executivo da Universidade Paulista (UNIP). Professor dos Programas de MBA da ARCO/ECA/USP e Escola Superior de Propaganda e Marketing (ESPM). Professor convidado de renomados programas de mestrado no Brasil. Autor de diversos livros e diretor de revistas científicas.

E-mail: ekuazaqui@uol.com.br
Endereço eletrônico: www.academiadetalentos.com.br

ÍNDICE REMISSIVO

ELOGIOS AO LIVRO

Estamos perante um mundo sem limites ou fronteiras onde as empresas procuram cada vez mais otimizar o desenvolvimento de seus produtos e a sua comercialização. Contudo para que isso seja possível, os executivos devem dominar as técnicas de internacionalização das suas empresas. O livro Marketing Internacional de Edmir Kuazaqui demonstra a importância dessas técnicas e quais os detalhes que devem ser analisados e colocados em ação nessa empreitada nada simples de abrirem-se novos mercados e comercializarem-se produtos. O mercado estava carente de uma literatura ampla que cobrisse todos os aspectos inerentes a essa operação. Hoje podemos dizer que através de uma leitura interessante e bem direcionada essas portas se abrirão com muito mais facilidade.

Ms. Maria Helena Sarmento Afonso
Professora da Pós-Graduação em Marketing Internacional
Diretora da DBI Foreign Trade

O lançamento de um livro desta magnitude requer coragem e muita disposição em sua realização. Os temas são atuais e requerem muita atenção no que se refere à qualidade da informação e não na quantidade pois quantidade não quer necessariamente dizer qualidade. A qualidade mesmo que em poucas linhas ou pouco material guarda a essência do conhecimento e da verdade. Meus parabéns Dr. Edmir pelo seu intento. A cada momento, a cada instante encontramos pessoas que se interessam no desenvolvimento de um trabalho constante evolutivo. São estas pessoas que fazem a diferença no crescimento de uma nação, elas demonstram um amor incrivelmente forte e firme em sua capacidade de fazer com que outros aprendam e se desenvolvam também. Esta obra vem complementar livros que já estão no mercado e que por uma ou outra razão deixaram de contemplar um ou outro assunto ou tema. Parabéns pelo esforço de atualizar constantemente a literatura existente no mercado. Como um rio calmo que segue o seu caminho até o grande oceano, seu esforço alcançará também o objetivo de ensinar e orientar novos artistas do comércio internacional e deste mundo moderno.

Dr. Juergen Todt
Professor da Pós-Graduação em Marketing Internacional
Executivo de Operações Internacionais e Logística

Num mundo tão globalizado como o atual o que não falta é informação, porém a informação em si não representa uma fonte de conhecimento segura, uma fez que se faz necessário saber filtrar a informação para que a mesma tenha a qualidade adequada. Neste aspecto são poucos os profissionais que estão devidamente habilitados a fazer este tipo de trabalho. Fico feliz e satisfeito de saber que pessoas como o Dr. Edmir Kuazaqui estejam engajadas nesta tarefa de produzir conhecimento e informações de qualidade para esta sociedade atual tão carente de boas informações.

Renato Sadayoshi Nakatsubo
Professor da Pós-Graduação em Marketing Internacional
Gerente Geral de Comércio Exterior da Lorenzetti

A constante disputa entre países pela prosperidade com equilíbrio faz parte da história da humanidade. Com o advento da Globalização e sendo o Brasil um país dependente de exportações e investimento externo, o conhecimento das estratégias de Marketing Internacional em sua complexidade e variedade se apresenta como assunto fundamental a todos. Essa área, em especial, sempre foi uma paixão do Prof. Dr. Edmir Kuazaqui, seja na Coordenação da Pós-Graduação de mesmo nome, ou na publicação de títulos sobre o segmento. A reedição de Marketing Internacional é, com certeza, mais uma contribuição muito bem vinda.

Ms. Sandra Mônica Szwarc
Professora da Pós-Graduação em Marketing Internacional
e de Administração Geral

Country Market Manager da
London Chamber of Commerce & Industry
International Qualifications

Mais do que nunca, chegou a hora do Brasil fazer parte do jogo internacional, incrementando sua participação no comércio exterior. Não só os grandes, mas os médios, pequenos e até os micro-empresários passam a ter no mercado estrangeiro a sua grande oportunidade de crescimento ou a garantia da sobrevivência de suas organizações. Marketing Internacional – Desenvolvendo Conhecimentos e Competências em Cenários Globais – vem prestar uma importante contribuição à entrada do empreendedorismo brasileiro nesse desafio mundial. O Prof. Dr. Edmir Kuazaqui orienta, de forma competente e eficaz, os caminhos para a construção desse canal mercadológico. Sua carreira profissional e acadêmica lhe confere credenciais sólidas para a segunda edição desta obra que orientará empresários e universitários a conquistarem o devido prestígio para os produtos e serviços brasileiros no ambiente global.

Ms. Celso Likio Yamaguti
Professor da Pós-Graduação em
Marketing Internacional e de Administração Geral
Consultor Organizacional

É mais uma vez, com brilhantismo, que o Prof. Dr. Edmir Kuazaqui nos presenteia com uma obra que vem a contribuir, no âmbito acadêmico e profissional, trazendo uma nova abordagem e expressando a importância do marketing na conquista de mercados internacionais. Reafirmo a minha satisfação em indicar esta obra como fonte indispensável para o conhecimento e aperfeiçoamento dos que procuram o contínuo aprimoramento na área. Parabéns Prof. Dr. Edmir Kuazaqui por esse exemplar trabalho.

Dr. Gleder Maricato
Professor e Consultor Organizacional Internacional

Este livro me lembra a pipa que eu empinava na infância. Quanto mais subia, como será que via as crianças, minha casa, nossa vila, pastos, plantações, estradas, outras cidades, nosso mundo? Também lembra meu pai, participante de caravana de mercadores: ia a Damasco e voltava trocando mercadorias, satisfazendo as necessidades do povo. Hoje a troca continua em mundo de fabulações, fundado na informação e seu império, a serviço do dinheiro, da monetarização da vida. Hoje vemos três mundos num só: um "fabuloso", tal qual nos fazem vê-lo;

outro, perverso, tal como ele é; e um mundo como pode ser. Edmir também sonha com uma outra globalização.

Dr. José Assan Alaby
Professor e orientador de Programa de Mestrado

Interessante e inovadora, esta obra vai servir sob medida tanto para estudantes como para profissionais da área de marketing que necessitem de atualização ou aprimoramento profissional no âmbito internacional. Escrita em linguagem simples, o autor aborda com muita propriedade o marketing internacional fundamental para o sucesso das empresas na competição agressiva que caracteriza estes tempos de globalização e de dificuldades. Parabenizar o trabalho do Prof. Dr. Edmir Kuazaqui, para mim, é grande um privilégio como professor universitário, recomendo-o a todos que desejam conhecer o marketing internacional – administradores, engenheiros, mercadólogos, estudantes e profissionais de outras áreas relacionadas à importação e exportação

Dr. Osmar Coronado
Professor e Consultor de Empresas

O fenômeno da globalização tem sido responsável pela quebra de diversos paradigmas, e por profundas e freqüentes mudanças no perfil dos diversos atores do Marketing Internacional, demandando a necessidade de um aprendizado àqueles que se dedicam e gostam de lavorar nesta atividade. Os Mercados Internacionais estão cada dia mais exigentes e em busca constante de preço e qualidade, o que obriga aos participantes atualização constante oriundos de pesquisa e leitura de boa qualidade. Esperamos que o Prof. Edmir Kuazaqui continue a nos trazer sua experiência e seu conhecimento de Marketing, ajudando desta forma a tornar mais competitivos seus leitores.

Dr. Giancarlo S. R. Pereira
Professor e Presidente da Ciência Consultores

O elemento marcante do estilo do autor é, sem dúvida alguma, delineado pela sua larga experiência como professor universitário e pesquisador. Caracterizada por uma forte preocupação didática, a obra traz estudos de casos atuais que, no entanto, só poderiam ser examinados por quem vivência o dia a dia do mercado como consultor atuante na área de Marketing, como Edmir Kuazaqui. Produto da competência reconhecida, este livro traz ao público universitário uma abordagem do marketing internacional simples e inovadora – justamente por isso, de fundamental importância para todos aqueles que atuam ou pretendem atuar nessa área.

Dra. Márcia Gamboa
Professora de graduação e pós-graduação

Com seu conhecimento respaldado por anos de pesquisa acadêmica, O Dr. Edmir Kuazaqui apresenta nesta obra os aspectos técnicos e profissionais do marketing internacional sem perder de vista a finalidade última do marketing que é a satisfação do cliente e consumidor internacional com todos os seus gostos, preferências e estilos de vida típicos de diferentes culturas e países. Em outras palavras, o livro combina conceitos e estratégias técnicas com a visão humana do cliente como pessoa, com suas diferenças comportamentais e modelos mentais próprios de sua cultura. A obra é enriquecida com estudos de caso práticos que a tornam mais didática e atraente. Sem dúvida, um roteiro indispensável para profissionais e estudantes que desejem conhecer as possibilidades e desafios do marketing internacional.

Dr. Robson M. Marinho
Professor de Programa de Mestrado

É com satisfação que prefacio o livro do Dr. Edmir Kuazaqui, onde aborda temas de relevância na área de Marketing Internacional, estabelecendo as bases para a perspectiva do marketing estratégico e a estratégia. Empresarial. O autor soube destacar com perspicácia aspectos de suma importância, levando o leitor ao conhecimento e reflexão quanto a operação em mercados internacionais. Parabéns pela proposta, possibilitando-nos a aprender e ampliar as questões inerentes ao Marketing Internacional.

Dr. Roberto Kanaane
Professor e Empresário

Conheça os outros títulos de Administração e Negócios

Visite nosso site www.mbooks.com.br

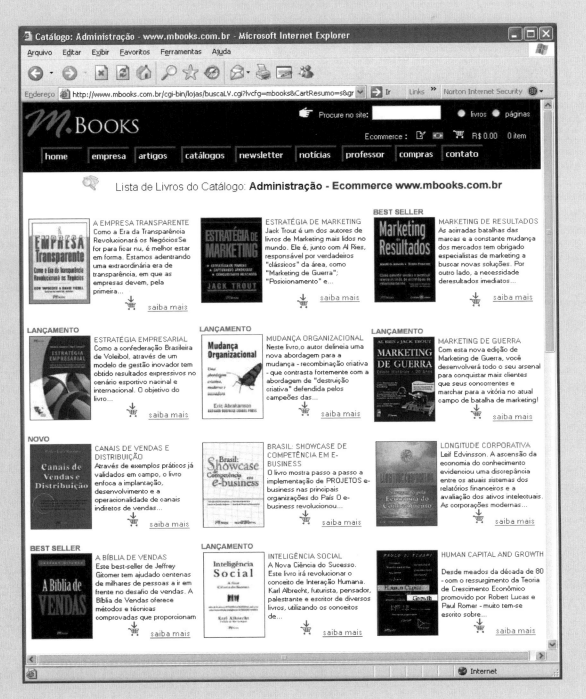